Introducción al Griego Bíblico

La misión de Editorial Vida es ser la compañía líder en satisfacer las necesidades de las personas, con recursos cuyo contenido glorifique al Señor Jesucristo y promueva principios bíblicos.

INTRODUCCIÓN AL GRIEGO BÍBLICO
Edición en español publicada por
Editorial Vida–2015
Miami, Florida

Este título también está disponible en formato electrónico

Editor de la serie: *Dr. Matt Williams*
Edición: *S.E. Telee*
Diseño interior: *José Luis López González*

ISBN: 978-0-8297-6609-7
CATEGORÍA: Religión / Referencia Bíblica / Estudio de Lenguajes

IMPRESO EN ESTADOS UNIDOS DE AMÉRICA
PRINTED IN THE UNITED STATES OF AMERICA

15 16 17 18 19 RRD 10 9 8 7 6 5 4 3 2 1

INTRODUCCIÓN A LA GRAMÁTICA GRIEGA

Temas por capítulo

ABREVIATURAS USADAS EN ESTE LIBRO

MNGLE	Real Academia Española y Asociación de Academias de la Lengua Española, *Nueva gramática de la lengua española: Manual* (Madrid: Espasa, 2010).
NGLE	Real Academia Española y Asociación de Academias de la Lengua Española, *Nueva gramática de la lengua española*, 3 tomos (Madrid: Espasa, 2011).
NVI	Nueva Versión Internacional
Wallace y Steffen	Daniel B. Wallace y Daniel Steffen, *Gramática griega: Sintaxis del Nuevo Testamento*. Biblioteca Teológica Vida, tomo 13 (Vida: Miami, 2011).

INTRODUCCIÓN AL ESTUDIO

¡Bienvenido a un viaje emocionante que puede cambiar su vida! El Nuevo Testamento fue escrito originalmente en griego y usted está a punto de entrar en el estudio de dicho idioma. A continuación se contestarán algunas preguntas básicas: ¿dónde y cuándo se originó el idioma griego? ¿Por qué debe uno estudiarlo? ¿No es el griego demasiado difícil de aprender? Si existen otros textos en español de la gramática griega, ¿por qué se presenta otro más? ¿Cuál será el procedimiento del curso?

(1) ¿Dónde y cuándo se originó el idioma griego? El idioma griego se originó durante el milenio antes de Cristo pero fue promulgado por el emperador Alejandro Magno en Grecia como idioma universal. Tardó varios siglos en extenderse y ya para la época de Cristo y los apóstoles había llegado a ser exactamente eso: el idioma universal. El griego bíblico era el idioma común del día, llamado también koiné. Se habló desde el 300 a.C. hasta el 300 d.C. Se usó en todo el mundo grecorromano como *lingua franca* en el comercio, la política, la educación, etc.

(2) ¿Por qué debe uno estudiar el idioma griego? Es importante reconocer que cada lengua tiene su manera particular de expresarse. De hecho, es muy común que cada idioma tenga maneras de pensar, dichos y modismos que no se entienden ni se expresan claramente en otro. El griego es una lengua fascinante y expresiva, perfectamente escogida por Dios para compartir su mensaje del evangelio. Cada traducción de la Biblia está preparada por traductores expertos en el estudio de los idiomas originales. Sin embargo, una de las razones por las cuales hay varias traducciones es porque existen muchos matices de significado en palabras de muchos pasajes que una sola traducción no puede agotar. Su estudio de este bello idioma le ayudará a ser diligente para presentarse a Dios aprobado, como obrero que no tiene de qué avergonzarse porque interpreta rectamente la palabra de verdad (2Ti 2:15).

(3) ¿No es el griego demasiado difícil de aprender? Le traigo buenas noticias: la gramática del griego es muy similar a la del español. Tenemos similitudes en la conjugación de verbos, el género de sustantivos y adjetivos y el uso del subjuntivo. Por cierto, usted encontrará que mucho vocabulario del español viene directamente del griego.

Dicho esto, es necesario enfatizar la importancia de un buen conocimiento de la gramática de su propio idioma antes de intentar aprender cualquier otro.

(4) Si existen otros textos en español de la gramática griega, ¿por qué se presenta otro más? Buena pregunta. Durante las últimas décadas ha sido nuestro privilegio ser profesores de gramática griega en varios seminarios de América Latina y España a un alumnado mixto de latinos y personas de trasfondo indígena. Hemos observado que la mayoría de los textos actuales en español son traducciones mayormente del inglés, suelen ser muy caros y son algo complicados, dado que se basan en la gramática del idioma del cual fueron traducidos usando una gramática española desactualizada. La gramática griega de este libro, en cambio, está en diálogo con una gramática actualizada del español. Está escrita por tres profesores con experiencia acumulada de más de cincuenta años de enseñanza de los idiomas bíblicos a cientos de estudiantes.

Aquí seguiremos la *Nueva gramática de la lengua española (NGLE)*. También hemos incorporado la teoría del aspecto verbal en nuestro análisis de los tiempos verbales griegos. Además, es nuestro deseo agregar ayudas prácticas que funcionaron en el aula para memorizar y retener lo más importante para empezar a leer el griego del Nuevo Testamento lo más pronto posible. Estamos convencidos de que el griego no es un idioma difícil de aprender. Este texto ha sido preparado para una audiencia de habla hispana. Si Dios permite que se extienda el alcance de su uso, ¡a él sea la gloria!

(5) ¿Cuál será el procedimiento del curso? Los capítulos de la primera parte de este libro contienen el estudio introductorio de la gramática griega koiné. El Apéndice incluye notas y ayudas adicionales. Hay ejercicios de práctica acompañando a cada capítulo. Podrá conseguir ejercicios adicionales de manera impresa o digital por medio del sitio de internet del Seminario Teológico Centroamericano (SETECA), www.seteca.edu. Cada capítulo se dedicará principalmente a compartir nueva información o al repaso. Aquí radica la flexibilidad del material. Usted puede desarrollar las dinámicas que mejor se adecúen a su contexto. En general, se suele asignar al estudiante tareas de práctica y vocabulario para pruebas menores y mayores para demostrar una asimilación de la materia.

Al revisar el índice, se dará cuenta de que el libro está dividido en 30 capítulos. Se sugiere que tome un máximo de un capítulo por semana (un total de 10 capítulos en un programa de trimestres o 15 capítulos en un programa de semestres). Para aprender un nuevo idioma, es preferible estudiar unos 30-45 minutos diariamente a intentar amontonar su estudio a 2 o 3 horas una vez por semana la noche antes de la siguiente clase. Por lo tanto, al final de cada capítulo encontrará 5 días de tareas para distribuir su estudio en unos 30-45 minutos diarios de repaso y ensayo durante la semana.

¡Adelante! Le esperan muchos lindos tesoros por descubrir en su estudio del Nuevo Testamento con el uso de esta nueva herramienta.

CAPÍTULO 1

(Alfabeto y puntuación)

Cada idioma escrito tiene su sistema de símbolos o un alfabeto para representar sonidos y letras. El alfabeto griego contiene 24 letras. Igual que el español, el griego tiene letras mayúsculas y minúsculas, aunque las mayúsculas se usan con menor frecuencia en el texto del Nuevo Testamento que utilizamos hoy. En este, el uso se limita a sustantivos propios e inicios de párrafo.[1]

I. LAS LETRAS DEL ALFABETO

Estudie el cuadro a continuación, centrándose mayormente en las letras minúsculas.

Nombre	Mayúscula	Minúscula	Pronunciación
Alfa	Α	α	a
Beta	Β	β	b
Gamma	Γ	γ	g
Delta	Δ	δ	d
Épsilon	Ε	ϵ	e
Dseta	Ζ	ζ	ds
Eta	Η	η	e
Zeta	Θ	θ	z
Iota	Ι	ι	i
Cappa	Κ	κ	k
Lambda	Λ	λ	l
Mu	Μ	μ	m
Nu	Ν	ν	n
Xi	Ξ	ξ	x
Ómicron	Ο	ο	o
Pi	Π	π	p
Rho	Ρ	ρ	r

1. A diferencia de los textos griegos modernos, en el primer siglo, el griego koiné se escribía solo con mayúsculas.

Sigma	Σ	σ ς	s
Tau	T	τ	t
Úpsilon	Y	υ	u
Fi	Φ	φ	f
Ji	X	χ	j, k
Psi	Ψ	ψ	ps
Omega	Ω	ω	o

NOTA. La letra γ ante las consonantes γ, κ o χ suena como "n". Por ejemplo ἄγγελος (ángelos), mensajero, ángel. En todo otro caso sonará como la "g" suave del español, como en "gato" y no con el sonido fuerte, como en "género".

Las consonantes, por su parte, se pueden clasificar fonéticamente según el siguiente cuadro.[2]

		Labiales	**Palatales**	**Linguodentales**	
Mudas o Explosivas	Tenues	π	κ	τ	**Sordas**
	Aspiradas	φ	χ	θ	
	Medias	β	γ	δ	**Sonoras**
Continuas	Líquidas			λ, ρ	
			γ (nasal)	ζ	
	Nasales	μ		ν	
	Espirantes	ψ	ξ	σ	**Sordas**

Nota de interés. Durante los siglos sexto y quinto antes de Cristo, el griego existía en varias formas. El griego clásico, usado por Platón, se llamaba "griego ático". Era un griego clásico muy refinado. Felipe de Macedonia conquistó Atenas e incorporó este idioma. Alejandro Magno, el hijo de Felipe, extendió el uso del griego por todo el mundo conocido. La gramática griega sufrió muchos cambios al irse introduciendo en otras culturas e idiomas. El resultado de estos cambios es el griego "koiné", que significa griego "común".

II. VOCALES

El español tiene cinco vocales: a, e, i, o, u. Por su parte, el griego tiene siete: α, ϵ, η, ι, ο, υ, ω. Observará que son las mismas cinco que el español (a, e,

2. Tomado de Guillermo H. Davis, *Gramática elemental del griego del Nuevo Testamento* (El Paso: Casa Bautista, 1992), 3.

i, o, u) más otras dos (η, ω). Entre estas vocales existen algunas "largas" y otras "cortas". Para nuestro oído en español, es difícil distinguir entre "larga" y "corta". En todo caso, para efectos de que aprendamos el idioma no influye su pronunciación sino su uso y posición.

* Vocales siempre cortas: ϵ y o.
* Vocales siempre largas: η y ω (η es la forma larga de ϵ y ω es la forma larga de o).
* Vocales que pueden ser cortas o largas: α, ι, υ .

III. DIPTONGOS

Un diptongo es la unión de dos vocales diferentes que se pronuncian juntas en una sílaba. El griego tiene ocho.

A. Regulares:

αι = ai en ***aire***	οι = oi en ***oiga***
αυ = au en ***auto***	ου = u en ***grupo***
ϵι = ei en *aceite*	ηυ = casi como ***eu***
ϵυ = eu en *feudo*	υι = ui en *juicio*

B. Suscritas. Tres de las vocales (α, η, ω) pueden llevar una iota debajo de la letra. Por ejemplo: ᾳ, ῃ, ῳ, que también son diptongos. Una iota en esta posición se llama "iota suscrita". Hoy es muda, por eso no se pronuncia como un diptongo. Más adelante en el estudio usted verá cuándo sucede este tipo de diptongo y la importancia de reconocer este uso de la iota.

C. Adscritas. Cuando las vocales largas anteriormente mencionadas (α, η, ω) son mayúsculas y sucede el mismo fenómeno del punto B, la iota se escribe a la derecha de la letra, también es muda, y se le llama "iota adscrita". Por ejemplo: Αι, Ηι, Ωι.

IV. PUNTUACIÓN

A. Acentos. La mayoría de las palabras griegas se presentan con algún acento escrito siempre en las últimas tres sílabas. Estos son: agudo ´, grave ` y circunflejo ˜.[3]

1. Agudo. Este se escribe (´), y es igual que una tilde en español. Este acento puede aparecer en cualquiera de las últimas tres sílabas.

---

3. Los acentos originalmente ayudaban a la pronunciación usando tonos para que el lector supiera cuándo alzar o bajar el tono de su voz. Pero, ya para el cuarto siglo d.C., el uso de tono en la pronunciación del griego se había perdido. D. A. Carson, *Greek Accents: A Student's Manual* (Grand Rapids: Baker, 1985), 16-17.

2. Grave. Este se escribe (ˋ), y se parece a una tilde inclinada hacia atrás. Se usa solo cuando una palabra con acento agudo en la última sílaba está justo inmediatamente antes de otra que empieza con acento. En ese caso, el acento agudo cambia a grave.

3. Circunflejo. Este se escribe (ˆ), y es casi como el símbolo encima de la "ñ". Un acento circunflejo solamente puede aparecer en la última o penúltima sílaba y siempre encima de una vocal larga. Muchas veces el acento demuestra una contracción de vocales.

A diferencia del español, los acentos no rompen los diptongos. Así por ejemplo, ἀγαπητοί (amados) se lee a-ga-pe-toi, y no como sucedería en español a-ga-pe-to-i.

NOTA. En este curso no pondremos mayor énfasis en escribir los acentos en las palabras, excepto en ciertos casos donde estas serían idénticas sin el acento (ejemplo: en español la diferencia entre "si" y "sí" o entre "está" y "esta").

Una palabra puede llevar tanto un acento como un signo de respiración sobre la misma letra. Ejemplos: ἔργον, ἅγιος, ὕδωρ, οἶκος.

B. Marcas diacríticas

1. Apóstrofo ('). Si una palabra (generalmente una preposición) termina en una vocal y la siguiente palabra comienza también con una vocal, es posible que la primera palabra pierda su vocal. Por ejemplo: διὰ ὧν se convierte en δι' ὧν .

2. Diéresis (¨). Este es el mismo símbolo que aparece en el español sobre la letra "u" en la palabra "ungüento". Se usa este símbolo cuando aparecen dos vocales juntas, pero, como no representa un diptongo, cada vocal debe ser pronunciada individualmente.

Ejemplo: Ἰσαΐας (Isaías) o πρωΐ (antes, temprano).

C. Puntos finales. Estos son los puntos que finalizan una oración o una frase en el texto griego del Nuevo Testamento.

1. Punto final: igual que en español (.)
2. Coma: igual que en español (,)
3. Punto alto (·) equivale a los dos puntos (:) en español.
4. Punto y coma (;) equivale al signo de interrogación (¿?) en español.

(Nota: en el texto griego, el signo de interrogación únicamente aparece al final de la pregunta.)

NOTA. Aunque estos puntos no son parte del griego koiné, aparecen en los textos griegos que se usan en la actualidad. Por esta razón tenemos que aprenderlos.

V. PRONUNCIACIÓN

A. Signos de respiración: áspero, suave y coronis. Cada palabra que comienza con una vocal o diptongo llevará un signo de respiración. En algunas ocasiones, el espíritu puede cambiar el significado de una palabra.

1. Espíritu áspero (‛). Cuando aparece este símbolo se le añade el sonido de "j" a la palabra. Si la palabra comienza con un diptongo y un espíritu áspero, el símbolo recaerá sobre la segunda letra. Ejemplos: ὁδός se pronuncia "jodós"; εὑρίσκω se pronuncia "jeurisco". Las palabras que comienzan con las letras "υ" y "ρ" siempre llevan el espíritu áspero. Ejemplos: ὑπο, ὕδωρ, y ῥῆμα, ῥάβδος, ῥαββί.

2. Espíritu suave (᾿). Si la palabra comienza con una vocal o un diptongo y aparece este símbolo encima del mismo, no cambia en nada el sonido.

Ejemplo: ἀκούω = akúo (escucho); οὐρανός = uranós (cielo).

3. Coronis. Este símbolo se parece al espíritu suave. De vez en cuando aparece un "espíritu suave" dentro de una palabra. Esto indica la unión o contracción de dos palabras cuando la primera termina en vocal y la segunda comienza en vocal.

Ejemplos: κἀγώ = καὶ ἐγώ (y yo); ταὐτά = τὰ αὐτά (las cosas)

B. División de sílabas. Igual que el español, las sílabas del griego contienen un sonido compuesto de una vocal o diptongo y una o más consonantes. Una sílaba nunca será una consonante sola. Por cierto, una palabra puede tener una o más sílabas.

Estudie y practique la pronunciación de la siguiente lista de palabras griegas, su división en sílabas y su significado:

PALABRA	SÍLABAS	SIGNIFICADO
ἀδελφός	ἀ-δελ-φός	hermano
ἄνθρωπος	ἄν-θρω-πος	hombre
βλέπω	βλέ-πω	veo
γράφω	γρά-φω	escribo
ἡμέρα	ἡ-μέ-ρα	día
ἰσχύς	ἰ-σχύς	fuerza
σταυρός	σταυ-ρός	cruz
ὄντως	ὄν-τως	ciertamente
πνεῦμα	πνεῦ-μα	espíritu
λαμβάνω	λαμ-βά-νω	recibo

VI. ACTIVIDADES DE APRENDIZAJE

1. Escriba el alfabeto en orden varias veces, como lo hacía cuando era pequeño y tuvo que aprender el alfabeto en español en la escuela. Al escribir cada letra, diga su nombre y su sonido. (Una sugerencia: como el alfabeto griego contiene 24 letras, apréndalo en segmentos de 6 letras y luego una los segmentos para formar todo el alfabeto.)

2. Haga un rompecabezas. Para ello, escriba tarjetas, cada una con una letra griega mayúscula, otras con las minúsculas y otras con el nombre de cada letra. 24 tarjetas con mayúsculas, 24 con minúsculas y 24 con los nombres. Ahora revuelva las tarjetas y procure ponerlas en orden. Puede probar a jugar con varios compañeros. Verá qué entretenido resulta.

3. Estudie las reglas relacionadas con las vocales, los diptongos, la puntuación y la pronunciación.

4. A continuación aparece el texto de Juan 3:16. Léalo en voz alta varias veces, prestando atención a la pronunciación de cada palabra. No se preocupe por la traducción en este momento. Este ejercicio es solamente para darle práctica en la lectura y pronunciación.

Οὕτως γὰρ ἠγάπησεν ὁ θεὸς τὸν κόσμον, ὥστε τὸν υἱὸν τὸν μονογενῆ ἔδωκεν, ἵνα πᾶς ὁ πιστεύων εἰς αὐτὸν μὴ ἀπόληται ἀλλ’ ἔχῃ ζωὴν αἰώνιον.

CAPÍTULO 2

(El verbo griego en presente indicativo activo)

I. INTRODUCCIÓN AL TEMA. En casi todo idioma el verbo es la palabra clave sobre la cual se articula todo el lenguaje. En griego, se expresa la persona, el número, el tiempo, el aspecto, la voz y el modo verbal. Más adelante estudiaremos con detalle cada una de estas características. Por el momento, basta decir que en el griego existen seis tiempos: presente, futuro, perfecto, imperfecto, aoristo y pluscuamperfecto.[1] También hay tres voces: activa, media y pasiva. El idioma griego presenta cuatro modos: indicativo, subjuntivo, imperativo y optativo. Además, los verbos pueden tener formas de infinitivo o de participio.

En esta lección estudiaremos el tiempo presente, la voz activa y el modo indicativo. Más adelante iremos aprendiendo otras flexiones verbales.

II. EL VERBO. Usted observará cómo la flexión o conjugación del verbo griego es muy similar a la del verbo en español. Al igual que en el español, los verbos griegos tienen una parte fundamental o raíz, una vocal temática y las terminaciones.

A. La flexión o conjugación del verbo griego. En nuestro curso aprenderemos dos formas o grupos de desinencias. Por un lado, están las llamadas desinencias primarias. Se usan en los tiempos presente, futuro y perfecto. Las aprenderemos en esta lección. Por otro lado, están las llamadas desinencias secundarias. Estas se usan en los tiempos imperfecto, aoristo y pluscuamperfecto. Con el correr de las lecciones se irá familiarizando con ellas.

Es importante aprender a identificar las formas verbales. A efectos de facilitarnos ese proceso, usaremos la clave **TVMPN**[2] con cada verbo para identificar variaciones de tiempo (T), voz (V), modo (M), persona (P) y número (N). Así:

(1) T = Tiempo verbal. Hoy aprenderemos el tiempo **P**resente.
(2) V = Voz. Hoy aprenderemos la voz **A**ctiva.
(3) M = Modo. Hoy aprenderemos el modo **I**ndicativo.
(4) P = Persona. Al igual que en español, puede ser primera (**1**), segunda (**2**) o tercera (**3**) persona.
(5) N = Número. Al igual que en español, puede ser **S**ingular o **P**lural.

---

1. Bruno Corsani agrega además el tiempo futuro perfecto, que se forma con el verbo "ser" o "estar" + el participio perfecto del verbo en cuestión. Vea Bruno Corsani, *Guía para el Estudio del Griego del Nuevo Testamento* (Madrid: Sociedad Bíblica, 1997), 24, 179.
2. Puede recordar este código así: "Te Veré Mañana en el Parque Nacional."

El tiempo presente

El tiempo verbal, tanto en griego como en español, no está directamente relacionado con el tiempo cronológico. Otros factores tanto léxicos como del contexto ayudan a ver cuándo ocurre la acción o estado. El tiempo verbal describe más bien el aspecto de la acción o estado. Veremos este concepto poco a poco en el libro. A grandes rasgos, un tiempo verbal puede ser perfectivo, imperfectivo o neutro. Tanto en griego como en español, el tiempo presente es imperfectivo, es decir, "presenta la acción en su curso, sin referencia a su inicio o a su fin" (*NGLE*, 23.2k). Es la persona que habla o escribe la que escoge usar un tiempo verbal para comunicar o enfatizar el aspecto verbal. Usualmente el referente temporal de un verbo en presente indicativo es el tiempo cronológico presente, lo que en ese momento está ocurriendo. Con todo y eso, el referente temporal se debe determinar siempre por el contexto. En ocasiones, al igual que en español, el presente indicativo se puede usar para describir acciones o estados en el pasado o incluso en el futuro. En los otros modos verbales, la vinculación cronológica prácticamente desaparece y se enfatiza lo puramente aspectual.

Algunos autores piensan incluso que el tiempo verbal comunica tanto el tiempo cronológico (en el modo indicativo) como el aspecto, pero deben hacer excepciones en usos del indicativo y les cuesta ver lo puramente aspectual de los demás modos verbales.

Vea el ejemplo con el verbo "hablar" en español. Notará que hay una raíz "habl-" más una desinencia "-o, -as, -a, -amos, -ais, -an".[3]

Singular	Plural
1. hablo	1. hablamos
2. hablas	2. habláis
3. habla	3. hablan

B. Ejemplos de desinencias. Ahora observe las desinencias del verbo λέγω, *decir*, en el cuadro siguiente.

3. En español hay varias formas de segunda persona. En el singular tenemos "tú" y "vos". En el plural tenemos "vosotros" y "ustedes". En esta gramática seguimos "tú" para el singular y "vosotros" para el plural.

	Verbo	Raíz/Desinencia
Singular	1. λέγω, *digo*	1. λέγ-ω, *digo*
	2. λέγεις, *dices*	2. λέγ-εις, *dices*
	3. λέγει, *dice*	3. λέγ-ει, *dice*
Plural	1. λέγομεν, *decimos*	1. λέγ-ομεν, *decimos*
	2. λέγετε, *decís*	2. λέγ-ετε, *decís*
	3. λέγουσι(ν)*, *dicen*	3. λέγ-ουσι(ν)*, *dicen*

NOTA. Aquí la "ν" está en paréntesis. Se llama "nu movible" pues en algunas ocasiones aparece y en otras, no, dependiendo de cómo empiece la palabra que le sigue en la oración. En este caso, cuando un verbo en tercera persona plural está antes de una palabra que comienza con consonante, el verbo terminará con la desinencia -ουσι, pero si la palabra siguiente empieza con vocal, el verbo usará -ουσιν.

Más adelante aprenderá varios verbos. Será sumamente útil si pone en tarjetitas y memoriza las desinencias del presente activo. Así luego a la raíz de cualquier verbo le agrega las desinencias y podrá conjugar el verbo.[4]

Desinencias Presente Activo Indicativo	
- ω	- ομεν
- εις	- ετε
- ει	- ουσι(ν)

III. VOCABULARIO. A continuación usted encontrará su primera lista de vocabulario.[5] El número en paréntesis representa el número de veces que dicha palabra aparece en el Nuevo Testamento. En esta ocasión, todas estas palabras son verbos. Estos son algunos de los verbos más usados en el Nuevo Testamento. Usted necesita aprenderlos de memoria (tanto la forma griega como su equivalente en español). Necesita inventarse un "truco" mental para poder recordar cada palabra. Este "truco" podría ser un cognado, alguna palabra del español que suena similar y tiene un sentido similar. También se sugiere elaborar un sistema de tarjetitas con la palabra griega de un lado y la palabra española al otro para ayudarle en su programa de estudio y repaso.

4. Técnicamente, lo que aquí llamamos desinencia es la vocal conectiva de presente ο/ε más las desinencias primarias propiamente dichas. Así ο + ο = ω, ε + ις = εις, ε + ι = ει, ο + μεν = ομεν, ε + τε = ετε y ο + σι = ουσιν.

5. El número en el título del vocabulario indica el capítulo. Si hay más de un vocabulario en esa lección, se señalará con letras minúsculas.

Forma léxica. La forma de una palabra que se usa en un léxico o diccionario se conoce como forma léxica. Por ejemplo, en español, la forma léxica de un adjetivo es el masculino singular, la de un verbo es el infinitivo. En griego, la forma léxica de un verbo normalmente es el presente activo indicativo primera persona singular. Por lo mismo, en un diccionario o léxico griego-español lo que encontrará es que la forma léxica de un idioma equivale a la forma léxica del otro idioma. Parece un poco raro al principio, pero luego se acostumbrará a verlo.

Por ejemplo: ἀκούω es presente activo indicativo primera persona singular. Equivale en español al verbo *escuchar*. "Escuchar" es la forma del infinitivo en español. Así, la forma léxica griega del verbo ἀκούω equivale a la forma léxica del verbo *escuchar* en español. Vea el vocabulario para aprender las primeras palabras griegas.

VOCABULARIO 2	
1. ἀκούω: *escuchar* (428)	*7.* ἔχω: *tener* (708)
2. βάλλω: *arrojar, echar* (122)	*8.* θέλω: *desear, querer* (208)
3. βλέπω: *mirar* (133)	*9.* κρίνω: *juzgar* (114)
4. γινώσκω: *conocer* (222)	*10.* λαμβάνω: *tomar, recibir* (260)
5. γράφω: *escribir* (191)	*11.* λέγω: *decir* (2354)
6. διδάσκω: *enseñar* (97)	*12.* πιστεύω: *creer* (241)

Todos los verbos del vocabulario de esta lección formarán su presente activo indicativo (PAI) de la misma manera. Cada uno llevará su propia raíz y, después, estas mismas terminaciones. Notará que aunque la palabra griega aparece en presente activo indicativo primera persona singular (PAI1S), su forma léxica en español aparece como un infinitivo.

Ejemplos:

πάντοτέ μου ἀκούεις PAI2S de ἀκούω, (escuchar), *siempre me escuchas*

εἰς τὸ πῦρ βάλλουσιν PAI3P de βάλλω, (echar), *echan en el fuego*

βλέπω δὲ ἕτερον νόμον PAI1S de βλέπω, (mirar), *pero veo otra ley*

ἔχομεν τὸν θεόν PAI1P de ἔχω, (tener), *tenemos a Dios*

νῦν δὲ λέγετε ὅτι βλέπομεν PAI2P de λέγω, (decir), y PAI1P de βλέπω, (ver), *pero ahora decís "Vemos"*

IV. ACTIVIDADES DE APRENDIZAJE

NOTA. Estudiar la gramática del griego es similar a construir una casa. Uno coloca el fundamento primero y luego va añadiendo las paredes y el techo.

Cada lección ha sido diseñada para ayudarle en su “construcción” del aprendizaje de la gramática griega. Por eso, es sumamente importante que usted domine bien cada lección antes de pasar a la siguiente. El repaso será la clave del aprendizaje.

¡Ánimo! Si sigue este consejo, encontrará que no es difícil aprender el griego. Si pone esfuerzo por dominarlo paso a paso, en poco tiempo usted comenzará a ver mucho provecho de su estudio.

Día 1

1. Vuelva a leer detenidamente todo el capítulo 2.

2. Aprenda las palabras del vocabulario de memoria. Escríbalas en tarjetas (con el griego de un lado y el español del otro). Lleve las tarjetas a donde vaya para revisarlas varias veces durante el día.

Día 2

1. Revise sus tarjetas de vocabulario del capítulo 2.

2. Vuelva a leer detenidamente la sección II (EL VERBO) del capítulo 2.

3. En una hoja aparte, escriba la conjugación completa de las palabras griegas ἀκούω, βάλλω, βλέπω y γινώσκω.

4. En otra hoja, escriba las siguientes palabras y, a la par, su análisis verbal (TVMPN) y su traducción:

ἀκούω ____________________ ἀκούουσι ____________________

βάλλει ____________________ βάλλομεν ____________________

βλέπεις ____________________ βλέπετε ____________________

γινώσκομεν ____________________ γινώσκει ____________________

Día 3

1. Revise sus tarjetas de vocabulario del capítulo 2.

2. En una hoja aparte, escriba la conjugación completa de las palabras griegas γράφω, διδάσκω, ἔχω y θέλω.

3. En otra hoja, escriba las siguientes palabras y, a la par, su análisis verbal (TVMPN) y sus traducciones:

θέλομεν ____________________ γράφουσι ____________________

διδάσκει ____________________ ἔχω ____________________

θέλεις _______________ διδάσκετε _______________
ἔχομεν _______________ γράφει _______________

Día 4

1. Revise sus tarjetas de vocabulario del capítulo 2.

2. En una hoja aparte, escriba la conjugación completa de las palabras griegas λαμβάνω y πιστεύω.

3. En otra hoja, escriba las siguientes palabras y, a la par, su análisis verbal (TVMPN) y sus traducciones:

λαμβάνομεν _______________ λαμβάνουσι _______________

πιστεύετε _______________ πιστεύεις _______________

Día 5

1. Vuelva a revisar el alfabeto. ¿Todavía puede escribir todas las letras correctamente y en orden?

2. Haga una revisión final y detenida al capítulo 2.

3. Revise sus tarjetas de vocabulario del capítulo 2.

4. Traduzca al griego las siguientes palabras en español (antes de traducirlas, piense bien tanto el vocabulario necesario como la persona y el número de la terminación).

tiene _______________ dicen _______________

recibimos _______________ deseo _______________

escribes _______________ escucháis _______________

CAPÍTULO 3

(Sustantivos y artículos de la segunda declinación masculinos y neutros)

I. INTRODUCCIÓN AL TEMA. ¡Felicitaciones! Usted ya ha logrado una buena introducción a la gramática griega. Ya reconoce el alfabeto y las vocales, puede pronunciar palabras y también puede reconocer el significado y la conjugación de verbos sencillos.

En esta lección usted aprenderá a tratar con sustantivos. Una vez que logre dominar las distintas presentaciones de los sustantivos, usted puede proseguir en su estudio sin mayores problemas. Por lo tanto, esta lección es muy importante y amerita cuidadosa atención.

II. LA DECLINACIÓN DE SUSTANTIVOS. En el español, un sustantivo, pronombre, adjetivo, artículo o participio tiene variaciones de género (masculino o femenino) y de número (singular o plural). El griego, de igual manera, incluye estos mismos elementos. Encontramos variaciones de género (masculino, femenino, neutro) y número (singular o plural). También, igual que en español, se reconoce el género de un sustantivo por su terminación y por el artículo o el adjetivo que lo acompaña.

En griego, los sustantivos, pronombres, adjetivos, artículos y participios, además, reflejan en su terminación la función que desempeñan en la oración. En español, los pronombres personales preservan esta distinción. Vea las siguientes oraciones:

"Yo te lo entrego". El pronombre "Yo" (1ª persona singular) es el sujeto de la oración, el pronombre "te" (2ª persona singular) es el complemento indirecto,[1] y "lo" (3ª persona singular) es el complemento directo.

"Tú me lo entregas". Ahora el pronombre de 1ª persona singular "me" es el complemento indirecto de la oración, el pronombre de 2ª persona singular "tú" es el sujeto, y "lo" (3ª persona singular) es el complemento directo.

"Él murió por mí". En este caso, el pronombre de 3ª persona singular "él" es el sujeto de la oración, el pronombre "mí" (1ª persona singular) es el término de la preposición.

Así, sin darnos cuenta, al hablar o escribir, cambiamos la forma del pronombre según su función en la oración. La función en la oración se conoce como "caso". En algunos idiomas, el caso se refleja en la forma en que terminan algunas palabras. En el idioma griego se distinguen cinco casos: nominativo, genitivo, dativo, acusativo y vocativo.

---

1. Para los términos "complemento directo" o "complemento indirecto", otras gramáticas usarán el término "objeto" directo o indirecto.

• **Caso nominativo.** Su función principal es prestar identificación más específica al sujeto de un verbo finito.[2] También señala un predicado nominal o adjetival en oraciones copulativas. Por ejemplo, "nuestra salvación es preciosa", en griego tanto "nuestra salvación" como "preciosa" estarían en caso nominativo.

• **Caso genitivo.** Su uso es básicamente de definición, limitación o descripción. Por ejemplo, Hijo de Dios, vaso de agua, predicación de Jesucristo. Normalmente, se traduce como un sintagma[3] preposicional con "de". Es generalmente un modificador indirecto de otro sustantivo.[4] En algunas ocasiones también podría indicar punto de origen. En este caso da la idea de separación. Su significado básico es "punto de partida". Por ejemplo, Ef 2:12: "alejados de la ciudadanía de Israel"; 2P 1:14: "el abandono de mi tienda". Se puede traducir con las preposiciones "de" o "desde".

• **Caso dativo.** La idea básica es de interés personal. De ahí que su uso más frecuente sea el de complemento indirecto de la oración. También puede tener la idea de ventaja o desventaja, entre otros usos. Se puede traducir con la preposición "a", como en "(a ti) te daré todas las cosas" (Mt 18:26). Pero también, en algunas situaciones, se puede traducir con la preposición "para", como en "esto determiné para conmigo" (2Co 2:1). También puede traducirse "con respecto a" o "con referencia a", como en "hemos muerto con referencia al pecado" (Ro 6:2).

• **Caso acusativo.** Este está muy estrechamente ligado al verbo, así como el genitivo lo está al sustantivo. Transmite la idea de acción, de ahí que enfatice dirección, extensión o fin de dicha acción. Su uso más frecuente es el de complemento directo de la oración.

• **Caso vocativo.** Este se usa solo para llamar o invocar.

III. CUADRO DE DESINENCIAS DE LA SEGUNDA DECLINACIÓN, GÉNERO MASCULINO. Notará también que, al igual que los verbos, cada sustantivo contiene una raíz (tema) que permanece invariable mientras que la parte final de la palabra (desinencia) cambia. La variación en la forma de los verbos la llamaremos conjugación; la variación en las otras palabras la llamaremos declinación.

Al igual que en español, los sustantivos griegos se pueden agrupar por la forma en que termina la palabra. Hay tres grandes conjuntos o declinaciones.

2. Finito es un verbo que se conjuga. Los modos finitos son: indicativo, subjuntivo e imperativo. Los no finitos en español son: infinitivo, gerundio y participio.
3. Un sintagma es un conjunto de palabras que tienen una misma función dentro de la oración.
4. Se exceptúan el genitivo en el complemento directo de algunos verbos y el uso genitivo con preposiciones. Lo veremos más adelante.

El más frecuente de estos es el llamado "segunda declinación". La mayoría de sustantivos de esta declinación son masculinos. También hay de género femenino y neutro.

Observe el siguiente sustantivo masculino de la segunda declinación, λόγος que significa "palabra".[5] La raíz es λογ- y la desinencia es -ος.

	Caso	Raíz	Desinencia	Palabra
Singular	Nominativo	λογ-	-ος	λόγος
	Genitivo	λογ-	-ου	λόγου
	Dativo	λογ-	-ῳ	λόγῳ
	Acusativo	λογ-	-ον	λόγον
	Vocativo	λογ-	-ε	λόγε
Plural	Nominativo	λογ-	-οι	λόγοι
	Genitivo	λογ-	-ων	λόγων
	Dativo	λογ-	-οις	λόγοις
	Acusativo	λογ-	-ους	λόγους
	Vocativo	λογ-	-οι	λόγοι

IV. EL ARTÍCULO. El artículo define al sustantivo y siempre concordará con el sustantivo que define en género, caso y número, al igual que en español (el niño, las princesas). El artículo mantendrá su declinación propia independientemente de cuál sea la declinación del sustantivo.

Ahora observe el mismo sustantivo, esta vez acompañado de su artículo y la traducción en español.

Caso	Singular	Traducción	Plural	Traducción
Nominativo	ὁ λόγος	*la palabra*	οἱ λόγοι	*las palabras*
Genitivo	τοῦ λόγου	*de la palabra*	τῶν λόγων	*de las palabras*
Dativo	τῷ λόγῳ	*a la palabra*	τοῖς λόγοις	*a las palabras*
Acusativo	τόν λόγον	*la palabra*	τούς λόγους	*las palabras*
Vocativo	λόγε	*¡oh, palabra!*	λόγοι	*¡oh, palabras!*

NOTA. La oración griega, al igual que la oración en español, tiene una estructura más o menos definida. En ocasiones, el autor bíblico variará el orden

5. Como puede ver aquí, y verá continuamente durante su estudio, los géneros de las palabras en griego no concuerdan necesariamente con el género de la palabra en español.

por razones de énfasis. Sin embargo, es frecuente encontrar las palabras en el siguiente orden: sujeto + verbo + complemento directo + complemento indirecto.

Observe lo que puede hacer al combinar la información de la primera lección con lo que aprendió en esta. Usted ya puede formar una oración completa y traducirla al español.

ὁ ἄνθρωπος	διδάσκει	τὸν νόμον	τοῖς ἀδελφοῖς
nominativo	**verbo**	*acusativo*	*dativo*

Recuerde que el sujeto estará en caso nominativo, el complemento directo en caso acusativo y el complemento indirecto en caso dativo. Así es mucho más fácil identificar las funciones dentro de una oración.

Veamos ahora la oración de arriba con su traducción:

ὁ ἄνθρωπος	διδάσκει	τὸν νόμον	τοῖς ἀδελφοῖς
el hombre	*enseña*	*la ley*	*a los hermanos*

Antes de seguir viendo oraciones, aprendamos algunas palabras de vocabulario.

Todas las palabras de la lista de vocabulario a continuación son sustantivos del género masculino y aparecen de la manera en que usted las encontrará en un léxico griego, es decir, con el artículo que identifica su género. Esta lista presenta algunos de los sustantivos masculinos de la segunda declinación que son muy comunes en el Nuevo Testamento. El número entre paréntesis indica las veces que aparece esta palabra en el Nuevo Testamento.

VOCABULARIO 3a

13. ἄγγελος, ὁ: *ángel, mensajero (175)*
14. ἀδελφός, ὁ: *hermano* (343)
15. ἄνθρωπος, ὁ: *hombre, ser humano* (550)
16. ἀπόστολος, ὁ: *apóstol, enviado* (80)
17. ἄρτος, ὁ: *pan, comida* (66)
18. δοῦλος, ὁ: *siervo, esclavo* (124)
19. θεός, ὁ: *Dios, dios* (1317)
20. κόσμος, ὁ: *mundo* (186)
21. κύριος, ὁ: *señor, Señor* (717)
22. λόγος, ὁ: *palabra* (331)
23. νόμος, ὁ: *ley* (194)
24. οἶκος, ὁ: *casa, familia* (114)
25. υἱός, ὁ: *hijo* (377)
26. ὁ, ἡ, τό: (artículos) (19.870)

Veamos otro ejemplo:

οἱ ἀπόστολοι	τοῦ κυρίου	λαμβάνουσι	τὸν δοῦλον
nominativo	*genitivo*	**verbo**	*acusativo*

Tomando en cuenta las indicaciones anteriores, la traducción sería:[6]

οἱ ἀπόστολοι	τοῦ κυρίου	λαμβάνουσι	τὸν δοῦλον
los apóstoles	*del Señor*	*reciben*	*al siervo*

En la siguiente oración, subraye primero el verbo y luego identifique los casos de los sustantivos. Ponga mucha atención a los casos para poder traducir la oración correctamente. Recuerde siempre que el orden de los sustantivos en una oración griega no define su traducción sino el caso en que se encuentra. El núcleo del sujeto estará en nominativo, el del complemento directo en acusativo, el del indirecto en dativo.[7]

τοὺς ἀγγέλους	τοῦ θεοῦ	βλέπουσιν	οἱ ἀπόστολοι	τοῦ κυρίου
________	________	________	________	________

¿Cuál es el sujeto de la oración? ____________________

____

¿Cuál es el complemento directo? ¿Cómo lo sabe? ____________

____

¿Cuál será la traducción correcta? ____________________

____

V. CUADRO DE DESINENCIAS DE LA SEGUNDA DECLINACIÓN, GÉNERO NEUTRO. Como ya se mencionó, en el idioma griego existen tres géneros en los sustantivos, adjetivos, artículos, participios y pronombres. Hasta ahora hemos visto el masculino de la segunda declinación. El neutro, que veremos a continuación, es más o menos parecido.

6. Recuerde que el complemento directo personal en español requiere de la preposición "a". Es decir, no sería correcto traducir: "los apóstoles del Señor reciben el siervo" (en este caso, incluso, en plural sería diferente su significado).

7. Puede observar en el verbo la "ν movible" al final de la palabra.

Observe el siguiente sustantivo neutro de la segunda declinación, ἔργον que significa "obra".[8] La raíz es εργ- y la desinencia es -ον.

	Caso	Raíz	Desinencia	Palabra
Singular	Nominativo	ἐργ-	-ον	ἔργον
	Genitivo	ἐργ-	-ου	ἔργου
	Dativo	ἐργ-	-ῳ	ἔργῳ
	Acusativo	ἐργ-	-ον	ἔργον
	Vocativo	ἐργ-	-ον	ἔργον
Plural	Nominativo	ἐργ-	-α	ἔργα
	Genitivo	ἐργ-	-ων	ἔργων
	Dativo	ἐργ-	-οις	ἔργοις
	Acusativo	ἐργ-	-α	ἔργα
	Vocativo	ἐργ-	-α	ἔργα

Ahora mire el siguiente cuadro usando el sustantivo ἔργον acompañado de su artículo:

Caso	Singular	Traducción	Plural	Traducción
Nominativo	τὸ ἔργον	*la obra*	τὰ ἔργα	*las obras*
Genitivo	τοῦ ἔργου	*de la obra*	τῶν ἔργων	*de las obras*
Dativo	τῷ ἔργῳ	*a la obra*	τοῖς ἔργοις	*a las obras*
Acusativo	τὸ ἔργον	*la obra*	τὰ ἔργα	*las obras*
Vocativo	ἔργον	*¡oh, obra!*	ἔργα	*¡oh, obras!*

Observe que el nominativo y el acusativo son iguales en el género neutro (también el vocativo). Por lo tanto, el contexto aclarará el caso en que está funcionando la palabra. También debe observar que el artículo neutro en casos nominativo y acusativo difiere del masculino. En los otros dos casos (genitivo y dativo) tanto el artículo como la desinencia del sustantivo son iguales.

Antes de seguir, aprendamos algunas palabras neutras. Todas las palabras de la lista de vocabulario a continuación aparecen de la manera que usted las encontrará en un léxico griego, es decir, con el artículo que identifica su

8. Como puede ver aquí, y verá continuamente durante su estudio, los géneros de las palabras en griego no concuerdán necesariamente con el género de la palabra en español.

género. Esta lista presenta algunos de los sustantivos neutros de la segunda declinación muy comunes en el NT.

VOCABULARIO 3b
27. δαιμόνιον, τό: *demonio, espíritu malvado* (63)
28. ἔργον, τό: *obra* (169)
29. εὐαγγέλιον, τό: *buena noticia, evangelio* (76)
30. ἱερόν, τό: *templo, recinto del templo* (71)
31. ἱμάτιον, τό: *vestido, manto* (60)
32. πλοῖον, τό: *barca, nave, navío mercante* (68)
33. σάββατον, τό: *sábado, día de reposo* (68)
34. σημεῖον, τό: *señal. milagro* (77)
35. τέκνον, τό: *hijo, niño pequeño* (99)

Una pregunta importante: ya que usted ha estudiado sustantivos masculinos y neutros, ¿cómo va a recordar cuál es cuál? Básicamente por la forma en que termina el nominativo de la palabra. Sin embargo, es muy importante, al aprender de memoria su vocabulario, aprender también el género de la palabra. Será mucho más fácil recordar el género de la palabra si memoriza su artículo al mismo tiempo. Eso le será muy importante, especialmente al recordar que las desinencias del genitivo y el dativo de estos sustantivos son iguales a las del género masculino.

VI. ACTIVIDADES DE APRENDIZAJE

NOTA. Tómese el tiempo necesario para estar seguro de que entiende el contenido de cada capítulo del curso y cada actividad de aprendizaje. No olvide que vale más unos momentos diarios de estudio y repaso que intentar dominar la materia para una prueba en una sola noche. También recuerde que el tiempo que cada estudiante necesita dependerá de su propia habilidad para aprender un idioma nuevo.

Día 1

1. Vuelva a leer detenidamente todo el capítulo 3 fijándose especialmente en las secciones I, II, III y IV.

2. Memorice los sustantivos del primer vocabulario (los masculinos) de este capítulo. Escríbalos en tarjetas (con el griego de un lado y el español del otro). Lleve las tarjetas a donde vaya para revisarlas varias veces durante el día.

3. Traduzca del griego al español:

ἀδελφός________________ ἀδέλφοι ________________

ἀδελφοῦ ________________ δούλῳ ________________

δουλοῦ ________________ δούλων ________________

ὁ δούλος τοῦ ἀνθρωποῦ βλέπει ________________

ὁ φίλος ἀκούει ________________

οἱ φίλοι γράφουσιν ________________

ὁ δούλος γράφει λόγους ________________

ὁ ἄνθρωπος λαμβάνει εὐαγγέλιον________________

γράφει λόγους τῷ φίλῳ ________________

Día 2

1. Vuelva a leer detenidamente todo el capítulo 3, fijándose especialmente en la sección V.

2. Memorice los sustantivos del segundo vocabulario (los neutros) de este capítulo. Prepare sus tarjetas como hizo con las otras palabras.

3. Para un poco de práctica de traducción y también para el uso del género neutro, traduzca la siguiente oración (ἐν: *en*):

οἱ ἀπόστολοι	τὸ εὐαγγέλιον	ἐν	τοῖς πλοίοις	ἀκούουσι
________	________	en	________	________

¿Cuál es el verbo de la oración? ________________

¿Cuál es el sujeto de la oración? ________________

¿Cuál es el complemento directo? ________________

¿Cuál es el complemento indirecto?________________

¿Cuál es la traducción correcta? ________________

¿Cómo lo sabe? ________________

Día 3

1. Repase todo el vocabulario del capítulo 3. Al repasar, preste atención especial al género de cada palabra.

2. Rellene el siguiente cuadro con los artículos correctos.

	Caso	Masculino	Neutro
Singular	Nominativo		
	Genitivo		
	Dativo		
	Acusativo		
Plural	Nominativo		
	Genitivo		
	Dativo		
	Acusativo		

3. Traduzca las siguientes frases:

λέγετε τῷ ἀπόστολῳ ______________________________

τὸν νόμον θέλετε ______________________________

τὸν νόμον ἀκούετε;______________________________

Día 4

1. Repase todo el vocabulario del capítulo 3. Repase también el vocabulario del capítulo 2.

2. Rellene el siguiente cuadro con la declinación correcta de los sustantivos indicados.

Caso	Singular	Plural	Singular	Plural
Nominativo	θεός		τέκνον	
Genitivo				
Dativo				
Acusativo				

3. Traduzca las siguientes oraciones.

πιστεύουσι τοὺς λόγους τοῦ κυρίου. ______________________________

____

ὁ ἀπόστολος γράφει τὸν νόμον τοῦ θεοῦ. ______________________________

____

Día 5

1. Repase todo el vocabulario del capítulo 3.

2. Repase los artículos y las desinencias de los sustantivos masculinos y neutros.

3. Traduzca las siguientes oraciones.

ἔχομεν τὰ ἱμάτια τῶν τέκνων. ______________________________

ὁ ἀπόστολος λέγει τὸν νόμον τοῦ θεοῦ τοῖς ἄνθρωποις. ______________
____

ὁ δοῦλος διδάσκει τούς λόγους τοῦ θεοῦ. ______________________
____

¡Felicitaciones! Tal vez le ha costado un poco comprender algunos detalles de esta lección. Sin embargo, usted ya va "mar adentro" en su estudio del idioma. Las habilidades de identificar verbos y sustantivos dentro de una oración son dos pasos clave. Ya ha logrado un muy buen comienzo. No se desanime de ninguna manera. El secreto es: repaso, REPASO, <u>REPASO</u>.

CAPÍTULO 4

(Verbos: presente indicativo, voces media y pasiva y el uso deponente, el infinitivo)

I. INTRODUCCIÓN. Existen muchas similitudes entre el español y el griego. Veremos algunas de estas similitudes y a la vez algunas diferencias en esta lección.

Al introducir nuestro estudio del verbo griego en el capítulo 2, se mencionó que existen tres claves distintivas para un verbo: **tiempo**, **voz** y **modo**. También los verbos, igual que en el español, muestran **persona** (primera, segunda o tercera) y **número** (singular o plural).

A partir de esta lección, comenzaremos a identificar cada verbo con un código antes de traducirlo. También en esta lección se observará más claramente la diferencia entre las tres voces posibles para un verbo griego. La "voz" de un verbo demuestra la relación entre el sujeto y la acción. Generalmente, cada verbo tiene tres opciones de voz:

Voz activa = el sujeto realiza la acción.[1]
Voz media = el sujeto realiza la acción sobre sí mismo, o para su beneficio (similar a los verbos reflexivos en español).
Voz pasiva = el sujeto recibe la acción.

II. VOCABULARIO. A continuación usted encontrará nuevo vocabulario para aprender.

VOCABULARIO 4a	
36. ἄγω: *traer, ir, conducir* (67)	41. κράζω: *gritar* (56)
37. ἄρχω: *gobernar* (86)	42. μέλλω: *estar a punto de* (109)
38. βαπτίζω: *bautizar* (77)	43. σῴζω: *salvar* (106)
39. ἐγείρω: *levantar* (144)	44. καί: *y* (conjunción) (9153)
40. κηρύσσω: *anunciar* (61)	45. ὑπό: *por* (prep. agente) (220)

III. LAS VOCES MEDIA Y PASIVA

Los verbos griegos tienen tres variaciones de voz. La voz *activa* indica la acción realizada por el sujeto del verbo (lo mismo que en español). En el capítulo 2 estudiamos la forma activa del verbo.

1. En los verbos estativos, el sujeto se presenta en un estado o situación.

La voz *media* "indica [...] una actividad referida al sujeto en su esfera de acción. Esta relación entre el sujeto y la acción del verbo puede ser directa, cuando el sujeto dirige la acción a sí mismo [...] en este caso, la voz media tiene valor reflexivo; o indirecta, cuando el sujeto realiza la acción no a sí mismo o sobre sí mismo, sino en su propio provecho (para sí) [...] y cuando realiza la acción por sí mismo, con sus propios medios (por sí)".[2]

Por su parte, la voz *pasiva* indica que la acción del verbo es realizada por un agente (presente o tácito) sobre el sujeto del verbo.

Estudie detenidamente la conjugación del verbo βαπτίζω, *bautizar*, en el cuadro siguiente:

		Voz media	Voz pasiva
singular	**1.** βαπτίζομαι	*me bautizo*	*soy bautizado*
	2. βαπτίζῃ	*te bautizas*	*eres bautizado*
	3. βαπτίζεται	*se bautiza*	*es bautizado*
plural	**1.** βαπτιζόμεθα	*nos bautizamos*	*somos bautizados*
	2. βαπτίζεσθε	*os bautizáis*	*sois bautizados*
	3. βαπτίζονται	*se bautizan*	*son bautizados*

En los tiempos presente e imperfecto del indicativo, las voces media y pasiva llevan la misma terminación. Por lo tanto, será el contexto el que determine en cuál voz está el verbo. Vea las siguientes terminaciones, escríbalas y memorícelas. Puede añadirlas a una tarjetita como hizo con las terminaciones de la voz activa.

Presente Medio-Pasivo Indicativo	
- ομαι	- ομεθα
- ῃ	- εσθε
- εται	- ονται

Ejemplos del uso de la voz media:

φυλάσσομαι τὸν κόσμον, *me guardo del mundo*

El verbo φυλάσσομαι (de φυλάσσω, *guardar*) aparece en la voz media. En esta voz lleva la idea reflexiva de "cuidarse de, evitar" y usa el acusativo para señalar lo que debe evitarse.

ὁ δοῦλος λαμβάνεται τὸν νόμον τοῦ κύριου. *El siervo recibe la ley del Señor.*

2. Bruno Corsani, *Guía para el estudio del griego del Nuevo Testamento* (Madrid: Sociedad Bíblica, 1997), 73.

El verbo λαμβάνεται (de λαμβάνω) aparece en la voz media. La traducción parece ser la misma que sería con λαμβάνει de la voz activa. La diferencia en el sentido es que el siervo lo hace para su propio provecho.

Ejemplos del uso de la voz pasiva:

οἱ λόγοι τῆς εἰρήνης λέγονται ὑπό τοῦ κυρίου Ἰησοῦ Χριστοῦ.
Las palabras de paz son dichas por el Señor Jesucristo.

Aquí el verbo λέγονται (de λέγω) aparece en la voz pasiva.

ὁ μαθητὴς τοῦ προφήτου ὑπὸ τοῦ κυρίου διδάσκεται. *El discípulo del profeta es enseñado por el Señor.*

Aquí el verbo διδάσκεται (de διδάσκω) aparece en la voz pasiva. Observe dónde está colocado en la oración.

NOTA. El agente de la voz pasiva en griego se señala muchas veces mediante la preposición ὑπό seguida por el sustantivo o palabra sustantivada en genitivo, tal como aparece en los dos ejemplos arriba.

IV. USO DEPONENTE/DEFECTIVO

Hay algunos verbos griegos que carecen de forma activa en alguno o todos los tiempos (defectivos). Estos usan la voz media o pasiva para suplir esos tiempos activos (deponentes). Cuando están supliendo la voz activa, la voz media o pasiva pierde su sentido propio. No son muchos, pero son muy frecuentes en el Nuevo Testamento. Aparecen centenares de veces. Estos son llamados deponentes (o defectivos).[3] Un verbo puede ser deponente o defectivo en uno o más tiempos verbales. Los verbos del vocabulario 4b en su mayoría son deponentes en todos los tiempos verbales.

Es indispensable tener en mente cuáles son los verbos con uso deponente y en qué tiempos, para poder diferenciarlos de otros verbos y así codificarlos y traducirlos correctamente. Por ejemplo, el verbo ἔρχεται tiene el código de P M I 3 S (Presente Medio Indicativo Tercera Persona Singular). Para recordar el uso, podría poner /D luego de la M. Se traduce él o ella "llega" y no "es llegado, se llega".

3. Algunos libros de gramática se refieren a estos verbos como "defectivos" y otros los llaman "deponentes". Se llaman "defectivos" porque carecen de alguna forma verbal en la voz activa. Se llaman "deponentes" porque suplen esa carencia con alguna forma media o pasiva. Como resultado, en estos casos, las formas medias y pasivas asumen el significado activo.

VOCABULARIO 4b
46. ἀσπάζομαι: *saludar* (59)
47. γίνομαι: *ser, estar, llegar a ser o estar, haber* (669)
48. δύναμαι: *poder, ser capaz de* (210)
49. ἔρχομαι: *ir, llegar* (636)
50. κάθημαι: *estar sentado, sentarse* (91)
51. πορεύομαι: *ir* (154)
52. φοβέομαι: *temer* (95)

NOTA. Debe observar que el verbo δύναμαι tiene la vocal temática "α" en lugar de la "ο", lo que causa una variante leve en su conjugación. Vea el siguiente cuadro. A la izquierda aparece el verbo conjugado, a la derecha se detalla la raíz, la vocal conectiva y la desinencia:

	verbo conjugado	raíz-desinencia
Singular	1. δύναμαι, *puedo*	δύν-α-μαι
	2. δύνασαι, *puedes*	δύν-α-σαι
	3. δύναται, *puede*	δύν-α-ται
Plural	1. δυνάμεθα, *podemos*	δυν-ά-μεθα
	2. δύνασθε, *podéis*	δύν-α-σθε
	3. δύνανται, *pueden*	δύν-α-νται

Otro verbo irregular en la lista del vocabulario es κάθημαι, que carece de la vocal temática entre la raíz del verbo y la terminación. Vea en el siguiente cuadro la conjugación de este verbo.

	verbo conjugado	raíz-desinencia
Singular	1. κάθημαι, *me siento*	κάθη-μαι
	2. κάθησαι, *te sientas*	κάθη-σαι
	3. κάθηται, *se sienta*	κάθη-ται
Plural	1. καθήμεθα, *nos sentamos*	καθή-μεθα
	2. κάθησθε, *os sentáis*	κάθη-σθε
	3. κάθηνται, *se sientan*	κάθη-νται

Ejemplos de verbos con uso deponente o defectivo.

(Lc 15:10b) <u>γίνεται</u> χαρὰ ἐνώπιον τῶν ἀγγέλων τοῦ θεοῦ. *<u>Hay</u> gozo delante de los ángeles de Dios.*

(Jn 4:21) λέγει αὐτῇ ὁ Ἰησοῦς· ἔρχεται ὥρα. *Jesús dice a ella: "la hora viene".*

(Jn 3:36b) βαπτίζει καὶ πάντες ἔρχονται πρὸς αὐτόν. *Él bautiza y muchos llegan a él.*

NOTA. En el primer ejemplo no se traduce γίνεται como "es habido", sino como "hay". En los otros dos ejemplos la palabra ἔρχεται se traduce "viene" o "llegan" porque, aunque está en forma de voz media/pasiva, se traduce en voz activa. Este fenómeno sucede con los verbos llamados "deponentes".

V. EL INFINITIVO

En español hay tres formas verbales no modales: el infinitivo, el participio y el gerundio. En griego existen dos: el infinitivo y el participio. Más adelante estudiaremos con detenimiento el participio. Ahora nos centramos en el infinitivo. Esta forma verbal es considerada por muchos como un sustantivo verbal (algo similar a lo que pasa en español).[4] En griego presenta variaciones de tiempo y voz. En español solo tiene variaciones de voz y se presentan de forma simple o compuesta. Vea el ejemplo con el verbo cantar:[5]

	Simple	Compuesto
Activo	cantar	haber cantado
Pasivo	ser cantado	haber sido cantado

A. Voz activa

En el tiempo presente su forma toma el tema[6] del presente y le agrega la desinencia ειν. El tiempo presente transmite la idea de acción en desarrollo, aunque la manera en que lo traduzcamos al español dependerá básicamente del tiempo y modo del verbo principal. Vea los siguientes ejemplos:

ἔχειν, *tener*
λέγειν, *hablar, decir*
θέλειν, *desear, querer*

4. Wallace y Steffen, 444.
5. En español se usa principalmente como suplemento verbal. En verbos de deseo o como auxiliar de construcciones futuras cercanas (ir a + infinitivo), o en construcciones de obligación (deber, tener que + infinitivo), todas estas estructuras son perifrásticas en español, por ende el infinitivo "completa" la idea verbal. Para más detalles de definición y usos del infinitivo vea *NGLE*, 26.1-14.
6. Los verbos varían su raíz entre tiempos verbales. A cada raíz en un tiempo determinado se le llama tema. Así, el tema de presente de un verbo sería la raíz de ese verbo en el tiempo presente.

B. Voz media/pasiva

En el caso de las voces media y pasiva, tiempo presente, la desinencia es -εσθαι:

βλέπεσθαι, *mirarse, ser visto* (verbo regular)
γίνεσθαι, *ser, estar* (verbo con uso deponente)

C. Usos del infinitivo

El infinitivo tiene comportamientos de verbo o sustantivo. En su función verbal usualmente funciona como complemento o suplemento del verbo principal de una oración. Como sustantivo funciona sobre todo en discurso indirecto o como parte de un sintagma preposicional. Veamos por ahora dos usos comunes del infinitivo. Otras funciones menos frecuentes las dejaremos para un estudio más avanzado.

1. El infinitivo como complemento del verbo principal[7]

En este caso, el infinitivo actúa como "complemento o suplemento" del verbo principal, completa la idea del verbo. Aparecerá generalmente después de verbos de deseo como θέλω, ὀφείλω, βούλομαι, o de intención, como δύναμαι; o del verbo μέλλω, "estar a punto de".

Con mayor frecuencia, el verbo principal y el infinitivo tienen el mismo sujeto.

θέλω λέγειν τῷ κυρίῳ. *Deseo hablar al Señor.*

θέλουσι λαμβάνειν τὸν ἅγιον λόγον. *Desean recibir la santa palabra.*

(Mt 17:12b) καὶ ὁ υἱὸς τοῦ ἀνθρώπου μέλλει πάσχειν ὑπ' αὐτῶν. *Y el hijo del hombre está a punto de padecer por ellos.*

(Mt 2:13) μέλλει Ἡρῴδης ζητεῖν τὸ παιδίον. *Herodes está a punto de buscar al niño.*

A veces, el infinitivo como complemento tiene otro sujeto que el verbo principal. En este caso, el sujeto del infinitivo **siempre** estará en caso acusativo y estará **generalmente entre el verbo principal y el infinitivo.** Ocurre tanto en su función de complemento verbal como en la de sustantivo. En español es necesario traducir como oración subordinada agregando la conjunción "que".

θέλω τοὺς ἀνθρώπους λαμβάνειν τοὺς ἀδελφούς, *deseo que los hombres reciban a los hermanos* [aquí funciona como complemento].

λέγουσι τὸν κύριον γινώσκειν τοὺς ἀνθρώπους, *dicen que el Señor conoce a los hombres* [aquí es sustantiva de discurso indirecto].

---

7. En español se llama a esta construcción suplemento del verbo. En este caso el suplemento es el infinitivo. Este completa la idea verbal. Por ejemplo, "deseaba ir", "comenzó a cantar". Los suplementos en español son sintagmas nominales o preposicionales. En griego, en cambio, usualmente serán infinitivos.

Nótese que cuando el verbo principal expresa deseo o mandato el infinitivo se traduce en subjuntivo, mientras que en cualquier otro caso se traduce en indicativo.

Vea los siguientes ejemplos:

(Fil 1:12) γινώσκειν ὑμᾶς βούλομαι, ἀδελφοί. *Quiero que vosotros sepáis, hermanos.*

(Jn 21:22) λέγει αὐτῷ ὁ Ἰησοῦς· αὐτὸν θέλω μένειν ἕως ἔρχομαι. *Jesús le dice: "quiero que él permanezca hasta que yo venga".*

(Jn 4:4) Ἔδει δὲ αὐτὸν διέρχεσθαι διὰ τῆς Σαμαρείας. *Y era necesario que él pasara a través de Samaria.*

2. El infinitivo como complemento de propósito

En ocasiones, el infinitivo comunica el propósito de la acción o estado del verbo principal. En este caso traduciremos "para + infinitivo".

(Mt 13:3) ἐξέρχεται ὁ σπείρων τοῦ σπείρειν. *El sembrador sale para sembrar.*

Observe en el ejemplo anterior que los infinitivos a veces tienen artículos que no se traducen al español.

(Mr 3:14-15) ἀποστέλλει αὐτοὺς κηρύσσειν καὶ ἔχειν ἐξουσίαν ἐκβάλλειν τὰ δαιμόνια, *les manda a proclamar y tener autoridad para echar a los demonios.*

En esta cita hay tres infinitivos. Los primeros dos expresan el mandato. El tercer infinitivo es complementario porque muestra el propósito de "tener autoridad".

VI. COLOCACIÓN DE "CÓDIGOS"

En el capítulo 2 mencionamos la importancia de codificar los verbos. El desarrollo de este hábito le ayudará enormemente para lograr una traducción correcta de cualquier oración o texto. Es necesario, de aquí en adelante, colocarle un código a CADA verbo para identificar su tiempo (T), voz (V), modo (M), persona (P) y número (N). Esto lo llamaremos el TVMPN (el código) del verbo. Será crucial mantener en orden estos datos al colocar un código para no confundirse más adelante con algunos términos de otros tiempos o modos que se parecen. El código abrevia mucha información. Vea los ejemplos siguientes:

Verbo	TVMPN	Código
βλέπω	Presente Activo Indicativo 1ª persona Singular	P A I 1 S
βλέπομαι	Presente Medio/Pasivo Indicativo 1ª persona Singular. (En este caso el contexto dirá si es voz media o pasiva.)	P M/P I 1 S
βλέπετε	Presente Activo Indicativo 2ª persona Plural	P A I 2 P
βλέπειν	Infinitivo Presente Activo	Inf P A
ἔρχεται	Presente Medio Deponente Indicativo 3ª persona Singular	P M/D I 3 S

NOTA. Para poder colocar correctamente los códigos, es muy importante familiarizarse con cuáles verbos tienen uso deponente. ¿Cómo se colocan los códigos? En sus tareas, debe colocar el código directamente encima de la palabra. En el caso de que la forma pudiese ser media o pasiva debe indicar M/P. En análisis más avanzados, deberá decidir cuál de las dos es. Ejemplo:

P A I 1 S	P M/P I 1 S	P A I 2 P
βλέπω	βλέπομαι	βλέπετε

NOTA. En el futuro usted verá que la terminación de algunos verbos tendrá más de un código posible. Según el contexto, la mayor parte de las veces podrá identificar cuál es el que corresponde. Así que, según lo que dicte el contexto, es necesario colocar solamente ese código encima del verbo. No se preocupe, este detalle se aclarará más conforme vaya aprendiendo cómo identificar los verbos.

VII. ACTIVIDADES DE APRENDIZAJE

Día 1

1. Vuelva a leer detenidamente todo el capítulo 4.

2. Agregue a sus tarjetas los siete verbos, una conjunción y la preposición de las dos listas de vocabulario nuevo de esta lección. No olvide que parte de su estudio incluye el repaso del vocabulario anterior.

NOTA. Cada vez que traduce una oración, identifique cada palabra. Eso significa que debe decidir primero si la palabra es (por el momento) sustantivo, artículo o verbo. Si es verbo, es necesario señalar su análisis verbal, TVMPN (tiempo, voz, modo, persona, número). Por ejemplo, si encuentra que un verbo es presente, activo, indicativo, primera persona plural, su código será: P A I 1 P. Escríbalo en letras mayúsculas pequeñas encima del verbo.

3. El siguiente cuadro presenta en la primera columna la forma léxica de algunos verbos y en la segunda columna una forma conjugada de los mismos. En la tercera columna coloque el código verbal (TVMPN) de la forma conjugada.

Forma léxica	Forma conjugada	Código verbal
ἐγείρω	ἐγείρῃ	
βαπτίζω	βαπτίζεσθε	
πιστεύω	πιστεύουσι	
δύναμαι	δύνανται	
διδάσκω	διδασκόμεθα	

Día 2

1. Explique a continuación la diferencia entre la acción de las distintas voces del verbo:

Voz activa: ______________________________
____

Voz media: ______________________________
____

Voz pasiva: ______________________________
____

2. Explique el uso deponente de la voz de un verbo: ______
____
____

3. El siguiente cuadro presenta en la primera columna la forma léxica de algunos verbos y en la tercera columna un código verbal (TVMPN). Escriba en la segunda columna la forma griega correcta que piden los verbos según el código dado.

Forma léxica	Forma conjugada	Código verbal
ἐγείρω		P A I 2 S
βλέπω		P M I 1 P
κράζω		P A I 3 P
γίνομαι		P M/D I 2 S

Día 3

1. Escriba a continuación los dos usos principales del infinitivo griego:

a. ______________________________

b. ______________________________

2. Escriba las formas léxicas y los códigos correctos de los siguientes infinitivos:

Forma léxica	Forma conjugada	Código verbal
	βλέπειν	
	ἔρχεσθαι	
	ἔχεσθαι	
	πιστεύειν	

3. En la siguiente oración subraye cada forma verbal y coloque encima de cada una su código verbal correcto. Luego, traduzca la oración.

πιστεύουσιν ἐν *(en)* τῷ κύριῳ καί φυλάσσονται (φυλάσσω: *proteger de*) τὸν κόσμον. ____

____

Día 4

1. En una hoja aparte conjugue en las voces activa y media/pasiva los verbos ἄγω, βλέπω y βαπτίζω. ¿Cuáles serían los infinitivos de estos tres verbos?

2. En las siguientes oraciones subraye cada forma verbal y coloque encima de cada una su código verbal correcto. Luego, traduzca la oración. (¡Ponga cuidado para diferenciar entre verbos regulares y verbos con uso deponente!)

a. σωζόμεθα ὑπὸ τοῦ κύριοῦ καί διδασκόμεθα ὑπὸ τῶν ἀποστόλων.

b. ἔρχονται εἰς (*a*) τὸν οἶκον καί ἀσπάζονται τοὺς υἱους τοῦ θεοῦ.

c. ὁ νόμος τοῦ Θεοῦ κρίνει τὸν ἄνθρωπον.

Día 5

1. En una hoja aparte conjugue y traduzca los verbos δύναμαι, γίνομαι, ἔρχομαι y φοβέομαι. ¿Qué clase de verbos son en tiempo presente? ¿Cuáles serían sus infinitivos?

2. Revise de nuevo todo el vocabulario de este capítulo.

3. Revise todas las actividades de esta tarea para ver si necesita corregir algún detalle.

CAPÍTULO 5

(Preposiciones, verbos compuestos y el imperfecto indicativo)

I. INTRODUCCIÓN. Usted debe sentirse muy contento con todo lo que ha aprendido hasta este punto del curso. Además de tratar con los temas complicados de las voces de los verbos y los casos de los sustantivos, ¡ha aprendido 52 palabras de vocabulario!

Esta lección tratará primeramente con preposiciones independientes y las que se prefijan a ciertos verbos. Como las preposiciones forman una parte tan integral del idioma, la primera parte de esta lección está dedicada a ellas. Observará todas la variaciones del verbo ἔρχομαι que se hacen al prefijarle preposiciones distintas. También estudiaremos el tiempo imperfecto indicativo.

II. PREPOSICIONES

A. Lo que hacen. Una preposición es un tipo de palabra indeclinable que se caracteriza por introducir un complemento o término. La preposición, juntamente con su término, se usa en la oración para señalar relaciones adjetivales o adverbiales entre sintagmas (hombre *de fe*, lo compró *en la tienda*).

Como puede imaginar, dentro de estas palabras tan pequeñas pueden esconderse grandes matices de significado para la doctrina cristiana. Por lo mismo, un conocimiento correcto de las preposiciones es indispensable para una buena exégesis. De hecho, algunos debates exegéticos de pasajes pasan por definir el uso correcto de ciertas preposiciones. Aparecen más de 10.000 veces en el Nuevo Testamento.[1]

B. Su relación con el sustantivo. Como ya se mencionó, tanto en griego como en español, las preposiciones pueden unirse a algún complemento o término. Normalmente, el término de preposición es un sustantivo (en la frase "hijo de Dios", "Dios" es el término de la preposición "de"). También las preposiciones pueden acompañar palabras sustantivadas como adjetivos, participios o infinitivos, o incluso frases subordinadas introducidas por pronombres relativos. En el griego, las diferentes preposiciones preceden a sustantivos declinados en los llamados casos oblicuos (genitivo, dativo o acusativo). Como se ve en la tabla más abajo, algunas preposiciones aparecen con el sustantivo en uno, dos o hasta en tres diferentes casos. Normalmente, el cambio de caso en el sustantivo implica un diferente significado o matiz de la preposición.

Consulte detenidamente los cuadros en las siguientes páginas. Observe cómo varias preposiciones pueden tener varios significados. A esta altura, se

---

1. Daniel B. Wallace, *Greek Grammar Beyond the Basics* (Grand Rapids: Zondervan, 1996), 357.

habrá dado cuenta de lo vital que resulta poder distinguir el caso en que se encuentra una palabra, así como el matiz o significado que toma una preposición debido a eso.

C. Su relación con el verbo. A veces, así como sucede en español, las preposiciones pueden unirse a una palabra. Se llama verbo compuesto a aquel que tiene como prefijo una preposición (en raros casos incluso más de una). La preposición sirve para ampliar, intensificar o en unas pocas ocasiones cambiar el significado original del verbo. En verbos de movimiento suelen señalar la dirección del movimiento.

CUADRO DE PREPOSICIONES COMUNES[2]

A continuación hay un resumen de las preposiciones más comunes en el Nuevo Testamento. Preste atención al caso en que se encuentra la palabra modificada por la preposición para saber cómo traducirla.

Preposición	Caso	Sinificado
ἀνά	Acusativo	1. Distributivo: *en medio de* (ἀνά μέσον + G); *cada uno, por persona* (con números). 2. Locativo (como prefijo): *arriba, hacia arriba.*
ἀντί	Genitivo	1. Sustitución: *en lugar de, en cambio de, en vez de.* 2. Intercambio: *una cosa por otra cosa* (equivalencia o intercambio). 3. Causa: *por razón de, por causa de* (este significado es dudoso).
ἀπό	Genitivo	1. Separación (del lugar o de persona): *de afuera de, lejos de.* 2. Fuente: *desde de.* 3. Causa: *por causa de.* 4. Partitivo (en lugar del genitivo partitivo): *parte de.* 5. Agencia (muy raro): *por de.*

2. Wallace y Steffen, 268-273 (usado con permiso).

Preposición	Caso	Usos
διά	Genitivo	1. Agencia: *por, por medio de, a través de.* 2. Medios: *por medio de.* 3. Locativo: *a través de.* 4. Temporal: *durante, a lo largo de, en el transcurso de.*
	Acusativo	1. Causa: *por razón de, por causa de, con motivo de.* 2. Locativo (muy raro): *a través de.*
εἰς	Acusativo	1. Locativo: *adentro, hacia adentro, en.* 2. Temporal: *por todo el tiempo, a lo largo de, durante, a través de.* 3. Propósito: *para el propósito de, para que.* 4. Resultado: *para que, con el resultado que, así que.* 5. Referencia/Respecto: *con respecto a, con referencia a.* 6. Ventaja: *a favor de.* 7. Desventaja: *contra, en contra de.* 8. En lugar de ἐν (con sus varios usos).
ἐκ	Genitivo	1. Fuente: *desde, de, fuera de.* 2. Separación: *afuera de, desde adentro de, lejos de.* 3. Temporal: *desde este punto y en adelante.* 4. Causa: *por causa de, por razón de.* 5. Partitivo (como el genitivo partitivo): *parte de.* 6. Medios: *por medio de.*

ἐν	Dativo	1. Locativo (esfera): *en, dentro, entre.* 2. Temporal: *el tiempo cuando, mientras, un punto de tiempo.* 3. Asociación (una relación personal estrecha): *con.* 4. Causa: *por causa de.* 5. Instrumental: *por medio de, con el uso de.* 6. Referencia/Respecto: *con respecto a, con referencia a.* 7. Manera: *a manera de.* 8. Cosa poseída: *con* (una cosa que tiene o posee): Mr 1:23 (un hombre con espíritu inmundo). 9. Regla o norma (como el dativo de regla o norma): *según la regla de* (norma, patrón, modelo o medida). 10. Igual como εἰς con verbos de movimiento.
ἐπι	Genitivo	1. Locativo: *sobre, encima de, en, cerca* 2. Temporal: *durante, durante un tipo de tiempo* (cualidad de tiempo) 3. Causa: *sobre la base de.*
	Dativo	1. Locativo: *en, sobre, encima de, contra, cerca.* 2. Temporal: *durante, al tiempo de, en el tiempo de* (punto de tiempo). 3. Causa: *sobre la base de.*
	Acusativo	1. Locativo: *hasta el punto de, sobre, en, contra, arriba de.* 2. Temporal: *sobre un período de tiempo, por un tiempo* (todo el tiempo)

κατά	Genitivo	1. Locativo: *abajo de, a lo largo de, a través de.* 2. Oposición: *contra.* 3. Fuente: *desde.*
	Acusativo	1. Regla o norma: *de acuerdo a una regla* (o norma), *corresponde a.* 2. Locativo: *a lo largo de, a través de* (extensión), *hacia, hasta una cierta dirección.* 3. Temporal: *durante, a tal tiempo.* 4. Distribución: *dividido en* (indicando la división del todo dentro de las partes individuales). 5. Propósito: *para el propósito de.* 6. Referencia/Respecto: *con respecto a, con referencia a.*
μετά	Genitivo	1. Asociación/Acompañamiento: *con, en la compañía de* [contra, después de conceptos de contienda (Ap 2:16; 12:7)]. 2. Locativo: *con, entre, mezclado con.* 3. Manera: *con.*
	Acusativo	1. Temporal: *después, atrás, tras.* 2. Locativo (muy raro): *después, atrás, detrás.*
παρά	Genitivo	1. Fuente/Espacial: *desde el lado de.* 2. Agencia: *desde, por.*
	Dativo	1. Locativo: *cerca, al lado de.* 2. Esfera: *en la vista de, ante* (una persona), *en la presencia de, enfrente de.* 3. Asociación: *con.* 4. Puede tener los mismos usos del dativo simple sin la preposición.
	Acusativo	1. Locativo: *por, al lado de, cerca de, en.* 2. Comparación: *en comparación con, más que.* 3. Oposición: *contra, contrario a, en contra de.*

περί	Genitivo	1. Referencia: *concerniente a, acerca de.* 2. Ventaja/Representación: *a favor de, para el beneficio de* (similar a ὑπέρ)
	Acusativo	1. Locativo: *alrededor, cerca de, en torno a.* 2. Temporal: *cerca de tiempo, casi un período de tiempo, alrededor de tal tiempo.* 3. Referencia/Respecto: *con referencia a, en cuanto a, en consideración a.*
πρό	Genitivo	1. Locativo: *antes de, enfrente a, al frente.* 2. Temporal: *antes, anteriormente.* 3. Rango/Prioridad: *delante de, con prioridad, antes que.*
πρός	Acusativo	1. Propósito: *para el propósito de.* 2. Locativo: *hacia.* 3. Temporal: *hacia un período de tiempo, por una duración de tiempo.* 4. Resultado: *para que, con el resultado que, así que.* 5. Oposición: *contra.* 6. Asociación: *con, en compañía de* (con verbos que explican una condición, la preposición de algo acompañado con la condición).
σύν	Dativo	Compañía/Asociación: *en la compañía de, con, en asociación de.*
ὑπέρ	Genitivo	1. Representación/Ventaja: *a favor de, para el beneficio de.* 2. Referencia/Respecto: *concerniente a, con referencia a* (similar a περί) 3. Sustitución: *en lugar de, en vez de, en cambio de* (similar a ἀντί)
	Acusativo	1. Locativo: *sobre, arriba de.* 2. Comparación: *más que, más allá de.*

ὑπό	Genitivo	1. Agencia (último o final, el autor de la acción de un verbo pasivo): *por.* 2. Agencia intermediario (con verbos activos): *por medio de, a través de.* 3. Medios (muy raro): *por medio de.*
	Acusativo	1. Locativo: *bajo, debajo de, abajo, más abajo.* 2. Subordinación: *bajo* (la autoridad de), (sumisión)

III. VERBOS COMPUESTOS

Como se mencionara, las preposiciones pueden prefijarse a un verbo. Los verbos que comienzan con preposición se llaman verbos compuestos.

A. Vocabulario de verbos regulares compuestos. Todas estas palabras son verbos compuestos con un prefijo preposicional.[3]

VOCABULARIO 5a	
53. ἀναβαίνω: *subir* (82)	58. ἐπιγινώσκω: *conocer* (44)*
54. ἀποθνῄσκω: *morir* (111)	59. καταβαίνω: *descender* (81)
55. ἀπολύω: *despedir* (67)	60. παραλαμβάνω: *tomar, recibir* (49)
56. ἀποστέλλω: *enviar* (132)	
57. ἐκβάλλω: *lanzar, arrojar* (81)	61. συνάγω: *reunir, congregar* (59)

B. Vocabulario de verbos compuestos con uso deponente. Estas palabras son verbos deponentes compuestos.

VOCABULARIO 5b	
62. ἀπέρχομαι: *irse, abandonar* (117)	66. ἐξέρχομαι: *salir* (218)
63. ἀποκρίνομαι: *responder* (231)	67. προσέρχομαι: *venir o ir hacia, acercarse a* (86)
64. διέρχομαι: *atravesar, cruzar* (43)	
65. εἰσέρχομαι: *entrar* (194)	68. προσεύχομαι: *orar* (85)

3. Es muy importante entender que estos verbos no necesariamente reflejan las dos ideas propuestas por la preposición y el verbo. A veces la nueva palabra "compuesta" propone una idea totalmente distinta.

* El verbo ἐπιγινώσκω tiene la idea de conocer algo, pero de manera más exhaustiva o profunda.

Importante. Es de vital importancia poder distinguir en un verbo compuesto la parte que corresponde a la preposición y la parte que representa el verbo. Esto le será de gran utilidad en el futuro al tratar con las conjugaciones donde suceden algunos cambios a la preposición y el verbo por las letras que señalan otros tiempos del verbo.

IV. EL TIEMPO IMPERFECTO INDICATIVO

El tiempo imperfecto

El tiempo imperfecto griego, al igual que el tiempo presente, describe el aspecto imperfectivo. Es decir, comunica un estado o acción visto internamente, en su desarrollo. Se diferencia del tiempo presente en que comunica idea de distancia o lo remoto (ya sea en tiempo o en espacio); en cambio, el tiempo presente da la idea de proximidad. El tiempo imperfecto solo ocurre en modo indicativo. Prácticamente siempre su referente cronológico es el tiempo pasado. A diferencia del pretérito imperfecto indicativo del español, que muchas veces transmite la idea de que la acción o estado del verbo no sigue en el presente, el imperfecto indicativo griego, en cambio, no informa nada sobre si la acción o estado continúa en el presente o no. Por ejemplo, en la oración "el hombre vivía en aquella ciudad", en ciertos contextos podría entenderse en español que ahora esa persona ya no vive en esa ciudad. Por su parte, en griego no se puede inferir nada respecto a si sigue viviendo allí o no.

A. Imperfecto activo indicativo

Las formas del tiempo imperfecto se componen de: el aumento, la raíz o tema del verbo y la desinencia de tiempo imperfecto. Vea la siguiente tabla con la voz activa el verbo διδάσκω, enseñar.

ἐ	- διδάσκ -	ον
aumento	raíz	desinencia

Vea a continuación al lado izquierdo el verbo διδάσκω conjugado, y a la derecha el detalle de sus componentes (aumento, raíz y desinencia).[4]

4. La tercera persona plural en raras ocasiones termina en -οσαν, prácticamente solo en el verbo εἰμί. Observe que la desinencia de la tercera persona singular tiene una nu movible. El tiempo imperfecto usa las desinencias llamadas "secundarias".

SINGULAR	SINGULAR
1. ἐδιδάσκον, *enseñaba*	1. ἐ-διδάσκ-ον
2. ἐδιδάσκες, *enseñabas*	2. ἐ-διδάσκ-ες
3. ἐδιδάσκε(ν), *enseñaba*	3. ἐ-διδάσκ-ε(ν)
PLURAL	**PLURAL**
1. ἐδιδάσκομεν, *enseñábamos*	1. ἐ-διδάσκ-ομεν
2. ἐδιδάσκετε, *enseñabais*	2. ἐ-διδάσκ-ετε
3. ἐδιδάσκον, *enseñaban*	3. ἐ-διδάσκ-ον

Desinencias imperfecto activo indicativo	
- ον	- ομεν
- ες	- ετε
- ε(ν)	- ον

B. Imperfecto medio y pasivo indicativo

Igual que con el tiempo presente, las voces media y pasiva llevan la misma desinencia. El contexto y el significado del verbo dirán si debe ser traducido como voz media o pasiva. Vea las siguientes tablas con la voz media/pasiva del verbo διδάσκω y el cuadro de desinencias:

ἐ	- διδάσκ -	ομην
aumento	raíz	desinencia

Singular	Singular
1. ἐδιδάσκομην, *me enseñaba, era enseñado*	1. ἐ-διδάσκ-ομην
2. ἐδιδάσκου, *te enseñabas, eras enseñado*	2. ἐ-διδάσκ-ου
3. ἐδιδάσκετο, *se enseñaba, era enseñado*	3. ἐ-διδάσκ-ετο
Plural	**Plural**
1. ἐδιδάσκομεθα, *nos enseñábamos, éramos enseñados*	1. ἐ-διδασκ-όμεθα
2. ἐδιδάσκεσθε, *os enseñabais, erais enseñados*	2. ἐ-διδάσκ-εσθε
3. ἐδιδάσκοντο, *se enseñaban, eran enseñados*	3. ἐ-διδάσκ-οντο

Desinencias imperfecto medio/pasivo indicativo	
- ομην	- όμεθα
- ου	- εσθε
- ετο	- οντο

RECUERDE. Al observar un verbo conjugado, es importante poder regresar mentalmente a cuál es su forma en el presente activo indicativo, primera persona singular. Los léxicos presentan los verbos en esta manera.

C. Verbos que comienzan con vocales. Muchos verbos, como ἀκούω, ἄγω, ἔχω o ἐσθίω comienzan con vocales. Al añadirles el aumento al formar el imperfecto, dicha vocal sufre un pequeño cambio. Para demostrar el cambio de haber recibido un aumento, la vocal corta se cambia por una larga. Tanto la α como la ε se alargan a η. Sigue a continuación una explicación con ejemplos.

VOCABULARIO 5c	
69. αἴρω: *tomar, quitar, recoger* (101) 70. ἐσθίω: *comer* (158)	71. εὑρίσκω: *encontrar* (176) 72. μένω: *permanecer, quedar* (118)

1. La regla del aumento

El aumento solo se emplea en el modo indicativo. Tiene dos formas: (1) si la palabra comienza con una consonante, se prefija la vocal ε (este se llama aumento silábico); (2) pero si el verbo comienza con una vocal, esta se alarga, (este se llama aumento alargado). He aquí una tabla de las formas de este:

Aumento alargado	
α se alarga a η	(ᾳ se alarga a ῃ)
ε se alarga a η	(αι se alarga a ῃ)
ο se alarga a ω	(αυ se alarga a ηυ)
ι se alarga a ῖ	
υ se alarga a ῦ	

2. Ejemplos

Verbos regulares con aumento alargado:	
Presente	***Imperfecto***
αἴρω	ᾖρον (aquí la ι se escribe debajo de la letra alargada)
ἄγω	ἦγον
ἀκούω	ἤκουον
ἐσθίω	ἠσθίον

Excepciones a la regla:	
ἔχω	εἶχον
θέλω	ἤθελον
μέλλω	ἤμελλον **(a veces)**

3. Ejemplos del uso del imperfecto

(Jn 4:33) ἔλεγον οὖν οἱ μαθηταὶ πρὸς ἀλλήλους· *Los discípulos entonces se decían entre sí:*

(Jn 4:47) ἤμελλεν γὰρ ἀποθνῄσκειν. *Porque estaba a punto de morir.*

(Jn 5:16) καὶ διὰ τοῦτο ἐδίωκον οἱ Ἰουδαῖοι τὸν Ἰησοῦν, ὅτι ταῦτα ἐποίει ἐν σαββάτῳ. *Y por causa de esto, los judíos perseguían a Jesús porque hacía estas cosas en sábado.*

ὁ κύριος ἔκρινεν τοὺς ἀνθρώπους. *El Señor juzgaba a los hombres.*

V. EL IMPERFECTO CON VERBOS CON USO DEPONENTE O DEFECTIVO

Como ya estudiamos anteriormente, estos verbos usan la voz media o pasiva para suplir los tiempos activos. Al igual como sucede con el tiempo presente, cuando suplen la voz activa, la voz media o la pasiva pierden su sentido propio. Cabe destacar que un verbo que es deponente en el presente también lo es en el imperfecto.

Por ejemplo:

Tiempo presente	**Tiempo imperfecto**
ἔρχομαι = voy	ἠρχόμην = iba
δύναμαι = puedo	ἐδύναμην = yo podía
γίνομαι = llego a ser, soy	ἐγίνομην = yo llegaba a ser, era

VI. EL IMPERFECTO CON VERBOS COMPUESTOS

Es ahora cuando es indispensable reconocer la parte del verbo que representa la preposición y la parte que representa la raíz verbal. En la primera parte de este capítulo aparece una lista de algunos verbos compuestos (verbos con prefijo prepositivo). Revíselos con cuidado para identificar la preposición y la raíz verbal.

Lea la siguiente sección varias veces. La regla básica aquí es que el aumento, que determina el imperfecto, se coloca directamente al verbo y no a la preposición. Para ayudarle a entender esto mejor, observe detenidamente las siguientes situaciones y las relaciones entre las preposiciones y los verbos:

(VC) **1. Vocal Consonante.** Un verbo compuesto en el cual la preposición termina con vocal y la raíz verbal comienza con consonante.

Ejemplo: ἀποστέλλω (ἀπο-στέλλω)

Procedimiento: aumento ε se coloca directamente al verbo y la ο se cae de la preposición.

Resultado: ἀπέστελλον **(I A I 1 S)** o ἀπεστέλλομην **(I M/P I 1 S)**.

(CV) **2. Consonante Vocal.** Un verbo compuesto en el cual la preposición termina con consonante y la raíz verbal comienza con vocal.

Ejemplo: εἰσάγω (εἰς-ἄγω).

Procedimiento: aumento ε se coloca directamente al verbo y nada sucede con la preposición.

Resultado: εἰσήγον **(I A I 1 S)** o εἰσήγομην **(I M/P I 1 S)**.

(VV) **3. Vocal Vocal.** Un verbo compuesto en el cual la preposición termina con vocal y la raíz verbal comienza con vocal.

Ejemplo: κατεσθίω (κατά-ἐσθίω).

Procedimiento: aumento ε se coloca directamente al verbo, cambiándose por η y la α se elimina de la preposición.

Resultado: κατησθίον **(I A I 1 S)** o κατησθίομην **(I M/P I 1 S)**.

NOTA. Existen dos excepciones a esta regla: las preposiciones περί y πρό nunca eliminan la última vocal. Así que los verbos περιάγω y προάγω mantienen las dos vocales juntas tanto en el presente como en el imperfecto (προῆγεν) (Mt 2:9).

(CC) **4. Consonante Consonante.** Un verbo compuesto en el cual la preposición termina con una consonante y el verbo mismo comienza con una consonante.

Ejemplo: ἐκβάλλω (ἐκ-βάλλω).

Procedimiento: aumento ε se coloca directamente al verbo y con la preposición la κ se covierte en ξ.

Resultado: ἐξέβαλλον **(I A I 1 S)** o ἐξεβάλλομην **(I M/P I 1 S)**.

VII. ACTIVIDADES DE APRENDIZAJE

Día 1

1. Vuelva a leer detenidamente toda la información del capítulo 5.

2. Agregue a sus tarjetas las tres listas de vocabulario nuevo de este capítulo. No olvide que parte de su estudio incluye repasar el vocabulario anterior.

Día 2

1. Estudie otra vez todo el vocabulario nuevo.

2. Estudie detenidamente las cuatro variaciones que se dan en el tiempo imperfecto de verbos compuestos al unírsele el aumento al verbo.

3. El siguiente cuadro presenta en la primera columna la forma léxica de algunos verbos compuestos y en la segunda columna una forma conjugada de los mismos.

a. En la primera columna, escriba un símbolo diagonal (/) entre la preposición y el verbo.

b. En la segunda columna encontrará una forma conjugada del verbo. Estúdiela detenidamente para reconocer si tiene aumento.

c. En la tercera columna coloque el código verbal (TVMPN) de la forma conjugada. La primera línea es un ejemplo de lo que debe hacer.

Forma léxica	Forma conjugada	Código verbal
ἀπο/κρίνομαι	ἀπεκρίνοντο	I-M/D-I-3-P
ἀποκρίνομαι	ἀποκρίνονται	
ἀναβλέπω	ἀνεβλέπομην	
συνάγω	συνάγεται	
εἰσέρχομαι	εἰσήρχεσθε	
καταβαίνω	καταβαίνῃ	

Día 3

1. Estudie otra vez todo el vocabulario nuevo.

2. Traduzca y analice las 3 siguientes parejas de oraciones. No olvide identificar los códigos de cada verbo. Las oraciones aparecen en parejas y, aunque cada pareja es similar, existe una diferencia marcada en la traducción de los verbos.

Pareja #1

ὁ θεός ἀποστέλλει τὸν υἱόν εἰς τὸν κόσμον.

ὁ θεός ἀπέστελλε τὸν υἱόν εἰς τὸν κόσμον.

Pareja #2

παραλαμβάνομεν τὸν λόγον τοῦ θεοῦ ἀπὸ τῶν δούλων τοῦ θεοῦ.

παρελαμβάνομεν τὸν λόγον τοῦ θεοῦ ἀπὸ τῶν δούλων τοῦ θεοῦ.

Pareja #3

οἱ υἱοὶ τοῦ θεοῦ εἰσέρχονται εἰς ἱερὸν τοῦ θεοῦ.

οἱ υἱοὶ τοῦ θεοῦ εἰσήρχοντο εἰς ἱερὸν τοῦ θεοῦ.

Día 4

1. Repase de nuevo el vocabulario de sustantivos y los artículos que estudió en el capítulo 3.

2. En una hoja aparte escriba todas las formas del presente indicativo y del imperfecto indicativo del verbo ἀκούω.

Día 5

1. En una hoja aparte escriba todas las formas del presente indicativo y del imperfecto indicativo del verbo παραλαμβάνω.

2. Revise de nuevo todo el vocabulario de este capítulo.

3. Revise todas las actividades de esta tarea para ver si necesita corregir algún detalle.

VOCABULARIO ACUMULADO DE LOS CAPÍTULOS 1 AL 5

En el Nuevo Testamento hay 138.162 ocurrencias de palabras en total. Usted ya aprendió 72 palabras. Estas aparecen 44.497 veces. Es decir, si memoriza bien estas, ahora es capaz de identificar el 32,2% del Nuevo Testamento. Eso es impresionante. Ánimo.

VERBOS

ἄγω: *tomar, recoger, quitar* (67)	εἰσέρχομαι: *entrar* (194)
αἴρω: *tomar, recoger, quitar* (101)	ἐκβάλλω: *lanzar, arrojar* (81)
ἀκούω: *escuchar* (428)	ἐξέρχομαι: *salir* (218)
ἀναβαίνω: *subir* (82)	ἐπιγινώσκω: *conocer bien* (44)
ἀπέρχομαι: *irse, abandonar* (117)	ἔρχομαι: *ir, llegar* (636)
ἀποθνῄσκω: *morir* (111)	ἐσθίω: *comer* (158)
ἀποκρίνομαι: *responder* (231)	εὑρίσκω: *encontrar* (176)
ἀπολύω: *despedir* (66)	ἔχω: *tener* (708)
ἀποστέλλω: *enviar* (132)	θέλω: *desear, querer* (208)
ἄρχω: *gobernar* (86)	κάθημαι: *estar sentado, sentarse* (91)
ἀσπάζομαι: *saludar* (59)	καταβαίνω: *descender* (81)
βάλλω: *arrojar, echar* (122)	κηρύσσω: *anunciar, proclamar, predicar* (61)
βαπτίζω: *bautizar* (77)	κράζω: *gritar* (56)
βλέπω: *mirar* (133)	κρίνω: *juzgar* (114)
γίνομαι: *ser, estar, llegar a ser o estar, nacer, haber* (669)	λαμβάνω: *tomar, recibir* (260)
γινώσκω: *conocer* (222)	λέγω: *decir* (2354)
γράφω: *escribir* (191)	μένω: *permanecer, quedar* (118)
διδάσκω: *enseñar* (97)	μέλλω: *estar a punto de* (109)
διέρχομαι: *atravesar* (43)	παραλαμβάνω: *tomar, recibir, aceptar* (49)
δύναμαι: *poder* (210)	
ἐγείρω: *levantar* (144)	

πιστεύω: *creer* (241)	ἱερόν, τό: *templo, recinto del templo* (71)
πορεύομαι: *ir* (154)	ἱμάτιον, τό: *vestido, manto* (60)
προσέρχομαι: *venir o ir hacia, acercarse* (86)	κόσμος, ὁ: *mundo* (186)
προσεύχομαι: *orar* (85)	κύριος, ὁ: *señor, Señor* (717)
συνάγω: *reunir, congregar* (59)	λόγος, ὁ: *palabra* (330)
σῴζω: *salvar* (106)	νόμος, ὁ: *ley* (194)
φοβέομαι: *temer* (95)	οἶκος, ὁ: *casa, familia, hogar* (114)
SUSTANTIVOS	πλοῖον, τό: *barca, nave, navío mercante* (68)
ἄγγελος, ὁ: *ángel, mensajero* (175)	
ἀδελφός, ὁ: *hermano* (343)	σάβαττον, τό: *sábado, día de reposo* (68)
ἄνθρωπος, ὁ: *hombre, ser humano* (550)	σημεῖον, τό: *señal. milagro* (77)
ἀπόστολος, ὁ: *apóstol, enviado* (80)	τέκνον, τό: *hijo, niño pequeño* (99)
ἄρτος, ὁ: *pan, comida* (66)	υἱός, ὁ: *hijo* (377)
δαιμόνιον, τό: *espíritu malvado, demonio,* (63)	**ARTÍCULOS**
δοῦλος, ὁ: *siervo, esclavo* (124)	ὁ, ἡ, τό: artículo (19.870)
ἔργον, τό: *obra* (169)	**PREPOSICIONES**
εὐαγγέλιον, τό: *buen mensaje, noticia, evangelio* (76)	ὑπό: *por* (agente) (220)
	CONJUNCIONES
θεός, ὁ: *Dios, dios* (1317)	καί: *y* (9153)

CAPÍTULO 6

(Sustantivos: primera declinación, femeninos segunda declinación)

I. INTRODUCCIÓN. Si se ha esforzado en aprender el contenido visto hasta este punto del curso, usted ya posee una buena base de la gramática griega. Ya tiene en su repertorio la formación de verbos regulares y deponentes/defectivos en los tiempos presente e imperfecto y puede reconocer los sustantivos de la segunda declinación.

En esta lección haremos dos cosas: (1) seguiremos con el tema de los sustantivos al introducir los de la primera declinación y (2) veremos femeninos de la segunda declinación y masculinos de la primera.

II. VARIACIONES DE LA PRIMERA DECLINACIÓN

En español, los sustantivos terminados en –a normalmente son femeninos (casa, muñeca). Con todo y eso, también encontramos algunos masculinos terminados en –a (papá, escriba). En griego pasa algo similar. En la primera declinación predominan los sustantivos femeninos. Por eso, veamos primero cómo se forman y luego veremos algunos masculinos.

A continuación le presentamos tres listas de vocabulario con palabras femeninas de cada una de estas variaciones. Tómese su tiempo para memorizarlas.

A. LISTA # 1 – El nominativo singular termina en –α

VOCABULARIO 6a	
73. ἀλήθεια, ἡ: *verdad* (109)	78. ἡμέρα, ἡ: *día* (389)
74. ἁμαρτία, ἡ: *pecado* (173)	79. καρδία, ἡ: *corazón* (156)
75. βασιλεία, ἡ: *reino (162)*	80. οἰκία, ἡ: *casa* (93)
76. ἐκκλησία, ἡ: *iglesia, asamblea* (114)	81. χαρά, ἡ: *gozo* (59)
77. ἐξουσία, ἡ: *autoridad, poder* (102)	82. ὥρα, ἡ: *hora* (106)

Los femeninos de la primera declinación normalmente terminan en –α, aunque también en singular encontramos terminados en –η. El artículo femenino sigue esta última forma. Vea el siguiente vocabulario y los cuadros que muestran las variaciones de caso y número.

B. LISTA # 2 – El nominativo singular termina en –η

VOCABULARIO 6b	
83. ἀγάπη, ἡ: *amor* (116)	89. ἐντολή, ἡ: *mandamiento* (67)
84. ἀρχή, ἡ: *principio* (55)	90. ζωή, ἡ: *vida* (135)
85. γῆ, ἡ: *tierra* (250)	91. κεφαλή, ἡ: *cabeza* (75)
86. γραφή, ἡ: *escritura* (51)	92. παραβολή, ἡ: *parábola* (50)
87. δικαιοσύνη, ἡ: *justicia* (92)	93. φωνή, ἡ: *sonido, voz* (139)
88. εἰρήνη, ἡ: *paz* (92)	94. ψυχή, ἡ: *alma* (103)

Caso	Singular	Plural
Nominativo	ἡ φωνή	αἱ φωναί
Genitivo	τῆς φωνῆς	τῶν φωνῶν
Dativo	τῇ φωνῇ	ταῖς φωναῖς
Acusativo	τὴν φωνήν	τὰς φωνάς
Vocativo	φωνή	φωναί

Caso	Singular	Plural
Nominativo	ἡ καρδία	αἱ καρδίαι
Genitivo	τῆς καρδίας	τῶν καρδιῶν
Dativo	τῇ καρδίᾳ	ταῖς καρδίαις
Acusativo	τὴν καρδίαν	τὰς καρδίας
Vocativo	καρδία	καρδίαι

NOTA. Puede observar que, aunque las desinencias de la primera declinación pueden ser diferentes, las formas del artículo se mantienen. Nuevamente, es importante recordar que el género del sustantivo no siempre es el mismo en español. Deberá estar atento a esos cambios de género de un idioma al otro.

C. LISTA # 3 – La raíz del nominativo singular termina en λ, σ o doble consonante.

Hay unos pocos sustantivos de esta declinación cuya raíz termina en λ, σ o doble consonante. Estos en el singular usan –α en nominativo, acusativo y vocativo, y –η en genitivo y dativo. Observe el siguiente ejemplo:

Caso	Singular	Plural
Nominativo	ἡ γλῶσσα	αἱ γλῶσσαι
Genitivo	τῆς γλώσσης	τῶν γλωσσῶν
Dativo	τῇ γλώσσῃ	ταῖς γλώσσαις
Acusativo	τὴν γλῶσσαν	τὰς γλώσσας
Vocativo	γλῶσσα	γλωσσαί

VOCABULARIO 6c	
95. γλῶσσα, ἡ: *lengua* (50)	97. θάλασσα, ἡ: *mar* (91)
96. δόξα, ἡ: *gloria* (166)	

NOTA. Los sustantivos de la primera declinación que han sufrido contracción, como ἡ γῆ, *la tierra*, y ἡ μνᾶ, *la mina* (peso y moneda), se declinan como φωνή y καρδία respectivamente, pero siempre con acento circunflejo en la última sílaba.

III. SUSTANTIVOS MASCULINOS DE LA PRIMERA DECLINACIÓN

Así como en español hay unas pocas palabras masculinas que terminan en –a, en griego hay algunos masculinos en la primera declinación. Así que, si encuentra una palabra que parece ser femenina pero está acompañada por un artículo masculino, ***es una palabra masculina de la primera declinación.***

VOCABULARIO 6d	
98. μαθητής, ὁ: *discípulo* (261)	99. προφητής, ὁ: *profeta* (144)

Observe los siguientes ejemplos de esta declinación (νεανίας: *joven*):

Caso	Singular	Plural	Singular	Plural
Nominativo	ὁ προφήτης	οἱ προφῆται	ὁ νεανίας	No aparece en el NT
Genitivo	τοῦ προφήτου	τῶν προφητῶν	τοῦ νεανίου	
Dativo	τῷ προφήτῃ	τοῖς προφήταις	τῷ νεανίᾳ	
Acusativo	τὸν προφήτην	τοὺς προφήτας	τὸν νεανίαν	
Vocativo	προφῆτα	προφῆται	νεανίας	

IV. SUSTANTIVOS FEMENINOS DE LA SEGUNDA DECLINACIÓN

En el capítulo 3 estudiamos los sustantivos de la segunda declinación. La mayoría de esos sustantivos son masculinos o neutros. Sin embargo, así como en español hay unos cuantos sustantivos femeninos con terminación en –o (la mano), también en la segunda declinación se encuentran algunos sustantivos femeninos. Para identificarlos como femeninos, aparte de la memoria, la presencia del artículo nos ayudará.

VOCABULARIO 6e	
100. ἔρημος, ἡ: *desierto* (48)	101. ὁδός, ἡ: *camino* (101)

Observe el siguiente ejemplo y fíjese en que el artículo concuerda con el sustantivo en género, caso y número, pero no en forma. La presencia del artículo le ayudará a recordar que la palabra es femenina.

	Palabra: ὁδός	
Caso	**Singular**	**Plural**
Nominativo	ἡ ὁδός	αἱ ὁδοί
Genitivo	τῆς ὁδοῦ	τῶν ὁδῶν
Dativo	τῇ ὁδῷ	ταῖς ὁδοῖς
Acusativo	τὴν ὁδόν	τὰς ὁδούς
Vocativo	ὁδός	ὁδοί

Ejemplos:

ὁ Ἰησοῦς τὴν ὁδὸν τοῦ θεοῦ διδάσκει. *Jesús enseña el camino de Dios.* (Observe que la construcción de esta oración presenta el complemento directo primero y luego el verbo.)

ἔχομεν τὴν δικαιοσύνην τοῦ κυρίου. *Tenemos la justicia del Señor.*

ἡ γραφή λέγει ὅτι θεὸς βάλλει τὴν ἁμαρτὶαν τοῦ ἀνθρώπου. *La Escritura dice que Dios echa el pecado del hombre.*

οἱ ἄνθρωποι γινώσκουσι τὴν ἀγάπην τοῦ θεοῦ. *Los hombres conocen el amor de Dios.*

(Jn 4:2) καίτοιγε Ἰησοῦς αὐτὸς οὐκ ἐβάπτιζεν ἀλλ᾽ οἱ μαθηταὶ αὐτοῦ. *Aunque Jesús mismo no bautizaba, sino sus discípulos.*

(Jn 8:50) ἐγὼ δὲ οὐ ζητῶ τὴν δόξαν μου. *Pero, yo no busco mi gloria.*

V. ACTIVIDADES DE APRENDIZAJE

Día 1

1. Estudie detenidamente la información presentada en este capítulo.

2. Este capítulo presenta 29 palabras nuevas para su estudio. Prepare las tarjetas de vocabulario para poder estudiarlas un poco cada día.

Día 2

1. Repase y estudie las palabras nuevas de este capítulo.

2. Complete y estudie detenidamente el cuadro siguiente de las tres formas del artículo que aparecen en griego (el caso vocativo no usa artículo).

	Masculino		**Femenino**		**Neutro**	
Caso	Singular	Plural	Singular	Plural	Singular	Plural
Nominativo						
Genitivo						
Dativo						
Acusativo						

Día 3

1. Repase y estudie las palabras nuevas de este capítulo.

2. Analice los siguientes sustantivos. Complete el cuadro según el caso, número, forma léxica y significado de cada uno. Siga el patrón del primer ejemplo.

Sustantivo	**Caso**	**Número**	**Género**	**Forma Léxica**	**Significado**
καρδίᾳ	Dativo	Singular	Femenino	καρδία	al corazón
γραφῇ					
προφητῶν					
φωνῆς					
γλώσσας					
οἰκίας					

Día 4

1. Repase y estudie las palabras nuevas de este capítulo.

2. Traduzca las siguientes oraciones. No olvide identificar y subrayar los verbos con su análisis verbal TVMPN correspondiente. A partir de esta lección,

usted estará traduciendo porciones o versículos enteros del Nuevo Testamento. ¡Felicitaciones!

a. (Jn 14:6) ᾿Εγω εἰμὶ (*yo soy*) ἡ ὁδὸς καὶ ἡ ἀλήθεια καὶ ἡ ζωή.

b. (Jn 5:41) Δόξαν παρὰ ἀνθρώπων οὐ (*no*) λαμβάνω.

c. (Jn 5:42) τὴν ἀγάπην τοῦ θεοῦ οὐκ (*no*) ἔχετε.

Día 5

1. Repase y estudie las palabras nuevas de este capítulo.

2. Escriba las formas de los siguientes sustantivos.

		Masculino	**Femenino**		**Neutro**
Singular	Nom.	λόγος	γραφή	ὥρα	ἔργον
	Gen.				
	Dat.				
	Ac.				
Plural	Nom.				
	Gen.				
	Dat.				
	Ac.				

3. Revise todas las actividades de esta tarea para ver si necesita corregir algún detalle.

CAPÍTULO 7

(Adjetivos y conjunciones)

I. INTRODUCCIÓN. Hasta ahora hemos conocido los sustantivos masculinos, neutros y femeninos de la primera y segunda declinación. Vimos también verbos en tiempo presente e imperfecto y las preposiciones. Parece increíble que aunque recién estamos al inicio de nuestro peregrinaje en el mundo del griego del NT, ya tenemos un panorama general que nos permite comenzar a disfrutar nuestra lectura del texto bíblico.

En esta lección aprenderemos otra palabra importante: el adjetivo. Veremos cómo funciona en relación con el sustantivo.

II. EL ADJETIVO

El sustantivo no viaja solo en su camino. Ya vimos cómo suele ir acompañado del artículo. Otro compañero frecuente de ese viaje es el adjetivo. "El adjetivo es una clase de palabras que modifica al sustantivo o se predica de él aportando muy variados significados. En un gran número de casos, el adjetivo denota propiedades o cualidades".[1] Por ejemplo: *el buen hombre*, comparado con simplemente *el hombre*.

Igual que en el español, el adjetivo griego concuerda con el sustantivo o pronombre que modifica en género y número. Por ejemplo, el sustantivo "casa" usaría un adjetivo femenino como "blanca" o "nueva", mientras que el sustantivo "caballo" usaría un adjetivo masculino como "negro" o "viejo". Además, en griego concordarían en caso. Al igual que en español, no siempre concuerdan en forma (la buena mano, el papá lindo). Ejemplos: τοῦ πιστοῦ δοῦλου (del fiel siervo/del siervo fiel); ἐν τῇ τρίτῃ ἡμέρᾳ (en el tercer día); ἐν τῇ καλῇ ὁδῷ (en el buen camino).

La mayoría de los adjetivos griegos funcionan con las desinencias de masculino, femenino o neutro que hemos aprendido hasta ahora (1ª o 2ª declinación).[2] La mayoría de adjetivos siguen la segunda declinación en sus formas masculina y neutra. El femenino de estos adjetivos normalmente sigue la primera declinación. Algunos seguirán su declinación en η y otros en α. Por lo mismo, cuando se memoriza un adjetivo, hay que tener presente cómo será su declinación femenina. Esto se señala en los léxicos indicando el masculino (como forma léxica), la terminación en femenino y en neutro. Vea el ejemplo en la lista del vocabulario 12.

1. *NGLE*, 13.1
2. Más adelante aprenderemos otros adjetivos que siguen la tercera declinación.

VOCABULARIO 7a
102. ἀγαθός, -ή, -όν: *bueno* (102)
103. ἀγαπητός, -ή, -όν: *amado* (61)
104. ἅγιος, -α, -ον: *santo* (233)
105. αἰώνιος, -ος, -ον: *eterno* (71)
106. ἄλλος, -η, -ον: *otro* (155)
107. δίκαιος, -α, -ον: *justo, recto* (79)
108. ἴδιος, -α, -ον: *suyo propio* (114)
109. ἰουδαῖος, -αία, -αῖον: *judío* (195)
110. καινός, -ή, -όν: *nuevo* (42)
111. κακός, -ή, -όν: *malo, perverso* (50)
112. καλός, -ή, -όν: *bello, bueno* (100)
113. ὅλος, -η, -ον: *entero, todo* (109)
114. πιστός, -ή, -όν: *fiel* (67)
115. πονηρός, -ά, -όν: *malo, malvado* (78)
116. τυφλός, -ή, -όν: *ciego* (50)

A. Declinación de adjetivos

La mayoría de los adjetivos de la primera y segunda declinación tienen tres terminaciones en el nominativo del singular: -ος (masc.), -η o -α (fem.), -ον (neutro). Observe a continuación la declinación de ἀγαθός e ἴδιος.

Género		Masculino	Femenino	Neutro
Declinación		2ª	1ª	2ª
Singular	Nominativo	ἀγαθός	ἀγαθή	ἀγαθόν
	Genitivo	ἀγαθοῦ	ἀγαθῆς	ἀγαθοῦ
	Dativo	ἀγαθῷ	ἀγαθῇ	ἀγαθῷ
	Acusativo	ἀγαθόν	ἀγαθήν	ἀγαθόν
	Vocativo	ἀγαθέ	ἀγαθή	ἀγαθόν

Plural	Nominativo	ἀγαθοί	ἀγαθαί	ἀγαθά
	Genitivo	ἀγαθῶν	ἀγαθῶν	ἀγαθῶν
	Dativo	ἀγαθοῖς	ἀγαθαῖς	ἀγαθοῖς
	Acusativo	ἀγαθούς	ἀγαθάς	ἀγαθά
	Vocativo	ἀγαθοί	ἀγαθαί	ἀγαθά

Género		**Masculino**	**Femenino**	**Neutro**
Declinación		**2ª**	**1ª**	**2ª**
Singular	Nominativo	ἴδιος	ἰδία	ἴδιον
	Genitivo	ἰδίου	ἰδίας	ἰδίου
	Dativo	ἰδίῳ	ἰδίᾳ	ἰδίῳ
	Acusativo	ἴδιον	ἰδίαν	ἴδιον
	Vocativo	ἴδιε	ἰδία	ἴδιον
Plural	Nominativo	ἴδιοι	ἴδιαι	ἴδια
	Genitivo	ἰδίων	ἰδίων	ἰδίων
	Dativo	ἰδίοις	ἰδίαις	ἰδίοις
	Acusativo	ἰδίους	ἰδίας	ἴδια
	Vocativo	ἴδιοι	ἴδιαι	ἴδια

B. El adjetivo en la oración. Posición atributiva

En este caminar juntos, el adjetivo acompaña al sustantivo en distintas ubicaciones. En griego se distinguen dos grandes categorías: (1) posición atributiva y (2) posición predicativa.[3] La más común ubicación del adjetivo es la atributiva. Se llama así porque delimita o determina al sustantivo o pronombre especificando algún atributo, cualidad o cantidad. En su ubicación respecto al sustantivo se distinguen tres posiciones atributivas:

3. En español, la posición que ocupan los adjetivos respecto al sintagma nominal no es determinante para su significación. Aun así, se distinguen dos posiciones: una, prenominal, antes del sustantivo o entre el determinante y el núcleo del sintagma nominal, llamada posición explicativa o epíteto. Generalmente señala poéticamente la característica natural de un objeto, como en "blanca nieve", "la verde grama". La otra es posterior al sintagma nominal, posnominal. Recibe el nombre de "especificativo". Generalmente distingue al sustantivo de otros, como en "pantalón blanco", "hombre bueno". Vea un examen más detallado en *NGLE*, 13.13-13.15.

(1) *Primera posición atributiva:* **Artículo + Adjetivo + Sustantivo.** Aquí el adjetivo recibe más énfasis que el sustantivo que modifica.

ἡ	ἀγαθή	φωνή	"la buena voz"
artículo	adjetivo	sustantivo	o "la voz buena"

Observe que el adjetivo aparece dentro del sintagma nominal, en cualquiera de los casos. Vea los siguientes ejemplos:

τοῦ ἀγαθοῦ κυρίου, *"del buen Señor"* o *"del Señor bueno"*

τῷ ἀγαθῷ θεῷ, *"al buen Dios"* o *"al Dios bueno"*

τὴν καλὴν καρδίαν, *"el buen corazón"* o *"el corazón bueno"*

(2) *Segunda posición atributiva:* **Artículo + Sustantivo + Artículo + Adjetivo.** Aquí ambos reciben igual énfasis.

τὰς	ψυχὰς	τὰς	πιστάς	"las almas fieles"
artículo	sustantivo	artículo	adjetivo	o "las fieles almas"

Vea otro ejemplo:

τὰ ἔργα τὰ καλά, "las obras buenas" o "las buenas obras"

(3) *Tercera posición atributiva:* **Sustantivo + Artículo + Adjetivo** (este uso aparece raramente en el NT). Aquí el adjetivo es una aplicación particular de ese sustantivo.

θεὸς	ὁ	ἅγιος	"el Dios santo"
sustantivo	artículo	adjetivo	o "el santo Dios"

En este ejemplo, literalmente sería "Dios, el Santo".

(Lc 15:22) ταχὺ ἐξενέγκατε <u>στολὴν τὴν πρώτην</u>. *Sacad de inmediato el <u>mejor vestido</u>.*

La idea literal es: "Sacad un vestido, el mejor."

Estudie cuidadosamente los casos de los adjetivos en los siguientes ejemplos:

ὁ <u>ἀγαθὸς</u> δοῦλος λαμβάνει τοὺς λόγους τοὺς <u>καλοὺς</u> τοῦ κυρίου τοῦ <u>δικαίου</u>. *El <u>buen</u> siervo recibe las <u>buenas</u> palabras del señor <u>justo</u>.*

ἡ ἀγάπη καὶ ἡ δικαιοσύνη μένουσιν ἐν τῇ καρδίᾳ τῇ <u>ἀγαθῇ</u>. *El amor y la justicia permanecen en el corazón <u>bueno</u> (o en el buen corazón).*

Fíjese bien en las terminaciones. Vaya paso a paso analizando las palabras. Recuerde que los sustantivos y los artículos y adjetivos que los modifican deben concordar en género, caso y número, no necesariamente en forma. Esto es importante en la primera y la segunda declinación, pero se volverá crucial cuando estudiemos la tercera declinación. Tenga presente además los casos de las palabras para traducir correctamente las oraciones.

C. El adjetivo en la oración. Posición predicativa

Muchas veces, los verbos copulativos se omiten en la oración. Esta elipsis[4] verbal da pie a que el adjetivo funcione en posición predicativa. De esta manera funciona como un complemento directo y se sobreentiende un verbo de "ser". El adjetivo no usará artículo. Se distinguen dos posiciones predicativas:

(1) *La primera posición predicativa:* **Adjetivo + Artículo + Sustantivo**. Aquí el adjetivo afirma algo del sustantivo. Hay que suplir el verbo copulativo. El adjetivo recibe más énfasis que el sustantivo descrito por este. Esta es la más común de las dos.

πιστός	ὁ	δοῦλος	"el siervo (es) fiel"
adjetivo	artículo	sustantivo	

(Ap 15:3) <u>δίκαιαι</u> καὶ <u>ἀληθιναὶ</u> αἱ ὁδοί σου. *<u>Justos</u> y <u>verdaderos</u> son tus caminos.*

(2) *La segunda posición predicativa*: **Artículo + Sustantivo + Adjetivo**. Aquí tanto el adjetivo como el sustantivo reciben el mismo énfasis. Igualmente debemos agregar o suplir el verbo "ser".

ὁ	δοῦλος	πιστός	"el siervo (es) fiel"
artículo	sustantivo	adjetivo	

(Ro 7:12) ὥστε ὁ μὲν νόμος <u>ἅγιος</u> καὶ ἡ ἐντολὴ <u>ἁγία</u> καὶ <u>δικαία</u> καὶ <u>ἀγαθή</u>. *Así que por un lado la ley es <u>santa</u> y el mandamiento es <u>santo</u> y <u>justo</u> y <u>bueno</u>.*

NOTA. En estos dos ejemplos puede observar que el adjetivo está fuera del sintagma nominal artículo-sustantivo, ya sea antes o después. En algunas ocasiones el sustantivo está sin artículo. En ese caso, el contexto es clave para discernir si el adjetivo es atributivo o predicativo. Por ejemplo, en las frases πιστὸς δοῦλος o δοῦλος πιστός el adjetivo puede ser atributivo, "un siervo fiel", o predicativo, "un siervo (es) fiel".

4. Elipsis es la omisión intencional de una o más palabras en la oración, que se entienden implícitamente por el contexto.

En el NT se da esta situación más o menos 2400 veces. La mayor parte de las ocasiones es sencillo reconocer la intención del autor. Sin embargo, en algunas es necesario echar mano a otras herramientas hermenéuticas para traducir. Por ejemplo, el pasaje de 2Ti 3:16 πᾶσα γραφὴ θεόπνευστος καὶ ὠφέλιμος... podría traducirse de dos formas porque "escritura" carece del artículo, aunque la primera opción parece ser la mejor:

1) "Toda escritura (es) inspirada por Dios y útil...". (Vea nota al margen del versículo en La Biblia de las Américas.)

2) "Toda escritura inspirada por Dios es también útil...".

D. El adjetivo en la oración. Función independiente

Así como en español, los adjetivos muchas veces actúan sustantivadamente. Es decir, se comportan como sustantivos. Por eso, en este uso, el adjetivo lleva un artículo y no modifica directamente a ningún sustantivo en particular. Por ejemplo, "el justo florecerá". Aquí "justo" tiene un artículo y funciona como núcleo del sujeto de la oración. Vea el siguiente ejemplo:

οἱ καλοὶ ἀκούουσι τῷ θεῷ. *Los buenos oyen a Dios.*

III. CONJUNCIONES GRIEGAS

Wallace y Steffen dicen que "una conjunción es una palabra que conecta palabras, cláusulas, oraciones o párrafos con el resultado de unir los componentes y/o las unidades de pensamiento de un lenguaje. La conjunción es una palabra de enlace o conectiva [...]. Las conjunciones son importantes en la exégesis, porque ellas relacionan los pensamientos de un pasaje con los de otro".[5]

A veces, en griego estas aparecen como la segunda o tercera palabra de la oración, pero a la hora de ponerlas en español se traducen primero. A este tipo de palabra se las conoce como *pospositivas*.

VOCABULARIO 7b	
117. γάρ: *porque, pues* (1042)	118. δέ: *sino, pero* (2792)

Ejemplos:

(Mt 9:13) ἔλεος θέλω καὶ οὐ θυσίαν· οὐ γὰρ ἔρχομαι καλεῖν δικαίους ἀλλὰ ἁμαρτωλούς. *Misericordia quiero y no sacrificio. Porque yo no vengo para llamar a justos, sino a pecadores.*
(conjunción pospositiva)

5. Wallace y Steffen, 525-26.

(Jn 2:2) ἐκλεῖτο δὲ καὶ ὁ Ἰησοῦς καὶ οἱ μαθηταὶ αὐτοῦ εἰς τὸν γάμον. *Y estaba invitado también Jesús y sus discípulos a la boda.* Mejor: *Y Jesús y sus discípulos estaban también invitados a la boda.*

NOTA. La conjunción καί puede ser una conjunción con varios significativos, como *aun más, hasta, inclusive, y, también, pero, sin embargo, sino* y *porque*. Aquí, el primer καί en Jn 2:2 es adverbial, se traduce *también*. El segundo καί es una conjunción, se traduce *y*.

IV. ACTIVIDADES DE APRENDIZAJE

Día 1

1. Lea de nuevo y detenidamente todo el capítulo 7.

2. Agregue a sus tarjetas de vocabulario las 17 palabras nuevas de este capítulo. No olvide que parte de su estudio incluye repasar el vocabulario anterior.

3. Escriba las definiciones de las siguientes categorías de adjetivos.

a. Un adjetivo en posición atributiva: ____________________

b. Un adjetivo en posición predicativa: ____________________

c. Un adjetivo de función independiente: ____________________

Día 2

1. Estudie los cuadros de los adjetivos presentados en el capítulo 7.

2. En el siguiente cuadro decline el adjetivo καλός en todas sus formas.

	Declinación	**2ª**	**1ª**	**2ª**
	Género	**Masculino**	**Femenino**	**Neutro**
Singular	Nom.			
	Gen.			
	Dat.			
	Ac.			
Plural	Nom.			
	Gen.			
	Dat.			
	Ac.			

Día 3

1. Estudie detenidamente las instrucciones y los ejemplos del adjetivo en posición atributiva.

2. Ahora repase la sección del adjetivo en posición predicativa.

3. Ponga atención en cómo actúa el adjetivo en función independiente.

4. Identifique los códigos verbales (TVMPN) en las siguientes oraciones. Luego, tradúzcalas.

a. οἱ λόγοι τῆς ἀληθείας διδάσκονται τοῖς ἀγαπητοῖς ἀπόστολοις.

b. ὁ υἱὸς τοῦ ἀδελφοῦ ἔβλεπε τοὺς καλοὺς ἀνθρώπους.

c. (2Co 1:18) πιστὸς ὁ θεός.

Día 4

1. Repase todo el vocabulario de este capítulo.

2. Decline el adjetivo πιστός en todas sus formas.

	Declinación	2ª	1ª	2ª
	Género	Masculino	Femenino	Neutro
Singular	Nom.			
	Gen.			
	Dat.			
	Ac.			
Plural	Nom.			
	Gen.			
	Dat.			
	Ac.			

Día 5

1. Repase toda la información presentada en este capítulo del texto.

2. Traduzca la siguiente cita bíblica. (La preposición ἐκ aparece 2 veces en este versículo. Consulte el cuadro de preposiciones en el capítulo 5 para saber

cómo traducirla.) No olvide identificar el código verbal (TVMPN) de todos los verbos. Intente traducir sin consultar su Biblia.

(Lc 6:45) ὁ ἀγαθὸς ἄνθρωπος ἐκ τοῦ ἀγαθοῦ θησαυροῦ (*tesoro*) τῆς καρδίας προφέρει (προφέρω: *sacar*) τὸ ἀγαθόν, καὶ ὁ πονηρὸς ἐκ τοῦ πονηροῦ προφέρει τὸ πονηρόν.

3. Revise todas las actividades de esta tarea para ver si necesita corregir algún detalle.

CAPÍTULO 8

(El verbo εἰμί y pronombres personales)

I. INTRODUCCIÓN. ¡Qué impresionante! Con lo que ha aprendido hasta este punto usted ya tiene una buena base sobre la cual edificar el resto de la gramática griega. Además de tratar con los temas complicados de las voces de los verbos y los casos de los sustantivos, ¡ya tiene un vocabulario de 118 palabras! Su estudio del griego ya avanza bien. Anímese, porque su herramienta para el estudio del Nuevo Testamento se está formando. Cada lección progresa hacia la meta de poder leer y estudiar mejor la Palabra de Dios y luego poder compartirla en toda su plenitud.

Este capítulo presenta dos temas más que son importantes para su dominio del idioma. Primero, aprenderá a usar el verbo εἰμί ("ser" o "estar") en los tiempos presente e imperfecto. Segundo, aprenderá las formas y los usos de los pronombres personales.

II. VERBOS DE "SER" Y "ESTAR". A continuación encontrará una lista corta de vocabulario que contiene 3 palabras sinónimas. La primera de ellas ya la habíamos aprendido.

VOCABULARIO 8a
47. γίνομαι: *ser, llegar a ser, nacer* (669) (capítulo 4)
119. ὑπάρχω: *vivir, existir* (60)
120. εἰμί: *ser, estar* (2462)

A. Observaciones. Estos también se conocen como verbos copulativos.

1. γίνομαι es un verbo deponente/defectivo. Básicamente significa entrar en existencia o comenzar a ser. En muchas ocasiones simplemente sustituye a εἰμί.

2. ὑπάρχω es un verbo regular que denota existencia. Si le sigue al verbo un dativo puede significar posesión o propiedad.

(Hch 3:6) εἶπεν δὲ Πέτρος· ἀργύριον καὶ χρυσίον οὐχ ὑπάρχει μοι. Pero Pedro dijo: "no pertenece a mí plata ni oro".

Literalmente, "no existe, respecto a mí, posesión, plata ni oro".

(Fil 3:20) ἡμῶν γὰρ τὸ πολίτευμα ἐν οὐρανοῖς ὑπάρχει.
Porque nuestra ciudadanía está en los cielos.

3. εἰμί es un verbo de clasificación distinta a los que hemos visto hasta el momento. Estos verbos tienen su P A I 1 S que termina con -μι y siguen un

sistema de conjugación diferente (como δίδωμι, ἵστημι, τίθημι, los cuales veremos más adelante en el curso). También denota existencia.

NOTA. Mientras que en el español existe una distinción entre los conceptos de "ser" y "estar", el verbo εἰμί abarca las dos ideas. El contexto nos ayudará a discernir cuál de los dos verbos en español refleja mejor la expresión en griego.

B. La conjugación de εἰμί

	PRESENTE INDICATIVO		IMPERFECTO INDICATIVO	
Singular	εἰμί	soy, estoy	ἤμην	yo era, estaba
	εἶ	eres, estás	ἦς	eras, estabas
	ἐστί(ν)	es, está	ἦν	él (ella) era, estaba
Plural	ἐσμέν	somos, estamos	ἦμεν	éramos, estábamos
	ἐστέ	sois, estáis	ἦτε	erais, estabais
	εἰσί(ν)	son, están	ἦσαν	eran, estaban

NOTA. Este verbo es tan frecuente que se hace muy necesario memorizar bien sus formas.[1] Eso le ahorrará tiempo y esfuerzo a la hora de traducir.

Más adelante en el curso observaremos otras conjugaciones de este verbo. Sería buena idea apuntar todas estas formas en una tarjetita para una referencia rápida.

Ejemplos:

(Jn 1:1) Ἐν ἀρχῇ ἦν ὁ λόγος, καὶ ὁ λόγος ἦν πρὸς τὸν θεόν, καὶ θεὸς ἦν ὁ λόγος. *En el principio era la Palabra, y la Palabra estaba con Dios, y la Palabra era Dios.*

El verbo εἰμί es un verbo copulativo que se usa para decir que algo "es" algo. Normalmente un verbo copulativo tiene un sujeto y un predicado (ya sea sustantivo o adjetivo) en caso nominativo. Puesto que tanto el sujeto como el predicado tienen el caso nominativo, la regla simple es que el sujeto es el sustantivo más definido puesto que es (1) un pronombre; (2) un nombre propio; o (3) tiene el artículo. Por esto, θεὸς ἦν ὁ λόγος se traduce: "La Palabra era Dios".

1. La variante del imperfecto indicativo en primera persona plural ἤμεθα aparece 4 veces (Mt 23:30; Hch 27:37; Gá 4:3; Ef 2:3).

(Jn 1:20-21) ἐγὼ οὐκ εἰμὶ ὁ χριστός ... σὺ Ἠλίας εἶ; καὶ λέγει· οὐκ εἰμί. *Yo no soy el Cristo ... ¿Eres tú Elías? Y él dice: No soy.*

(Jn 20:26) Καὶ μεθ' ἡμέρας ὀκτὼ πάλιν ἦσαν ἔσω οἱ μαθηταί. *Y después de ocho días otra vez los discípulos estaban dentro.*

III. PRONOMBRES PERSONALES. ¿Qué son los pronombres personales? Son palabras que al igual que los sustantivos tienen la capacidad de referir sin usar determinantes. Pueden sustituir a un sustantivo o sintagma nominal, lo representan y sirven para evitar su repetición.

Ejemplo: Observó al discípulo y lo llamó. La palabra "lo" se refiere a "el discípulo". Se emplea para no tener que repetir el sintagma "el discípulo".

VOCABULARIO 8b
121. ἐγώ: *yo* (2584) 122. σύ: *tú* (2908) 123. αὐτός: *él, ella, ello* (5597)

Los pronombres personales singulares en el español son: yo, tú/vos, él/ella/ello. Los plurales son: nosotros/nosotras, vosotros/vosotras/ustedes, ellos/ellas.[2] Así que al traducir tome en cuenta estas equivalencias.

En griego, al igual que artículos, sustantivos y adjetivos, los pronombres personales también se declinan. La primera y segunda persona singular tienen una forma acentuada y otra átona. La forma acentuada suele ser un poco más enfática.[3] Observe las siguientes tablas.

Primera persona: ἐγώ, *yo*.

Caso	Singular		Plural	
Nominativo	ἐγώ	Yo	ἡμεῖς	nosotros
Genitivo	ἐμοῦ, μου	de mí, mío	ἡμῶν	de nosotros, nuestro
Dativo	ἐμοί, μοι	a, para mí, me, en, con, por mí	ἡμῖν	a, para nosotros, en, con, por nosotros
Acusativo	ἐμέ, με	me, a mí	ἡμᾶς	nos, a nosotros

2. En este libro de texto usaremos la segunda persona del plural como "vosotros/vosotras". Si usted decide usar "ustedes" para traducir la segunda persona del plural debe ser consistente con su traducción. En muchas regiones de América Latina "vos" se considera informal, por eso no lo usaremos para referirnos a la segunda persona del singular.

3. Las formas acentuadas y más largas son más enfáticas, pero son las formas usadas como término de preposiciones, menos πρός. Por esto, no hay énfasis especial cuando estos pronombres personales son términos de preposiciones. D. A. Carson, *Greek Accents: A Student's Manual* (Grand Rapids: Baker, 1985), 68.

Segunda persona: σύ, *tú*.

Caso	Singular		Plural	
Nominativo	σύ	Tú	ὑμεῖς	vosotros
Genitivo	σοῦ, σου	de ti, tuyo	ὑμῶν	de vosotros, vuestro
Dativo	σοί, σοι	a, para ti, te, en, con, por ti	ὑμῖν	a, para vosotros, en, con, por vosotros
Acusativo	σέ, σε	te, a ti	ὑμᾶς	os, a vosotros

La forma tónica es la más larga del singular. Esta se usa para expresar énfasis o contraste. Un ejemplo: ἐγὼ λύω significa "yo suelto". Así como sucede en español, el verbo en sí incluye la persona verbal. En este caso, es primera singular, "yo", así que el pronombre pone énfasis en que soy "yo" quien lo hace. Vea este otro ejemplo: σύ διδάσκεις τὸν ἄνθρωπον, significa "tú enseñas al hombre". El pronombre σύ está añadido para dar énfasis. La frase se entendería sin esa palabra.

Tercera persona: αὐτός, -ή, -o, *él, ella, ello*.

Caso	Singular			Plural		
	Masc.	Fem.	Neut.	Masc.	Fem.	Neut.
Nominativo	αὐτός	αὐτή	αὐτό	αὐτοί	αὐταί	αὐτά
Genitivo	αὐτοῦ	αὐτῆς	αὐτοῦ	αὐτῶν	αὐτῶν	αὐτῶν
Dativo	αὐτῷ	αὐτῇ	αὐτῷ	αὐτοῖς	αὐταῖς	αὐτοῖς
Acusativo	αὐτόν	αὐτήν	αὐτό	αὐτούς	αὐτάς	αὐτά

Compare las terminaciones de los pronombres con las terminaciones de las declinaciones de los sustantivos. Esto le ayudará a ver similitudes para poder recordarlos. Αὐτός tiene las mismas formas que se aprendieron antes: la segunda declinación en los géneros masculino y neutro, y la primera declinación en género femenino.

OBSERVACIONES

1. El pronombre αὐτός. Aparece 5597 veces. Es la tercera palabra más frecuente del NT después del artículo ὁ, ἡ, τό (19.870 veces) y καί (9153 veces). La palabra αὐτός tiene tres usos en total: como pronombre personal, como adjetivo intensivo o como adjetivo idéntico.

a. Su función independiente y más común es como **pronombre personal** (él, ella, ello, etc.). Esta es la manera en que más lo usaremos en nuestras traducciones del NT.

(Jn 1:43) καὶ λέγει <u>αὐτῷ</u> ὁ Ἰησοῦς. *Y Jesús <u>le</u> dice*
(Jn 1:4) ἐν <u>αὐτῷ</u> ζωὴ ἦν. *En <u>ella</u> estaba la vida*

b. A veces también tiene la función de modificar o calificar a otro sustantivo como un **adjetivo** con el significado de "**por sí mismo**" o "mismo". En términos generales (pero hay muchas excepciones) se puede decir que la función de αὐτός en la **posición predicativa** es "intensiva" y significa "mismo", o "por sí mismo".

<u>αὐτὸς</u> ὁ ἀπόστολος, el apóstol <u>*mismo (por sí mismo)*</u>
ἡ ἐκκλησία <u>αὐτή</u>, la iglesia <u>*misma (por sí misma)*</u>

(Jn 4:2) καίτοιγε Ἰησοῦς <u>αὐτός</u> οὐκ ἐβάπτιζεν αλλ' οἱ μαθηταὶ <u>αὐτοῦ</u>. *Aunque Jesús <u>mismo</u> no bautizaba sino <u>sus</u> discípulos.*

En este ejemplo, el primer αὐτός es intensivo, el segundo es pronombre personal en genitivo.

c. El uso menos común es como un **adjetivo idéntico**. Αὐτός algunas veces se usa como el adjetivo "mismo". Usualmente estará en la **posición atributiva** cuando se usa de esta manera.

τὸν <u>αὐτὸν</u> λόγον, *la <u>misma</u> palabra*
(1Co 12:5) καὶ διαιρέσεις διακονιῶν εἰσιν, καὶ ὁ <u>αὐτὸς</u> κύριος.
Hay también diversidad de ministerios, pero el <u>mismo</u> Señor.

El siguiente cuadro presenta un resumen de lo visto arriba:

Los tres usos de αὐτός			
Uso	Nota	Traducción	Ejemplos
Pronombre personal	No intensivo	"él, ella, ello"	αὐτός λέγει (él habla)
Adjetivo intensivo	Usualmente en la posición predicativa y nominativo	"por sí mismo"	τὸν ᾿Ιησοῦν αὐτόν Ιησοῦς αὐτός (Jesús por sí mismo)
Adjetivo idéntico	Usualmente en la posición atributiva	"mismo"	ὁ αὐτός ᾿Ιησοῦς (el mismo Jesús)

2. Aclaraciones

a. Observe que el neutro singular de αὐτός, a diferencia de los neutros que hemos estudiado, termina en -o en lugar de -ον. Las demás formas del pronombre son iguales a las desinencias que tendría un adjetivo.

b. La traducción del pronombre αὐτός dependerá exclusivamente del sustantivo al que esté reemplazando (su antecedente).

3. Antecedentes

a. El sustantivo al que se refiere un pronombre se llama antecedente.

γινώσκομεν τὸν διδάσκαλον καὶ λέγομεν <u>αὐτῷ</u>. *Conocemos al maestro y <u>le</u> hablamos.*

Aquí τὸν διδάσκαλον es el antecedente del pronombre αὐτῷ.

b. Un pronombre concuerda con su antecedente en <u>género</u> y <u>número</u>, no necesariamente en <u>caso</u>. Compare διδάσκαλον (masculino singular acusativo) y αὐτῷ (masculino singular dativo) en la oración anterior. El caso cambia porque διδάσκαλον en acusativo es el complemento directo de γινώσκομεν, pero αὐτῷ es dativo porque es el complemento indirecto del verbo λέγομεν.

4. Ejemplos del uso de pronombres personales

(Jn 8:48) οἱ Ἰουδαῖοι λέγουσιν <u>αὐτῷ</u>· οὐ καλῶς λέγομεν <u>ἡμεῖς</u> ὅτι Σαμαρίτης εἶ <u>σὺ</u> καὶ δαιμόνιον ἔχεις;
Los judíos <u>le</u> dicen, "¿No decimos bien <u>nosotros</u> que tú eres un samaritano y tienes un demonio?"

<u>ὑμεῖς</u> ἐστε τὰ τέκνα τοῦ θεοῦ.
<u>Vosotros</u> sois los hijos de Dios.

<u>ἡμεῖς</u> ἐγινώσκομεν τὸν κύριον.
<u>Nosotros</u> conocíamos al Señor.

ὁ λόγος <u>ἐμοῦ</u> ἐστιν λόγος <u>αὐτοῦ</u>.
<u>Mi</u> palabra es <u>su</u> palabra.

<u>ὑμεῖς</u> ἐστε τὸ φῶς τοῦ κόσμου <u>ἡμῶν</u>.
<u>Vosotros</u> sois la luz de <u>nuestro</u> mundo.

¡Felicitaciones! Su estudio del griego avanza bien. Anímese, porque su herramienta para el estudio del Nuevo Testamento se está formando. Cada lección progresa hacia la meta de poder leer y estudiar mejor la Palabra de Dios y luego poder compartirla con más precisión.

IV. VOCABULARIO DE CONJUNCIONES

Aprenda esta otra lista de conjunciones:

VOCABULARIO 8c
124. ἀλλά, ἀλλ': *pero, sino* (638)
125. εἰ: *si* (condicional) (503)
126. ἤ: *o* (343)
127. ὅτι: *porque, que, :* (dos puntos) (1296)
128. οὖν: *pues, por tanto, con que* (499)
129. ὡς: *como* (504)
130. ὥσπερ: *así como, tal como* (36)

V. ACTIVIDADES DE APRENDIZAJE

Día 1

1. Vuelva a leer y estudiar detenidamente el capítulo 8.

2. Agregue a sus tarjetas de vocabulario las nuevas palabras de esta lección. No olvide que parte de su estudio incluye repasar el vocabulario anterior.

3. Estúdielas detenidamente y añada en tarjetitas separadas las formas del verbo εἰμί y los pronombres personales aprendidos en esta lección.

Día 2

1. Revise sus tarjetas de vocabulario.

2. Si tiene un Nuevo Testamento griego, abra cualquier página y cuente cuántos pronombres personales aparecen. ¿Cuántos encontró?

3. Complete el cuadro siguiente. Abajo encontrará una lista de los casos. En la columna a la izquierda de cada pronombre identifique a cada uno su respectiva asignación, colocándole la letra de la respuesta correcta. Vea la primera casilla de la tabla con su respuesta.

a. Nominativo singular
b. Genitivo singular
c. Dativo singular
d. Acusativo singular
e. Nominativo plural
f. Genitivo plural
g. Dativo plural
h. Acusativo plural

Caso	Pronombre	Caso	Pronombre	Caso	Pronombre
e	ἡμεῖς		σοί		αὐτοῦ
	ὑμῖν		ἐμε		αὐτῶν
	ἐγώ		αὐτοί		ἐμοί
	σέ		αὐτῆς		αὐταῖς

Día 3

1. Revise sus tarjetas de vocabulario.

2. Escriba todas las formas del presente y el imperfecto del verbo εἰμί.

PRESENTE INDICATIVO	
Singular	Plural

IMPERFECTO INDICATIVO	
Singular	Plural

Día 4

1. Revise sus tarjetas de vocabulario de las lecciones anteriores.

2. Para las siguientes citas bíblicas, primero subraye e identifique con código (TVMPN) todos los verbos. Luego, traduzca las oraciones:

a. (Mt 12:8) Κύριος γάρ ἐστιν τοῦ σαββάτου ὁ υἱὸς τοῦ ἀνθρώπου.

b. (Jn 8:12) Ἐγώ εἰμι τὸ φῶς (*luz*) τοῦ κόσμου.

3. Complete el cuadro de los pronombres de primera y segunda persona.

	ἐγώ		σύ	
	Singular	Plural	Singular	Plural
Nominativo				
Genitivo				
Dativo				
Acusativo				

Día 5

1. Revise una vez más el vocabulario del capítulo 8.

2. Complete el cuadro de los pronombres de la tercera persona.

Caso	Singular			Plural		
	Masc.	Fem.	Neut.	Masc.	Fem.	Neut.
Nominativo						
Genitivo						
Dativo						
Acusativo						

3. Para las siguientes citas bíblicas, primero subraye e identifique con código verbal (TVMPN) todos los verbos. Luego, traduzca las citas:

a. (Mt 5:14) Ὑμεῖς ἐστε τὸ φῶς (*luz*) τοῦ κόσμου.

b. (Jn 17:11) καὶ αὐτοὶ ἐν τῷ κόσμῳ εἰσίν.

CAPÍTULO 9

(Demostrativos y adverbios)

I. INTRODUCCIÓN. Muchas felicitaciones por haber llegado hasta este punto del curso de griego bíblico. Esperamos que se haya emocionado con el estudio y las tareas. ¡Usted ya puede traducir algunos versículos completos de la Biblia! Siga adelante, porque todavía le quedan muchos tesoros por descubrir.

En este capítulo estudiará cuáles son y cómo funcionan los demostrativos y también los adverbios. La primera lista de vocabulario es corta, pero es indispensable aprender de memoria la declinación completa de estas palabras.

VOCABULARIO 9a
131. ἐκεῖνος -η, -ο: *aquel, aquella, ese* (265)
132. οὗτος, αὗτη, τοῦτο: *este, esta, esto* (1391)

II. DEMOSTRATIVOS GRIEGOS (οὗτος y ἐκεῖνος)[1]

Los demostrativos griegos se dividen en *inmediatos* y *remotos*. Al igual que en español, funcionan como pronombres o adjetivos. Οὗτος, como "este" y "ese", suele referirse a lo que está cerca o a lo que acaba de mencionarse, mientras que ἐκεῖνος indica lo que está lejos o ausente.

A. El "**inmediato**" es el demostrativo οὗτος, que se traduce "este", aunque a veces se puede traducir "ese". Incluso en ocasiones, especialmente en el Evangelio de Juan, se usa como pronombre personal de tercera persona. Sus formas masculinas, femeninas y neutras son:[2]

		Masc.	Fem.	Neut.	Traducción
Singular	Nom.	οὗτος	αὕτη	τοῦτο	este, esta, esto
	Gen.	τούτου	ταύτης	τούτου	de este/esta/esto
	Dat.	τούτῳ	ταύτῃ	τούτῳ	a este/esta/esto
	Ac.	τοῦτον	ταύτην	τοῦτο	(a) este/esta/esto

1. En la gramática actual del español, las palabras "este" y "esta" ya no usan tilde.
2. Como en otras ocasiones, la preposición "a" aparece en el acusativo de complemento directo solo si el referente es personal, es decir, si se refiere a una persona.

		Masc.	Fem.	Neut.	Traducción
Plural	Nom.	οὗτοι	αὗται	ταῦτα	estos/estas/estas cosas o esto
	Gen.	τούτων	τούτων	τούτων	de estos/estas/estas cosas
	Dat.	τούτοις	ταύταις	τούτοις	a estos/estas/estas cosas
	Ac.	τούτους	ταύτας	ταῦτα	(a) estos/estas/estas cosas

NOTA. Al igual que con el pronombre de tercera persona, para traducir estos demostrativos se debe poner suma atención al referente o antecedente al que aluden. El género del referente en español marcará el género del demostrativo. Vea los siguientes ejemplos.

En muchas ocasiones, el demostrativo actúa como pronombre:

(Mt 3:17) Οὗτος ἐστιν ὁ υἱός μου ὁ ἀγαπητός. *Este es mi hijo amado.*

(Jn 3:10) Ἰησοῦς καὶ λέγει αὐτῷ· σὺ εἶ ὁ διδάσκαλος τοῦ Ἰσραὴλ καὶ ταῦτα οὐ γινώσκεις; *Y Jesús le dice, "¿Tú eres el maestro de Israel y no conoces estas cosas?"*

El demostrativo puede servir como un adjetivo atributivo. En esta función siempre aparecerá en posición predicativa.

(Jn 21:23) ἐξῆλθεν οὖν οὗτος ὁ λόγος εἰς τοὺς ἀδελφούς. *Pues salió esta palabra hacia los hermanos.*

(Mr 15:39) Οὗτος ὁ ἄνθρωπος υἱὸς θεοῦ ἦν. *Este hombre era hijo de Dios.*

(Jn 6:60) σκληρός ἐστιν ὁ λόγος οὗτος· τίς δύναται αὐτοῦ ἀκούειν; *Esta palabra es dura. ¿Quién puede escucharla?*

NOTA. En griego ὁ λόγος es masculino, pero se traduce "la palabra". Por esto, todos los adjetivos y pronombres que modifican y tiene referencia a "la palabra" en español son femeninos.

B. El "**remoto**" es el demostrativo ἐκεῖνος, que se traduce "ese, aquel". Sus formas masculinas, femeninas y neutras son:

		Masc.	Fem.	Neut.	Traducción
Singular	Nom.	ἐκεῖνος	ἐκείνη	ἐκεῖνο	ese, esa, eso aquello, aquella, aquello
	Gen.	ἐκείνου	ἐκείνης	ἐκείνου	de ese/esa/eso de aquel/aquella/aquello
	Dat.	ἐκείνῳ	ἐκείνῃ	ἐκείνῳ	a ese/esa/eso a aquel/aquella/aquello
	Ac.	ἐκεῖνον	ἐκείνην	ἐκεῖνο	(a) ese/esa/eso (a) aquel/aquella/aquello
Plural	Nom.	ἐκεῖνοι	ἐκεῖναι	ἐκεῖνα	esos/esas/eso, esas cosas aquellos/aquellas/aquello o aquellas cosas
	Gen.	ἐκείνων	ἐκείνων	ἐκείνων	de esos/esas/eso o esas cosas de aquellos/aquellas/ aquello o aquellas cosas
	Dat.	ἐκείνοις	ἐκείναις	ἐκείνοις	a esos/esas/eso o esas cosas a aquellos/ aquellas/ aquello o aquellas cosas
	Ac.	ἐκείνους	ἐκείνας	ἐκεῖνα	(a) esos/esas/eso o esas cosas (a) aquellos/ aquellas/ aquello o aquellas cosas

OBSERVACIONES

1. La declinación de οὗτος y la de ἐκεῖνος son iguales, con la excepción del acento.

2. La terminación del neutro singular nominativo y acusativo es vacía, por lo que la forma termina con la ómicron del tema y no con -ον como sucede con otros neutros. Es lo mismo que sucede con αὐτός, ἄλλος y ὁ.

3. οὗτος siempre comienza con un espíritu áspero o con tau. Esto es importante para distinguir el demostrativo (οὗτος) de αὐτός (pronombre personal de la lección anterior) que siempre tiene un espíritu suave (αὐταί vs. αὗται). De hecho, habrá notado que este demostrativo siempre empieza con tau, excepto en el nominativo masculino y femenino.

4. Las desinencias de ambos pronombres son iguales a las de los adjetivos que hemos visto.

Ejemplos

El demostrativo puede servir como un pronombre:

(Jn 7:11) οἱ οὖν Ἰουδαῖοι ἐζήτουν αὐτὸν ἐν τῇ ἑορτῇ καὶ ἔλεγον· ποῦ ἐστιν <u>ἐκεῖνος</u>; *Así que los judíos lo buscaban en la fiesta y decían: "¿Dónde está <u>aquel</u>?"*.

(Jn 7:45) ἔρχονται οἱ ὑπηρέται πρὸς τοὺς ἀρχιερεῖς καὶ Φαρισαίους, καὶ λέγουσιν αὐτοῖς <u>ἐκεῖνοι</u>· διὰ τί οὐκ ἠγάγετε αὐτόν; *Los guardias vienen a los principales sacerdotes y a los fariseos, y <u>aquellos</u> les dicen: "¿Por qué no le traéis?"*.

NOTA. El antecedente de ἐκεῖνοι es τοὺς ἀρχιερεῖς καὶ Φαρισαίους. El pronombre siempre concuerda con su antecedente o referente en género y número, pero el caso cambia dependiendo de la sintaxis de la nueva cláusula. Aquí, el antecedente o referente tiene el caso acusativo y el pronombre, el caso nominativo.

El demostrativo puede servir como un adjetivo siempre en la posición predicativa:

(Mr 13:24) Ἀλλὰ ἐν <u>ἐκείναις</u> ταῖς ἡμέραις μετὰ τὴν θλῖψιν <u>ἐκείνην</u> ὁ ἥλιος σκοτίζεται. *Pero en <u>aquellos</u> días, después de <u>aquella</u> tribulación, el sol se oscurecerá.*

(Jn 5:9) Ἦν δὲ σάββατον ἐν <u>ἐκείνῃ</u> τῇ ἡμέρᾳ. *Pero era sábado en <u>aquel</u> día.*

C. Los usos de οὗτος y ἐκεῖνος

Los demostrativos pueden funcionar como pronombres o adjetivos. Lo hacen como adjetivos cuando están en posición predicativa inmediatamente antes o después del sustantivo o palabra sustantivada que señalan atributivamente. Los demostrativos, al igual que los pronombres, nunca usan artículo para definirlos. Además, casi siempre que un demostrativo funciona adjetivalmente, el sustantivo o palabra sustantivada irá con artículo.

Ejemplos de adjetivos:

οὗτος ὁ ἄνθρωπος *(este hombre)*, ὁ ἄνθρωπος οὗτος (*este hombre*), ἐκεῖνοι οἱ ἀνθρώποι (*aquellos hombres*).

Ejemplos de pronombres:

(Jn 5:1) Μετὰ <u>ταῦτα</u> ἦν ἑορτὴ τῶν Ἰουδαίων. *Después de <u>estas cosas</u>, era una fiesta de los judíos.*

(Jn 21:21) ὁ Πέτρος λέγει τῷ Ἰησοῦ· κύριε, <u>οὗτος</u> δὲ τί; *Pedro dice a Jesús: "Señor, ¿y qué de <u>este</u>?"*.

III. ADVERBIOS GRIEGOS

Un adverbio es "una clase de palabras invariables (no se declinan) que se caracterizan por modificar a un gran número de grupos sintácticos, especialmente los verbos y los grupos que estos forman, los adjetivos y los grupos que les corresponden, y también otros adverbios y sus grupos sintácticos. Ciertos adverbios pueden incidir sobre grupos nominales, pronominales o preposicionales, y algunos pueden asimismo modificar oraciones".[3] Esto es cierto tanto en español como en griego.

VOCABULARIO 9b
133. ἀμήν: *amén, ciertamente, de cierto* (129)
134. μέν: *ciertamente; por un lado* (179)
135. μη: *no* (1042)
136. νῦν: *ahora* (147)
137. οὐ, οὐκ, οὐχ: *no* (1606)
138. οὐδέ: *ni* (143)
139. οὕτως: *así, de esta manera* (208)
140. πάλιν: *otra vez* (141)

ACLARACIÓN. ¿Por qué 3 formas de οὐ si todas significan lo mismo?
οὐ= delante de una consonante.
(Mt 5:14) οὐ δύναται.
οὐκ= delante de una vocal con espíritu suave.
(Mt 1:25) οὐκ ἐγίνωσκεν.
οὐχ= delante de una vocal con espíritu áspero.
(Mt 6:26) οὐχ ὑμεῖς.

VOCABULARIO 9c	
141. θάνατος, ὁ: *muerte* (120)	145. Παῦλος, ὁ: *Pablo* (158)
142. Ἰησοῦς, ὁ: *Jesús* (917)	146. Πέτρος, ὁ: *Pedro* (156)
143. νεκρός, -ά, -όν: *muerto* (128)	147. Χριστός, ὁ: *Cristo, Mesías* (529)
144. οὐρανός, ὁ: *cielo* (273)	

IV. ACTIVIDADES DE APRENDIZAJE

Día 1

1. Vuelva a leer detenidamente todo el capítulo 9.

3. *NGLE*, 30.1a.

2. Agregue a sus tarjetas de vocabulario las nuevas palabras de esta lección. No olvide que parte de su estudio incluye repasar el vocabulario anterior.

3. Estudie con cuidado los cuadros de las declinaciones de οὗτος y ἐκεῖνος. Tal vez le sería útil hacer un círculo alrededor de las terminaciones de estas palabras, separándolas de su parte fundamental. Así podrá observar que todas llevan las terminaciones de masculino, femenino y neutro que ya estudiamos anteriormente. Este detalle le ayudará a recordarlas mejor.

Día 2

1. Invierta unos 10 minutos para repasar sus varias listas de vocabulario, prestando atención especial a las del capítulo 9.

2. Complete el cuadro siguiente. Abajo encontrará una lista de los casos. En la columna a la izquierda de cada pronombre identifique a cada uno su respectiva asignación, colocándole la letra de la respuesta correcta. Como en la primera casilla.

a. Nominativo singular
b. Genitivo singular
c. Dativo singular
d. Acusativo singular
e. Nominativo plural
f. Genitivo plural
g. Dativo plural
h. Acusativo plural

Caso	Pronombre	Caso	Pronombre	Caso	Pronombre
	τούτοις		ταύταις		αὕτη
	ἐκείνῳ		ἐκεῖναι		ταύτης
	ἐκεῖνο		ἐκείνης		οὗτοι
	ταύτα		τούτων		ἐκείνους

Día 3

1. Vuelva a leer y estudiar el capítulo 9.

2. Escriba abajo las definiciones de los siguientes términos. Tal vez sea necesario consultar también en capítulos anteriores del texto.

a. pronombre: ______________________________

____

b. demostrativo: ______________________________

____

c. conjunción: ______________________________

____

d. pospositiva: ______________________________

____

e. adverbio: ____

____

Día 4

1. Revise el vocabulario de este y otros capítulos del texto.

2. Identifique con (P) si los siguientes son pronombres personales o con (D) si son demostrativos. Tenga cuidado para diferenciar entre los que provienen de αὐτός y los que son de οὗτος. Coloque la respuesta correcta en la columna a la izquierda de la palabra.

	αὐτός		ἡμῶν		ταύτης		σε
	αὗται		ταῦτα		ἐμοῦ		αὐτοῖς
	αὐτά		ἐκεῖνα		οὗτοι		ἐκεῖνῳ

3. Traduzca las siguientes citas bíblicas. No olvide colocarles los códigos verbales.

(Mt 7:12) Οὗτος γάρ ἐστιν ὁ νόμος καὶ οἱ προφῆται.

(Jn 8:23) Ἐγὼ οὐκ εἰμὶ ἐκ τοῦ κόσμου τούτου.

Día 5

1. Haga una revisión final del capítulo 9. ¿Puede distinguir sin problema los pronombres personales del capítulo 8 y los demostrativos del capítulo 9? Si no está seguro, invierta tiempo para ver si los puede escribir en una hoja aparte sin cometer errores.

2. Traduzca las siguientes citas bíblicas. No olvide subrayar los verbos y colocarles los códigos verbales (TVMPN).

(1Jn 5:20) καὶ ἐσμὲν ἐν τῷ ἀληθινῷ, ἐν τῷ υἱῷ αὐτοῦ Ἰησοῦ Χριστῷ, οὗτός ἐστιν ὁ ἀληθινὸς θεὸς καὶ ζωὴ αἰώνιος.

(Jn 5:21) ὥσπερ γὰρ ὁ πατὴρ (*padre*) ἐγείρει τοὺς νεκροὺς καὶ ζῳοποιεῖ (ζῳοποιέω: *dar vida*), οὕτως καὶ ὁ υἱὸς οὓς (*a quienes*) θέλει ζῳοποεῖ.

CAPÍTULO 10

(Verbos contractos)

I. INTRODUCCIÓN. En esta lección observaremos algunos verbos comunes cuyas desinencias se contraen en algunos tiempos verbales. La raíz de estos verbos termina en las vocales fuertes de -α, -ϵ o -o como ἀγαπάω, ποιέω y πληρόω. Estos se llaman "verbos contractos". La vocal final de la raíz del verbo se contrae con la vocal de la desinencia. Al final de este capítulo encontrará una tabla que muestra cómo se contraen los verbos.

II. VOCABULARIO. A continuación usted encontrará nuevo vocabulario para aprender. Son verbos contractos y se dividen por cómo termina la raíz. Estúdielos por grupos.[1]

VOCABULARIO 10a
Verbos contractos en -αω
148. ἀγαπάω: *amar* (143)
149. γεννάω: *engendrar* (97)
150. ἐρωτάω: *preguntar, pedir, instar* (63)
151. ζάω: *vivir* (140)
152. ὁράω: *ver* (454)

MODO	Presente		Imperfecto	
	Activa	**Media/Pasiva**	**Activa**	**Media/Pasiva**
Indicativo	ἀγαπῶ	ἀγαπῶμαι	ἠγάπων	ἠγαπώμην
	ἀγαπᾷς	ἀγαπᾷ	ἠγάπας	ἠγαπῶ
	ἀγαπᾷ	ἀγαπᾶται	ἠγάπα	ἠγάπᾶτο
	ἀγαπῶμεν	ἀγαπώμεθα	ἠγαπῶμεν	ἠγαπώμεθα
	ἀγαπᾶτϵ	ἀγαπᾶσθϵ	ἠγάπᾶτϵ	ἠγαπᾶσθϵ
	ἀγαπῶσι	ἀγαπῶνται	ἠγάπων	ἠγάπῶντο
Infinitivo	ἀγαπᾶν	ἀγαπᾶσθαι		

Vea los siguientes ejemplos bíblicos:

(Jn 10:17) Διὰ τοῦτό μϵ ὁ πατὴρ <u>ἀγαπᾷ</u>. *Por causa de esto, me <u>ama</u> el Padre.*

1. Los verbos -αω aparecen 1507 veces en el NT, los verbos -ϵω, 3932 y los -οω apenas aparecen 608.

(Jn 16:5) Νῦν δὲ ὑπάγω ... καὶ οὐδεὶς ἐξ ὑμῶν ἐρωτᾷ με· ποῦ ὑπάγεις; *Y ahora me voy ... y ninguno de vosotros me pregunta: "¿A dónde vas?".*

(Mr 8:5) καὶ ἠρώτα αὐτούς· πόσους ἔχετε ἄρτους; *Y les preguntaba: "¿Cuántos panes tenéis?".*

(Hch 17:28) ἐν αὐτῷ γὰρ ζῶμεν καὶ κινούμεθα καὶ ἐσμέν.
Porque en él vivimos y nos movemos y somos.

NOTA. κινούμεθα es presente, voz media, primera persona plural de κινέω, *mover.* Es un ejemplo de verbo contracto con la vocal –ε, como veremos en la sección siguiente.

(Ro 7:9) ἐγὼ δὲ ἔζων χωρὶς νόμου ποτέ. *Pero yo vivía sin la ley por un tiempo.*

VOCABULARIO 10b
Verbos contractos en -εω
153. ἀκολουθέω: *seguir* (90)
154. ζητέω: *buscar* (117)
155. καλέω: *llamar* (148)
156. λαλέω: *hablar, decir* (296)
157. παρακαλέω: *invocar, exhortar* (109)
158. περιπατέω: *caminar, andar (vivir)* (95)
159. ποιέω: *hacer, poner* (568)

Modo	Presente		Imperfecto	
	Activa	Media/Pasiva	Activa	Media/Pasiva
Indicativo	ποιῶ	ποιοῦμαι	ἐποίουν	ἐποιούμην
	ποιεῖς	ποιῇ	ἐποίεις	ἐποιοῦ
	ποιεῖ	ποιεῖται	ἐποίει	ἐποιεῖτο
	ποιοῦμεν	ποιοῦμεθα	ἐποιοῦμεν	ἐποιούμεθα
	ποιεῖτε	ποιεῖσθε	ἐποιεῖτε	ἐποιεῖσθε
	ποιοῦσι	ποιοῦνται	ἐποίουν	ἐποιοῦντο
Infinitivo	ποιεῖν	ποιεῖσθαι		

Ejemplos:

(Jn 2:18) τί σημεῖον δεικνύεις ἡμῖν ὅτι ταῦτα ποιεῖς; *¿Qué señal nos muestras, puesto que haces estas cosas?*

(Jn 5:16) καὶ διὰ τοῦτο ἐδίωκον οἱ Ἰουδαῖοι τὸν Ἰησοῦν, ὅτι ταῦτα ἐποίει ἐν σαββάτῳ. *Y por causa de esto, los judíos perseguían a Jesús, porque hacía estas cosas en sábado.*

(Jn 8:26) πολλὰ ἔχω περὶ ὑμῶν λαλεῖν καὶ κρίνειν. *Tengo muchas cosas que decir y juzgar en cuanto a vosotros.*

(Lc 1:59) καὶ ἐκάλουν τὸ παιδίον ἐπὶ τῷ ὀνόματι τοῦ πατρὸς αὐτοῦ Ζαχαρίαν. *Y llamaban al niño según el nombre de su padre, Zacarías.*

VOCABULARIO 10c **Verbos contractos en -οω**	
160. δικαιόω: *justificar* (39)	162. σταυρόω: *crucificar* (46)
161. πληρόω: *llenar, cumplir* (86)	163. φανερόω: *manifestar* (49)

Modo	**Presente**		**Imperfecto**	
	Activa	**Media/Pasiva**	**Activa**	**Media/Pasiva**
Indicativo	δικαιῶ	δικαιοῦμαι	ἐδικαίουν	ἐδικαιούμην
	δικαιοῖς	δικαιοῖ	ἐδικαίους	ἐδικαιοῦ
	δικαιοῖ	δικαιοῦται	ἐδικαίου	ἐδικαίοῦτο
	δικαιοῦμεν	δικαιούμεθα	ἐδικαιοῦμεν	ἐδικαιούμεθα
	δικαιοῦτε	δικαιοῦσθε	ἐδικαιοῦτε	ἐδικαιοῦσθε
	δικαιοῦσι	δικαιοῦνται	ἐδικαίουν	ἐδικαιοῦντο
Infinitivo	δικαιοῦν	δικαιοῦσθαι		

Ejemplos:

(Ro 3:28) λογιζόμεθα γὰρ δικαιοῦσθαι πίστει ἄνθρωπον χωρὶς ἔργων νόμου. *Así que, consideramos que una persona es justificada por fe sin obras de la ley.*

(Hch 13:52) οἵ τε μαθηταὶ ἐπληροῦντο χαρᾶς καὶ πνεύματος ἁγίου. *Y los discípulos se llenaban de gozo y el Espíritu Santo.*

NOTA. La voz pasiva literalmente significa "eran llenados de gozo y del Espíritu Santo".

III. CONJUGACIÓN DE VERBOS CONTRACTOS

Cuando los verbos cuyas raíces terminan en -α, -ε u -ο se unen a las desinencias vocálicas, alargan las vocales de las desinencias. Como la mayoría de las desinencias son vocálicas, el fenómeno se observará en casi todas las personas verbales. El cuadro a continuación explica las contracciones que aparecen arriba.

1. Los verbos que terminan en -αω	
α + ϵ = α	α + ο = ω
α + η = α	α + ω = ω
α + ϵι = ᾳ	α + ου = ω
α + ϵι (= ϵ + ϵ) = α **o** ᾳ	
α + ῃ = ᾳ	
2. Los verbos que terminan en -ϵω	
ϵ + ϵ = ϵι	ϵ + ϵι = ϵι
ϵ + ο = ου	ϵ + ῃ = ῃ
ϵ + ω = ω	ϵ + ου = ου
3. Los verbos que terminan en -οω	
ο + ϵ = ου	ο + ο = ου
ο + ϵι = οι	ο + ω = ω
ο + η = ω	ο + ου = ου
ο + ῃ = οι	

Más adelante en el curso se presentará el patrón para verbos contractos del presente en otros modos (subjuntivo e imperativo).

IV. ACTIVIDADES DE APRENDIZAJE

Día 1

1. Vuelva a leer detenidamente toda la información del capítulo 10.

2. Agregue a sus tarjetas de vocabulario las nuevas palabras de esta lección. No olvide que parte de su estudio incluye repasar el vocabulario anterior.

3. El siguiente cuadro presenta en la primera columna la forma léxica de algunos verbos y en la segunda columna una forma conjugada de los mismos. En la tercera columna coloque el código verbal (TVMPN) de la forma conjugada.

Forma léxica	Forma conjugada	Código verbal
ἀγαπάω	ἀγαπᾷς	
πληρόω	ἐπλήρουν	
λαλέω	λαλῇ	
γεννάω	γεννᾷ	

Día 2

1. Estudie detenidamente las diferencias entre las desinencias del presente y las del imperfecto de esta clase de verbos para poder reconocer sus contracciones.

2. El siguiente cuadro presenta en la primera columna la forma léxica de algunos verbos y en la tercera columna un código verbal (TVMPN). Escriba en la segunda columna la forma griega correcta que piden los verbos según el código dado.

Forma léxica	Forma conjugada	Código verbal
ἀγαπάω		I A I 2 S
πληρόω		P M I 1 P
ἐρωτάω		I A I 3 P
σταυρόω		P P I 2 P
ποιέω		I M I 1 P

3. En la siguiente oración subraye cada forma verbal y coloque encima de cada una su código verbal correcto. Luego, traduzca la oración.

(Jn 17:9) Ἐγὼ περὶ αὐτῶν ἐρωτῶ, οὐ περὶ τοῦ κόσμου ἐρωτῶ ἀλλὰ περὶ ὧν (*los que*) δέδωκάς (*has dado*) μοι, ὅτι σοί (*tuyos*) εἰσιν.

Día 3

1. Revise todo el vocabulario de este capítulo.

2. En una hoja aparte conjugue el presente, voces activa y media/pasiva, y el imperfecto del verbo ἐρωτάω.

3. En la siguiente oración subraye cada forma verbal y coloque encima de cada una su código verbal correcto. Luego, traduzca la oración.

(Jn 11:5) ἀγάπα δὲ ὁ Ἰησοῦς τὴν Μάρθαν καὶ τὴν ἀδελφὴν (*hermana*) αὐτῆς καὶ τὸν Λάζαρον.

Día 4

1. Revise los ejemplos de este capítulo que acompañan a cada lista de verbos contractos.

2. En una hoja aparte conjugue el presente, voces activa y media/pasiva, y el imperfecto del verbo ζητέω.

3. En la siguiente oración subraye cada forma verbal y coloque encima de cada una su código verbal correcto. Luego, traduzca la oración.

(1Ts 4:1) ἀδελφοί, ἐρωτῶμεν καὶ παρακαλοῦμεν ἐν κυρίῳ ᾽Ιησοῦ...

Día 5

1. Estudie bien las contracciones que forman los verbos contractos al añadir sus terminaciones.

2. En una hoja aparte conjugue el presente, voces activa y media/pasiva, y el imperfecto del verbo φανερόω.

3. Estudie por vez final todo el vocabulario de este capítulo. Consulte la lista completa del vocabulario de los capítulos 6-10 que encontrará a continuación.

VOCABULARIO ACUMULADO DE LOS CAPÍTULOS 6-10
(un total de 91 palabras)

¡Qué impresionante! Hemos llegado al final de las primeras diez lecciones. Hasta ahora ha memorizado 163 palabras, lo que equivale a 89.991 ocurrencias, es decir, un 65,13% del texto del NT.

Nombres propios	
Ιησοῦς, ὁ: *Jesús* (917)	Πέτρος, ὁ: *Pedro* (156)
Παῦλος, ὁ: *Pablo* (158)	Χριστός, ὁ: *Cristo, Mesías* (529)

Sustantivos comunes	
ἀγάπή, ἡ: *amor* (116)	ζωή, ἡ: *vida* (135)
ἀλήθεια, ἡ: *verdad* (109)	ἡμέρα, ἡ: *día* (389)
ἁμαρτία, ἡ: *pecado* (173)	θάλασσα, ἡ: *mar* (91)
ἀρχή, ἡ: *principio* (55)	θάνατος, ὁ: *muerte* (120)
βασιλεῖα, ἡ: *reino* (162)	καρδία, ἡ: *corazón* (156)
γῆ, ἡ: *tierra* (250)	κεφαλή, ἡ: *cabeza* (75)
γλωσσα, ἡ: *lengua* (50)	μαθητής, ὁ: *discípulo* (261)
γραφή, ἡ: *escritura* (51)	ὁδός, ἡ: *camino* (101)
δικαιοσύνη, ἡ: *justicia* (92)	οἰκία, ἡ: *casa* (93)
δόξα, ἡ: gloria (166)	οὐρανός, ὁ: *cielo* (273)
εἰρήνη, ἡ: *paz* (92)	παραβολή, ἡ: *parábola* (50)
ἐκκλησία, ἡ: *iglesia, asamblea* (114)	προφητής, ὁ: *profeta* (144)
	φωνή, ἡ: *sonido, voz* (103)
ἐντολή, ἡ: *mandamiento* (67)	χαρά, ἡ: *gozo* (59)
ἐξουσία, ἡ: *autoridad, poder* (102)	ψυχή, ἡ: *alma* (139)
	ὥρα, ἡ: *hora* (106)
ἔρημος, ἡ: *desierto* (48)	
Verbos	
ἀγαπάω: *amar* (143)	ὁράω: *ver* (454)
ἀκολουθέω: *seguir* (90)	παρακαλέω: *invocar, animar, exhortar* (109)
γεννάω: *engendrar* (97)	
δικαιόω: *justificar* (39)	περιπατέω: *caminar, andar* (95)
εἰμί: *ser, estar* (2462)	πληρόω: *llenar, cumplir* (86)
ἐρωτάω: *preguntar* (63)	ποιέω: *hacer, poner* (568)
ζάω: *vivir* (140)	σταυρόω: *crucificar* (46)
ζητέω: *buscar* (117)	ὑπάρχω: *vivir, existir* (60)
καλέω: *llamar* (148)	φανερόω: *manifestar* (49)
λαλέω: *hablar, decir* (296)	

Adjetivos	
ἀγαθός, -ή, -όν: *bueno* (102)	καινός, -ή, -όν: *nuevo* (42)
ἀγαπηός, -ή, -όν: *amado* (61)	κακός, -ή, -όν: *malo* (50)
ἅγιος, -η, -ον: *santo* (233)	καλός, -ή, -όν: *bello, bueno* (100)
ἄλλος, -η, -ον: *otro* (155)	νεκρός, -ά, -όν: *muerto* (128)
αἰώνιος, -ος, -ον: *eterno* (71)	ὅλος, -η, -ον: *entero, todo* (109)
δίκαιος, -α, -ον: *justo, recto* (79)	πιστός, -ή, -όν: *fiel* (67)
ἴδιος, -η, -ον: *suyo propio* (114)	πονηρός, -ά, -όν: *malo, malvado* (78)
ἰουδαῖος, -αία, -αῖον: *judío* (195)	
Adverbios	
ἀμήν: *amén, ciertamente, de cierto, en verdad* (129)	οὐ, οὐκ, οὐχ: *no* (1606)
	οὕτως: *así, de esta manera* (208)
μέν: *ciertamente, por un lado* (179)	οὐδέ: *ni* (143)
μή: *no* (1042)	πάλιν: *otra vez* (141)
νῦν: *ahora* (147)	
Conjunciones	
ἀλλά, ἀλλ᾽: *pero, sino* (638)	ὅτι: *porque, que, : (dos puntos)* (1296)
γάρ: *porque, pues* (posp.) (1042)	
δέ: *sino, pero* (posp.) (2792)	οὖν: *pues, por tanto, con que* (499)
εἰ: *si* (503)	ὡς: *como* (504)
ἤ: *o* (343)	ὥσπερ: *como, así como, al igual que* (36)
καί: *y* (9153)	
Pronombres	
αὐτός, αὐτή, αὐτό: *él, ella, ello* (5597)	οὗτος, αὕτη, τοῦτο: *este, esta, esto* (1391)
ἐγώ: yo (2584)	σύ: tú (2908)
ἐκεῖνος, -η, -ο: *aquel, aquella, aquello, ese, esa, eso* (265)	

CAPÍTULO 11

(Verbos: futuro, voces activa y media)

I. INTRODUCCIÓN. Hasta ahora hemos observado verbos en el tiempo presente y en el imperfecto. Esta lección tratará con verbos en el tiempo futuro. Si ha sido fiel en su repaso y ha dominado la conjugación de los dos tiempos mencionados, verá que no será tan complicado aprender el tiempo futuro.

¿Listo? ¡Adelante!

II. NUEVO VOCABULARIO

VOCABULARIO 11
164. ἀνοίγω: *abrir* (77)
165. ἀπό: *de, desde, por causa de* (646)
166. ἀποκτείνω: *matar* (74)
167. δοκέω: *pensar, parecer* (62)
168. εὐαγγελίζω: *anunciar buenas nuevas* (54)
169. μετά: *con (gen.), después (ac.)* (469)
170. πείθω: *persuadir* (52)
171. πέμπω: *enviar* (79)
172. πίνω: *beber* (73)
173. πρός: *a, para, a fin de (ac.), junto a, acerca de (dat.)* (700)
174. προσκυνέω: *adorar* (60)
175. σπείρω: *sembrar* (52)
176. τηρέω: *observar, guardar* (70)
177. φέρω: *llevar, producir* (66)
178. χαίρω: *alegrarse, gozar* (74)

III. CONJUGACIÓN DE VERBOS EN TIEMPO FUTURO

El tiempo futuro es la segunda parte fundamental del sistema verbal griego. Es decir, tiene su propia forma verbal. Esta no se puede predecir a partir de otros tiempo verbales. Más adelante aprenderemos las otras cuatro (el aoristo, el perfecto activo, el perfecto medio/pasivo y el aoristo pasivo).

EL TIEMPO FUTURO

Es aspectualmente ambiguo. Es decir, no es claro si comunica aspecto imperfectivo o perfectivo. El futuro indicativo, como en español, señala generalmente lo que sucederá próximamente o en el futuro. También este puede comunicar otros actos del habla. Por ejemplo, la frase "No matarás" no es una predicción, sino una orden. De igual manera, en Mateo 11:16, cuando Cristo pregunta: "¿A qué compararé esta generación?", no se refiere al futuro, sino que es una pregunta deliberativa. También se puede usar el tiempo futuro para expresar una acción que se espera bajo ciertas condiciones: "Cada uno llevará su propia carga" (Gá 6:5).

La señal general del verbo en tiempo futuro es la presencia de una "σ" (sigma) al final de la raíz del presente antes de terminaciones primarias (las mismas que tiene el tiempo presente). Esta es la pista para las voces **activa** y **media**. La voz **pasiva** sufre otro pequeño cambio que también veremos más adelante. Para conjugar o reconocer un verbo en tiempo futuro es necesario saber que existen cuatro formas fundamentales.

A. Forma fundamental del futuro. Este simplemente añade una "σ" a la raíz antes de agregarle la terminación correspondiente. Consulte las desinencias primarias de la voz activa y voz media del verbo λύω *(soltar)*, en los cuadros siguientes:

	VOZ ACTIVA	
	Conjugado	Mostrando raíz y desinencia
Singular	λύσω, *soltaré*	λύ-σ-ω
	λύσεις, *soltarás*	λύ-σ-εις
	λύσει, *soltará*	λύ-σ-ει
Plural	λύσομεν, *soltaremos*	λύ-σ-ομεν
	λύσετε, *soltaréis*	λύ-σ-ετε
	λύσουσι(ν), *soltarán*	λύ-σ-ουσι(ν)

	VOZ MEDIA	
	Conjugado	Mostrando raíz y desinencia
Singular	λύσομαι, *me soltaré*	λύ-σ-ομαι
	λύσῃ, *te soltarás*	λύ-σ-ῃ
	λύσεται, *se soltará*	λύ-σ-εται
Plural	λυσόμεθα, *nos soltaremos*	λυ-σ-όμεθα
	λύσεσθε, *os soltaréis*	λύ-σ-εσθε
	λύσονται, *se soltarán*	λύ-σ-ονται

Desinencias Futuro Activo Indicativo	
- ω	- ομεν
- εις	- ετε
- ει	- ουσι(ν)

Desinencias Futuro Medio Indicativo	
- ομαι	- όμεθα
- η	- εσθε
- εται	- ονται

Ejemplos:

(Jn 5:47) εἰ δὲ τοῖς ἐκείνου γράμμασιν οὐ πιστεύετε, πῶς τοῖς ἐμοῖς ῥήμασιν πιστεύσετε; *Pero si los escritos de aquel no creéis, ¿cómo creeréis mis palabras?*

(Mr 14:58) ἐγὼ καταλύσω τὸν ναὸν τοῦτον τὸν χειροποίητον καὶ διὰ τριῶν ἡμερῶν ἄλλον ἀχειροποίητον οἰκοδομήσω. *Yo destruiré este templo hecho por manos, y en tres días edificaré otro no hecho por manos.*

NOTA. El segundo futuro es un verbo contracto, οἰκοδομέω.

B. Futuro de verbos de raíz muda. Estos son los verbos cuyas raíces terminan en mudas labiales (π, β, φ), mudas palatales (κ, γ, χ) y mudas dentales (ζ, τ, δ, θ). Asimilan la "σ" antes de pegar la terminación primaria correspondiente de las voces activa y media. Observe el siguiente cuadro:

	Consonante final del tema	cambia a	Tiempo presente	trad.	Tiempo futuro	trad.
Labiales	π, β, φ	ψ	βλέπω	veo	βλέψω	veré
Palatales	κ, γ, χ	ξ	διώκω	persigo	διώξω	perseguiré
Dentales	τ, δ, ζ, θ	σ	πείθω	persuado	πείσω	persuadiré

Ejemplos:

(Lc 11:24) ... ὑποστρέψω εἰς τὸν οἰκόν μου ὅθεν ἐξῆλθον. ... *volveré a mi casa de donde salí.*

(Lc 12:12) τὸ γάρ ἅγιον πνεῦμα διδάξει ὑμᾶς ἐν αὐτῇ τῇ ὥρᾳ ἅ δεῖ εἰπεῖν. *Pues el Espíritu Santo os enseñará en aquella misma hora lo que es necesario decir.*

C. Futuro de verbos contractos (los que terminan en vocal corta -α, -ε, -ο). Alargan la vocal final antes de colocarse la "σ". Por ejemplo, el FAI1S de ἀγαπάω sería ἀγαπήσω.

Estudie los siguientes ejemplos que le servirán de patrón para otros verbos similares. Los futuros de los verbos en -αω y -εω se forman igual. Observe la conjugación del futuro de φιλέω (*querer*) y el verbo πληρόω (*llenar, cumplir*).

φιλέω			
VOZ ACTIVA		VOZ MEDIA	
Singular	Plural	Singular	Plural
φιλήσω	φιλήσομεν	φιλήσομαι	φιλησόμεθα
φιλήσεις	φιλήσετε	φιλήσῃ	φιλήσεσθε
φιλήσει	φιλήσουσι	φιλήσεται	φιλήσονται

πληρόω			
VOZ ACTIVA		VOZ MEDIA	
Singular	Plural	Singular	Plural
πληρώσω	πληρώσομεν	πληρώσομαι	πληρωσόμεθα
πληρώσεις	πληρώσετε	πληρώσῃ	πληρώσεσθε
πληρώσει	πληρώσουσι	πληρώσεται	πληρώσονται

Ejemplos:

(Jn 7:3) οἱ μαθηταί σου θεωρήσουσιν σοῦ τὰ ἔργα ἃ ποιεῖς. *Tus discípulos verán tus obras que haces.*

(Jn 14:12) ... τὰ ἔργα ἃ ἐγὼ ποιῶ κἀκεῖνος ποιήσει... ...*Las obras que yo hago también él hará*...

D. Futuro de verbos que terminan en un consonante líquida (λ, μ, ν, ρ). Se llaman "líquidos" porque el aire fluye alrededor de la lengua (λ, ρ) o el sonido pasa por la nariz (μ, ν) al pronunciar la letra.[1] Estos verbos también se llaman "asigmáticos" porque no usan la sigma para formar el futuro. En vez de simplemente añadir una sigma (σ) a la raíz antes de añadir la vocal de la terminación, añaden a la raíz una -ϵ ante la ο o ϵ de la vocal temática y las dos vocales se contraen. Observe el proceso de cómo el verbo κρίνω desarrolla su forma futura:

κριν + ϵ + ω = κρινϵω = κρινῶ

Observará que la forma de un verbo líquido en tiempo futuro se parece a la de un verbo contracto en tiempo presente. Es importante reconocer la presencia del acento circunflejo, pues ese detalle nos indica que el verbo está en futuro. Vea a continuación la conjugación del verbo κρίνω (*juzgar*).

1. William Mounce, *Basics of Biblical Greek* (Grand Rapids: Zondervan, 1993), 167.

VOZ ACTIVA	
Singular	Plural
κρινῶ, *juzgaré*	κρινοῦμεν, *juzgaremos*
κρινεῖς, *juzgarás*	κρινεῖτε, *juzgaréis*
κρινεῖ, *juzgará*	κρινοῦσι(ν), *juzgarán*
VOZ MEDIA	
Singular	Plural
κρινοῦμαι, *me juzgaré*	κρινούμεθα, *nos juzgaremos*
κρινῇ, *te juzgarás*	κρινεῖσθε, *os juzgaréis*
κρινεῖται, *se juzgará,*	κρινοῦνται, *se juzgarán*

Ejemplos:

(Jn 2:19) ἐν τρισὶν ἡμέραις <u>ἐγερῶ</u> αὐτόν.
En tres días lo <u>levantaré</u>.

(Jn 8:22) ἔλεγον οὖν οἱ Ἰουδαῖοι· μήτι <u>ἀποκτενεῖ</u> ἑαυτόν.
Por esto los judíos decían: "¿Acaso se <u>matará</u>?".

E. Otras situaciones especiales

1) Verbos cuya raíz en el presente termina en doble lambda (λλ). Ejemplos: βάλλω, ἀποστέλλω. Estos verbos asigmáticos tienen una raíz de una sola lambda. Forma del futuro: βαλῶ y ἀποστελῶ.

2) Verbos comunes con un futuro irregular. Como el futuro es una forma fundamental, no se puede predecir a partir del presente indicativo de los verbos. A modo de ilustración, existen varios verbos comunes en presente que tienen una raíz diferente en futuro. Ejemplos: ἐσθίω > φάγομαι; ἔρχομαι > ἐλεύσομαι; λαμβάνω > λήμψομαι; λέγω > ἔρω; ὁράω > ὄψομαι. Por eso, será necesario aprender las formas de futuro.

Ejemplos:

(Jn 1:51) καὶ λέγει αὐτῷ· ἀμὴν ἀμὴν λέγω ὑμῖν, <u>ὄψεσθε</u> τὸν οὐρανόν.
Y le dice, "verdaderamente os digo que <u>veréis</u> el cielo".

NOTA. El verbo ὁράω es deponente en el tiempo futuro.

(Jn 2:17) ὁ ζῆλος τοῦ οἴκου σου <u>καταφάγεταί</u> με.
El celo por tu casa me <u>consumirá</u>.

IV. CONJUGACIÓN DE εἰμί EN TIEMPO FUTURO

En el capítulo 8 se presentó el presente indicativo y el imperfecto indicativo del verbo εἰμί. Observe a continuación el futuro indicativo de εἰμί. Puede ver que lleva terminaciones de la voz media. Es decir, este verbo es deponente en tiempo futuro.

Futuro de εἰμί	
ἔσομαι, *seré, estaré*	ἐσόμεθα, *seremos, estaremos*
ἔσῃ, *serás, estarás*	ἔσεσθε, *seréis, estaréis*
ἔσται, *será, estará*	ἔσονται, *serán, estarán*

NOTA. Coloque esta conjugación del verbo εἰμί en una tarjeta igual que hizo con las otras formas de este verbo y úsela para ayudarle en su repaso. En lecciones próximas veremos sus formas de imperativo y participio.

Ejemplos:

(Jn 12:26) καὶ ὅπου εἰμὶ ἐγὼ ἐκεῖ καὶ ὁ διάκονος ὁ ἐμὸς ἔσται.

Y donde estoy yo también allí mi siervo estará.

(Mr 9:19) ὁ δὲ ... αὐτοῖς λέγει· ὦ γενεὰ ἄπιστος, ἕως πότε πρὸς ὑμᾶς ἔσομαι; ἕως πότε ἀνέξομαι ὑμῶν;

Y ... les dice: "¡Oh generación incrédula! ¿Hasta cuándo estaré con vosotros? ¿Hasta cuándo os soportaré?".

NOTA FINAL. Esta lección y la siguiente tienen mucho en común. Estudie detenidamente los distintos patrones presentados en esta lección y verá que la próxima le resultará un poco más fácil. ¡Adelante!

V. ACTIVIDADES DE APRENDIZAJE

Día 1

1. Vuelva a leer detenidamente toda la información del capítulo 11.

2. Agregue a sus tarjetas las palabras del vocabulario nuevo de este capítulo. No olvide que parte de su estudio incluye repasar el vocabulario anterior.

3. A continuación encontrará en la segunda columna un verbo conjugado. Complete el cuadro añadiendo la forma léxica, el código verbal y la traducción necesaria.

Forma léxica	Forma verbal	T V M P N	Traducción
	ἀκούσει		
	βλέψομεν		
	ἕξεις		
	καλέσεσθε		
	συνάξετε		
	ποιήσω		

Día 2

1. Estudie otra vez todo el vocabulario nuevo.

2. Estudie otra vez detenidamente las diferencias de formación del futuro entre los verbos de formación fundamental, los de raíz muda y los de raíz contracta.

3. Escriba a continuación la conjugación en *tiempo FUTURO* del verbo πιστεύω.

VOZ ACTIVA		VOZ MEDIA	
Singular	Plural	Singular	Plural

4. Traduzca la siguiente oración en una hoja aparte. *Subraye todos los verbos y coloque código a cada uno antes de traducir.*

(Jn 5:25) ἀμὴν ἀμὴν λέγω ὑμῖν ὅτι ἔρχεται ὥρα καὶ νῦν ἐστιν ὅτε οἱ νέκροι ἀκούσουσιν τῆς φωνῆς τοῦ υἱου τοῦ θεοῦ.

Día 3

1. Traduzca la siguiente oración en una hoja aparte. *Subraye todos los verbos y coloque código a cada uno antes de traducir.*

(Jn 11:48) πάντες (*todos*) πιστεύσουσιν εἰς αὐτόν.

2. Escriba a continuación la conjugación en *tiempo FUTURO* del verbo πέμπω. Primero estudie de nuevo el punto III. B relacionado con verbos terminados en raíz muda.

VOZ ACTIVA		VOZ MEDIA	
Singular	Plural	Singular	Plural

3. Estudie de nuevo el punto III. D de este capítulo que trata los verbos que terminan en consonante líquida (λ, μ, ν, ρ). Escriba a continuación la conjugación en *tiempo FUTURO* del verbo μένω.

VOZ ACTIVA		VOZ MEDIA	
Singular	Plural	Singular	Plural

Día 4

1. Traduzca las siguientes oraciones en una hoja aparte. *Subraye todos los verbos y coloque código a cada uno antes de traducir.*

(Mt 5:48) ἔσεσθε οὖν ὑμεῖς τέλειοι *(perfectos)* ὡς ὁ πατὴρ (*padre*) ὑμῶν ὁ οὐράνιος τέλειός ἐστιν.

(Mt 13:41) ἀποστελεῖ ὁ υἱὸς τοῦ ἀνθρώπου τοὺς ἀγγέλους αὐτοῦ.

2. Escriba a continuación la conjugación en *tiempo FUTURO* del verbo λαλέω. Estudie el verbo antes de trabajarlo para ver su conjugación particular. Si necesita ayuda, regrese a las instrucciones y comentarios del capítulo 11 del texto.

VOZ ACTIVA		VOZ MEDIA	
Singular	Plural	Singular	Plural

Día 5

1. Escriba a continuación las conjugaciones que piden los cuadros del verbo εἰμί. Si necesita ayuda, regrese a las instrucciones y comentarios del capítulo 11 del texto.

Presente Indicativo		Imperfecto Indicativo	
Singular	Plural	Singular	Plural

Futuro Indicativo	
Singular	Plural

2. Traduzca la siguiente oración en una hoja aparte. *Subraye todos los verbos y coloque código a cada uno antes de traducir.*

(2Co 6:18) καὶ ἔσομαι ὑμῖν εἰς πατέρα (*padre*) καὶ ὑμεῖς ἔσεσθέ μοι εἰς υἱοὺς καὶ θυγατέρας (*hijas*), λέγει κύριος παντοκράτωρ (*todopoderoso*).

3. Revise todo su trabajo para confirmar que todo está en orden.

CAPÍTULO 12

(Verbos: aoristo primero, voces activa y media)

I. INTRODUCCIÓN. Hasta ahora usted ha observado verbos en tiempo presente, imperfecto y futuro. Debe sentirse muy satisfecho con todo lo que ha aprendido. Goza ya de una buena cantidad de vocabulario y las reglas básicas para la traducción. Todavía le queda mucho por aprender pero ¡ya está casi a medio camino!

Buenas noticias: si captó las ideas básicas de la lección anterior, esta lección le será mucho más fácil. ¡Anímese! ¡Adelante!

II. NUEVO VOCABULARIO

VOCABULARIO 12	
179. ἁμαρτάνω: *pecar* (43)	187. θαυμάζω: *maravillarse, asombrarse* (43)
180. δέχομαι: *recibir, aceptar* (56)	188. θεραπεύω: *curar, sanar* (43)
181. δέω: *atar, sujetar* (145)	189. κἀγώ: *y yo, también yo* (84)
182. διώκω: *perseguir* (45)	190. καθίζω: *sentarse, convocar* (46)
183. ἐγγίζω: *acercarse* (42)	191. καρπός, ὁ: *fruto, cosecha* (67)
184. εἰς: *hacia, en* (1768)	192. λίθος, ὁ: *piedra* (105)
185. ἐν: *en, a, entre* (2752)	193. προσφέρω: *ofrecer* (47)
186. εὐλογέω: *bendecir* (42)	194. ὑπέρ: *a favor de, en lugar de* (150)

III. CONJUGACIÓN DEL AORISTO PRIMERO

EL AORISTO

Como mencionáramos cuando estudiamos el tiempo presente, los tiempos verbales griegos no están directamente asociados al tiempo cronológico. Más bien, comunican el aspecto verbal que el que habla o escribe quiere comunicar. El caso del tiempo verbal que aprenderemos en esta lección no es la excepción. El aoristo comunica el aspecto perfectivo. Es decir, presenta la acción o estado como un todo. No pone el foco en el desarrollo, como lo hacen el presente o el imperfecto. En el modo indicativo, usualmente se usa en narraciones o declaraciones para enfatizar una acción pasada. Serán los indicadores del contexto los que señalarán cómo traducirlo al español. Para efectos netamente pragmáticos y pedagógicos, vincularemos el aoristo indicativo con nuestro tiempo pretérito simple (o pretérito perfecto simple, como lo denomina la *Nueva gramática española*), que más o menos comunica el mismo aspecto verbal. Veremos otras maneras de traducir el aoristo cuando aprendamos otros modos verbales.

En cuanto a la forma, el aoristo en términos generales tiene dos formas básicas. La más frecuente se denomina aoristo primero, y la otra, aoristo segundo. En esta lección aprenderemos las formas del aoristo primero. En la siguiente le daremos espacio al aoristo segundo. Es necesario enfatizar que no hay ninguna diferencia en cómo traducimos al español aoristo primero y segundo. Se traducen igual. Lo único que cambia es la forma.

Nótese que en el indicativo, al igual que el imperfecto, el aoristo tiene una señal clara de distancia: el aumento (los cambios vocálicos del aumento siguen las mismas reglas señaladas para el aumento del imperfecto). El aumento a veces señala una distancia temporal y otras veces una espacial (física o narrativa). Además, la σ es una característica de todo aoristo primero (al igual que de los tiempos futuros).

Notará también que el infinitivo no lleva el aumento. Así como el infinitivo presente, el aoristo infinitivo se usa para complementar la acción del verbo principal o introducir cláusulas de propósito.

A. PATRÓN REGULAR DEL AORISTO PRIMERO

La mayoría de los verbos tienen su aoristo regular. Se forman con un aumento + la raíz de tiempo aoristo + la característica temporal de aoristo + las desinencias secundarias. La siguiente tabla muestra el patrón que siguen estos verbos en aoristo.

Verbo λύω voz activa			
Verbo conjugado		Componentes	
Singular	Plural	Singular	Plural
ἔλυσα, *solté*	ἐλύσαμεν, *soltamos*	ἔ-λυ-σ-α	ἐ-λύ-σ-αμεν
ἔλυσας, *soltaste*	ἐλύσατε, *soltasteis*	ἔ-λυ-σ-ας	ἐ-λύ-σ-ατε
ἔλυσε(ν), *soltó*	ἔλυσαν, *soltaron*	ἔ-λυ-σ-ε(ν)	ἔ-λυ-σ-αν
Infinitivo: λύσαι, *soltar*		λύ-σ-αι	

Observará que, igual que el imperfecto, el aoristo usa terminaciones secundarias pero con la vocal conectiva "α" (con excepción de la tercera personal singular).

Ejemplos:

(Jn 1:37) καὶ ἤκουσαν οἱ δύο μαθηταὶ αὐτοῦ ... καὶ ἠκολούθησαν τῷ Ἰησοῦ.
Y los dos discípulos lo oyeron ... y siguieron a Jesús.

NOTA. El aumento alarga la vocal α al principio de los dos verbos. El segundo aoristo es un verbo contracto. Observe la η antes de la σ, que es lo mismo que ocurre con el tiempo futuro. El verbo ἀκούω usa el genitivo para indicar la persona a quien se oye. En este caso ἤκουσαν ... αὐτοῦ, *lo oyeron*.

(Jn 2:11) Ταύτην ἐποίησεν ἀρχὴν τῶν σημείων ὁ Ἰησοῦς ἐν Κανὰ τῆς Γαλιλαίας καὶ ἐφανέρωσεν τὴν δόξαν αὐτοῦ, καὶ ἐπίστευσαν εἰς αὐτὸν οἱ μαθηταὶ αὐτοῦ. *Este principio de señales hizo Jesús en Caná de Galilea, y manifestó su gloria; y sus discípulos creyeron en él.*

Memorice este cuadro de desinencias del aoristo. Le ahorrará bastante tiempo a la hora de analizar formas verbales.

Desinencias Aoristo Primero Activo Indicativo	
- α	- αμεν
- ας	- ατε
- ε(ν)	- αν

En el caso de la voz media el patrón es el siguiente:

Verbo λύω voz media	
Singular	Plural
ἐλύσαμην, *me solté*	ἐλυσάμεθα, *nos soltamos*
ἐλύσω, *te soltaste*	ἐλύσασθε, *os soltasteis*
ἐλύσατο, *se soltó*	ἐλύσαντο, *se soltaron*
Infinitivo: λύσασθαι, *soltarse*	

Ejemplo:

(Lc 18:16) ὁ δὲ Ἰησοῦς προσεκαλέσατο αὐτὰ ... τῶν γὰρ τοιούτων ἐστὶν ἡ βασιλεία τοῦ θεοῦ. *Pero Jesús los llamó ... porque de los tales es el reino de Dios.*

NOTA. El verbo προσκαλέω tiene el aumento entre el prefijo προσ- y el verbo καλέω. La voz media implica que Jesús los llamó por su interés personal.

Memorice este cuadro de desinencias de voz media también.

Desinencias Aoristo Primero Medio Indicativo	
- αμην	- άμεθα
- ω	- ασθε
- ατο	- αντο

EXCEPCIONES AL PATRÓN REGULAR

Unos pocos verbos siguen un patrón levemente diferente debido a la interacción entre la terminación de la raíz y la presencia de la σ, al igual que en el tiempo futuro. Las siguientes secciones muestran estas excepciones. Si ha entendido bien el proceso de asimilación de la σ en la lección pasada, no debiera resultarle difícil entender los siguientes patrones.

B. PATRÓN DE AORISTO DE VERBOS CON RAÍZ MUDA

Igual que sucede con la conjugación del futuro, existen verbos cuya raíz termina en una consonante (como βλέπω, διώκω o σῴζω). Estos verbos, al añadir la sigma a la consonante final, aquella sufre una asimilación igual a la que vimos en las formas del tiempo futuro; por ejemplo βλέπω > ἔβλεψα, διώκω > ἐδίωξα, σῴζω > ἔσωσα. Estas consonantes se denotan como "mudas". Usan las mismas terminaciones secundarias que los aoristos del inciso anterior. Consulte el cuadro que aparece en el capítulo 11.

Ejemplos:

(Flm 19) ἐγὼ Παῦλος ἔγραψα τῇ ἐμῇ χειρί. *Yo Pablo escribí con mi propia mano.*

(Jn 9:7) καὶ λέγει αὐτῷ ... νίψαι εἰς τὴν κολυμβήθραν τοῦ Σιλωάμ ... καὶ ἐνίψατο καὶ ... ἔβλεψεν. *Y le dice ... lávate en el estanque de Siloé ... y se lavó y ... vio.*

NOTA. El verbo νίπτω (*lavar*) + sigma = νίψαι (aoristo infinitivo); ἐνίψατο (aoristo indicativo voz media). El infinitivo aquí tiene sentido de mandato.

(1Co 15:9) οὐκ εἰμὶ ἱκανὸς καλεῖσθαι ἀπόστολος, διότι ἐδίωξα τὴν ἐκκλησίαν τοῦ θεοῦ. *Yo no soy digno ser llamado apóstol, porque perseguí la iglesia de Dios.*

C. PATRÓN DEL AORISTO DE VERBOS LÍQUIDOS

Así como vimos en las formas de tiempo futuro, aquellos verbos cuya raíz termina en alguna consonante líquida (λ, μ, ν, ρ) forman su aoristo sin la sigma. En ocasiones, además modifican levemente la raíz verbal, por ejemplo: μένω > ἔμεινα, ἐγείρω > ἤγειρα.

Ejemplos:

(Hch 21:8) εἰς τὸν οἶκον Φιλίππου τοῦ εὐαγγελιστοῦ ... ἐμείναμεν. *En la casa de Felipe el evangelista nos quedamos.*

(Ap 18:20) ἔκρινεν ὁ θεὸς τὸ κρίμα ὑμῶν ἐξ αὐτῆς. *Dios juzgó vuestra causa contra ella.*

(Jn 5:19) ἀπεκρίνατο οὖν ὁ Ἰησοῦς καὶ ἔλεγεν αὐτοῖς· ἀμὴν ἀμὴν λέγω ὑμῖν, οὐ δύναται ὁ υἱὸς ποιεῖν ἀφ' ἑαυτοῦ οὐδὲν. *Por esto, Jesús respondió y les decía: "De verdad, de verdad os digo que el Hijo no puede hacer nada por sí mismo".*

D. PATRÓN DEL AORISTO DE VERBOS CONTRACTOS

También, al igual que en la formación del tiempo futuro, los verbos contractos como ἀγαπάω, φιλέω o πληρόω con raíz que termina en vocal corta (-α, -ε, -ο), alargan dicha vocal antes de añadir la sigma, de la misma manera que vimos con el tiempo futuro. Por ejemplo, el A A I 1 S de ἀγαπάω sería ἠγάπησα. Observe que se le añadió el aumento, cambiando la "α" inicial por una "η".

Vea a continuación una comparación del aoristo indicativo y el aoristo infinitivo de verbos "contractos".

Forma léxica	Voz	Presente Indicativo	Presente Infinitivo	Aoristo Indicativo	Aoristo Infinitivo
ἀγαπάω	Act	ἀγαπῶ	ἀγαπᾶν	ἠγάπησα	ἀγαπῆσαι
	Med	ἀγαπῶμαι	ἀγαπᾶσθαι	ἠγαπήσαμην	ἀγαπήσασθαι
ποιέω	Act	ποιῶ	ποιεῖν	ἐποίησα	ποιῆσαι
	Med	ποιοῦμαι	ποιεῖσθαι	ἐποιήσαμην	ποιῆσασθαι
δικαιόω	Act	δικαιῶ	δικαιοῦν	ἐδικαίωσα	δικαιῶσαι
	Med	δικαιοῦμαι	δικαιοῦσθαι	ἐδικαιωσαμην	δικαιῶσασθαι

Ejemplos:

(Jn 15:9) Καθὼς ἠγάπησέν με ὁ πατήρ, κἀγὼ ὑμᾶς ἠγάπησα. *Como el Padre me amó, también yo os amé.*

(Hch 1:1) Τὸν μὲν πρῶτον λόγον ἐποιησάμην περὶ πάντων, ὦ Θεόφιλε, ὧν ἤρξατο ὁ Ἰησοῦς ποιεῖν τε καὶ διδάσκειν. *Hice el primer relato, oh Teófilo, acerca de todas las cosas que Jesús comenzó a hacer y a enseñar.*

NOTA. La voz media de ἐποιησάμην implica algo del esfuerzo propio de Lucas en escribir su Evangelio. ἤρξατο es el aoristo voz media de ἄρχω.

Una excepción a este patrón la tiene el verbo καλέω, que al igual que en el tiempo futuro, no alarga la vocal. Este forma su aoristo indicativo activo como ἐκάλεσα.

IV. RECONOCIENDO FORMAS FUNDAMENTALES

Como hemos visto hasta ahora, hay formas verbales que no pueden predecirse a partir de otras. Estas se llaman "formas o partes fundamentales". En griego las encontramos solo en el modo indicativo. Estas son **presente, futuro, aoristo, perfecto activo, perfecto medio/pasivo** y **aoristo pasivo**. Hasta ahora hemos aprendido las tres primeras. Normalmente, los léxicos seguirán este orden al presentar los verbos. Así, por ejemplo, si busca ἀγαπάω en un léxico, notará que le sigue a la forma léxica la serie: ἀγαπήσω, ἠγάπησα, ἠγάπηκα, ἠγάπημαι, ἠγαπήθην. Esta serie sigue un orden específico que indica cómo será la conjugación de este verbo en el futuro, aoristo, perfecto activo, perfecto medio/pasivo y aoristo pasivo. Todas las demás formas verbales se desprenden de estas. Si observa, el uso de un buen léxico le puede ahorrar valioso tiempo en el reconocimiento del verbo.

Esta información le ayudará a identificar el tiempo de cualquier verbo, especialmente los que tienen formas irregulares. Por ejemplo: el verbo ἔρχομαι es deponente en el presente (con ἠρχόμην en el imperfecto), ἐλεύσομαι en el futuro, ἦλθον o ἦλθα en el aoristo y ἐλήλυθα en el perfecto (este tiempo verbal lo estudiaremos más adelante). Observe que tanto el aoristo como el perfecto, en este caso, tienen voz activa.

Vea el apéndice 4 para una lista detallada de los verbos y sus formas fundamentales.

V. ACTIVIDADES DE APRENDIZAJE

Día 1

1. Vuelva a leer detenidamente toda la información del capítulo 12.

2. Agregue a sus tarjetas las palabras del vocabulario nuevo de este capítulo. No olvide que parte de su estudio incluye repasar el vocabulario anterior.

3. A continuación encontrará en la segunda columna un verbo conjugado. Complete el cuadro añadiendo la forma léxica, el código verbal y la traducción necesaria.

Forma léxica	Forma verbal	T V M P N	Traducción
	ἐπίστευσαν		
	ἔσωσεν		
	ἐκάλεσαν		
	ἐπληρώσαμεν		
	ἐγράψατο		
	ἐποιήσαμεν		

Día 2

1. Estudie otra vez todo el vocabulario nuevo.
2. Estudie otra vez detenidamente las diferencias de la formación del aoristo.
3. Traduzca la siguiente oración en una hoja aparte. *Subraye todos los verbos y coloque código a cada uno antes de traducir.*

(Mr 1:20) καὶ εὐθὺς (*enseguida*) ἐκάλεσεν αὐτούς.

4. Escriba a continuación la conjugación en *AORISTO* del verbo πιστεύω.

VOZ ACTIVA		VOZ MEDIA	
Singular	Plural	Singular	Plural

Día 3

1. Traduzca las siguientes oraciones en una hoja aparte. *Subraye todos los verbos y coloque código a cada uno antes de traducir.*

(Jn 2:23) πολλοὶ (*muchos*) ἐπίστευσαν εἰς τὸ ὄνομα (*el nombre*) αὐτοῦ.

(Jn 17:4) ἐγώ σε ἐδόξασα ἐπὶ τῆς γῆς.

2. Escriba a continuación la conjugación en *AORISTO* del verbo πέμπω. Primero estudie de nuevo el punto III. B relacionado con verbos terminados en raíz muda.

VOZ ACTIVA		VOZ MEDIA	
Singular	Plural	Singular	Plural

3. Estudie de nuevo la sección III, C de este capítulo que trata los verbos que terminan en una consonante líquida (λ, μ, ν, ρ). Escriba a continuación la conjugación en *AORISTO* del verbo μένω.

VOZ ACTIVA		VOZ MEDIA	
Singular	Plural	Singular	Plural

Día 4

1. Traduzca las siguientes oraciones en una hoja aparte. *Subraye todos los verbos y coloque código a cada uno antes de traducir.*

(Mr 1:8) ἐγὼ ἐβάπτισα ὑμᾶς ὕδατι (*en/con agua*), αὐτὸς δὲ βαπτίσει ὑμᾶς ἐν πνεύματι ἁγίῳ.

(Hch 16:32) καὶ ἐλάλησαν αὐτῷ τὸν λόγον τοῦ κυρίου σὺν πᾶσιν (*todos*) τοῖς ἐν τῇ οἰκίᾳ αὐτοῦ.

2. Escriba a continuación la conjugación en *AORISTO* del verbo λαλέω.

VOZ ACTIVA		VOZ MEDIA	
Singular	Plural	Singular	Plural

Dia 5

1. Traduzca la siguiente oración en una hoja aparte. *Subraye todos los verbos y coloque código a cada uno antes de traducir.*

(Jn 17:18) καθὼς ἐμὲ ἀπέστειλας εἰς τὸν κόσμον, κἀγὼ ἀπέστειλα αὐτοὺς εἰς τὸν κόσμον.

2. Vuelva a estudiar el vocabulario de este capítulo.
3. Vuelva a repasar toda la información de este capítulo.
4. Revise todo su trabajo para confirmar que todo está correcto.

CAPÍTULO 13

(Verbos: aoristo segundo y pronombres relativos)

I. INTRODUCCIÓN. Para algunas personas, aprender griego es similar a comerse un elefante. Parece ser imposible. Por cierto, lo sería si uno tratara de hacerlo de un solo bocado. ¡Pero hasta un elefante se puede comer en su totalidad si uno lo come por pedacitos!

Ya que estudió el capítulo anterior del aoristo primero, este capítulo no será tan complicado. Por cierto, el dominio del aoristo añade mucho a la exégesis del Nuevo Testamento. Le animamos parafraseando la manera en que los líderes del pueblo animaron a Esdras: ¡anímese, esfuércese y ponga mano a la obra! (Esd 10:4).

En el capítulo 12 observamos el aoristo en su forma fundamental más frecuente. En esta lección estudiaremos la otra forma menos frecuente, pero no menos importante, el aoristo segundo.

Tanto en español como en griego, los pronombres ocupan una función importante en la oración. Los pronombres relativos se usan con mucha frecuencia. También veremos estos pronombres en esta lección.

II. CONJUGACIÓN REGULAR DEL AORISTO SEGUNDO

En el capítulo anterior aprendimos las formas del aoristo primero. Sin embargo, el aoristo no siempre sigue el mismo patrón. Existe un número reducido de verbos que tienen un comportamiento un poco diferente. Este patrón se conoce como aoristo segundo, o aoristo asigmático, pues en su formación no usan la σ característica del aoristo. La manera de traducir el aoristo al español no cambia en absoluto. Lo único que cambia es la forma en que estos verbos forman su aoristo.

Estos verbos suelen tener una raíz monosilábica, generalmente de dos o tres letras. En las voces activa y media, la raíz de aoristo de estos verbos sufre un cambio respecto a la raíz de presente. A veces ese cambio es leve, en otros es dramático. En lugar de usar la σ y las desinencias secundarias en α, estos, en su mayoría, usan después de la raíz de aoristo las desinencias secundarias en ο, al igual que el tiempo imperfecto.

aumento + raíz de aoristo segundo + desinencias
ϵ + βαλ + ον = ἔβαλον (del verbo βάλλω) eché

Vea a continuación la conjugación del verbo βάλλω, *echar*. Su raíz de aoristo cambia levemente de βαλλ- a βαλ-.

Voz Activa	
Singular	Plural
ἔβαλον, *yo eché*	ἐβάλομεν, *echamos*
ἔβαλες, *tú echaste*	ἐβάλετε, *echasteis*
ἔβαλε, él (ella) *echó*	ἔβαλον, *echaron*
Infinitivo: βαλεῖν, *echar*	

Voz Media	
Singular	Plural
ἐβάλομην, *me eché,*	ἐβαλόμεθα, *nos echamos*
ἐβάλου, *te echaste*	ἐβάλεσθε, *os echasteis*
ἐβάλετο, *se echó*	ἐβάλοντο, *se echaron*
Infinitivo: βαλέσθαι, *echarse*	

NOTA. Existe otra categoría de verbos cuya raíz termina en -μι (δίδωμι, τίθημι, etc.). La formación del aoristo de estos la observaremos más adelante en los capítulos 27 y 28.

Desinencias aoristo segundo activo indicativo	
- ον	- ομεν
- ες	- ετε
- ε	- ον

Desinencias aoristo segundo medio indicativo	
- ομην	- όμεθα
- ου	- εσθε
- ετο	- οντο

Antes de ver algunos ejemplos de textos bíblicos de verbos con aoristo segundo, aprenda algunos verbos que forman este tipo de aoristo.

III. VOCABULARIO

En esta lección, en lugar de aprender un vocabulario con palabras totalmente nuevas, nuestro enfoque será aprender las raíces de 12 verbos que siguen el patrón del aoristo segundo. Debe estudiar *detenidamente* la tercera columna de esta lista para que le ayude a reconocerlos más adelante. Existen otros cuantos verbos que tienen un aoristo segundo, pero los mencionados aquí son los más comunes del Nuevo Testamento.

RAÍCES DE AORISTO SEGUNDO[1]

VOCABULARIO 13				
Verbo presente	**Traducción**	**Aoristo**	**Raíz aoristo**	**Traducción**
ἀποθνῄσκω	*muero*	ἀπέθανον	θαν	*morí*
βάλλω	*arrojo, echo*	ἔβαλον	βαλ	*eché, arrojé*
γίνομαι	*soy, llego a ser*	ἐγένομην	γεν	*fui, llegué a ser*
ὁράω	*veo*	εἶδον	ἰδ	*vi*
λέγω	*digo*	εἶπον εἶπα*	εἰπ	*dije*
λαμβάνω	*tomo, recibo*	ἔλαβον	λαβ	*tomé, recibí*
παραλαμβάνω	*tomo, recibo*	παρέλαβον	λαβ	*tomé, recibí*
εὑρίσκω	*hallo, encuentro*	εὗρον	εὗρ	*hallé, encontré*
ἔχω	*tengo*	ἔσχον	σχ	*tuve*
ἐσθίω	*como*	ἔφαγον	φαγ	*comí*
ἔρχομαι	*vengo, voy*	ἦλθον	ἐλθ	*vine, fui*

*** a veces el aoristo de λέγω usa vocales de aoristo primero.**

IV. USO DEPONENTE/DEFECTIVO

Algunos verbos son deponentes o defectivos en aoristo. Eso quiere decir que carecen de voz activa y usarán ya sea la voz media o la pasiva para formar su aoristo. Afortunadamente son muy pocos casos. El más frecuente que encontrará es: πορεύομαι (*ir, caminar*). Este forma su aoristo con la forma pasiva: ἐπορεύθην. Otro verbo común es ἀποκρίνομαι (*contestar, responder*). Este forma su aoristo deponente de dos formas: una media: ἀπεκρινάμην; la otra pasiva: ἀπεκρίθην. En ambos casos se traduciría *contesté, respondí*.

1. Notará en la tabla algunos detalles: (1) el verbo ἀποθνῄσκω es un verbo compuesto de ἀπό y θνῄσκω. Por eso el aumento va antes de -θανον; (2) Lo mismo pasa con παραλαμβάνω. El aumento va antes de -λαβ; (3) ἦλθον es la forma más frecuente del aoristo segundo en el NT. ἔρχομαι es un verbo normal en aoristo, aunque es deponente en presente.

Ejemplo:

(Jn 6:26) 'Απεκρίθη αὐτοῖς ὁ 'Ιησοῦς καὶ εἶπεν· ἀμὴν ἀμὴν λέγω ὑμῖν, ζητεῖτέ με οὐχ ὅτι εἴδετε σημεῖα, ἀλλ' ὅτι ἐφάγετε ἐκ τῶν ἄρτων καὶ ἐχορτάσθητε. *Respondió a ellos Jesús y dijo: en verdad, en verdad os digo: me buscáis no porque visteis las señales, sino porque comisteis los panes y fuisteis saciados.*

V. PRONOMBRES RELATIVOS

Dejemos brevemente a un lado el estudio de formas verbales y veamos un pronombre que, al igual que en español, es abundante en griego, el pronombre relativo. Este aparece más de 1400 veces en el NT. En el capítulo 8 estudiamos pronombres personales y en el capítulo 9 estudiamos los demostrativos que funcionan como pronombres o adjetivos. En el capítulo 15 veremos los pronombres interrogativos e indefinidos. Aprenda las formas del pronombre relativo que se encuentran en la tabla a continuación, como parte de su vocabulario de esta lección.

El pronombre relativo, al igual que en español, se usa para conectar una cláusula subordinada a una cláusula principal. Como por ejemplo: "El niño entró en su casa, la cual está en la colina". Las formas del pronombre son: ὅς, ἥ, ὅ, *quien, cual, que.* Este pronombre prácticamente siempre coincidirá en género y número con su antecedente de la cláusula principal. El caso del pronombre relativo dependerá de su función en la oración subordinada.

Además, igual como vimos con los pronombres de tercera persona, cuando traducimos al español este pronombre con el artículo más el pronombre relativo "que, cual", tenemos que estar atentos al género del antecedente. En el ejemplo anterior, "El niño entró en su casa, la cual está en la colina", el pronombre "cual" va acompañado del artículo femenino singular "la" pues el antecedente del pronombre relativo es "casa", un sustantivo femenino. Veremos unos ejemplos en griego, pero antes observe la tabla de sus formas.

	Caso	Masc.	Fem.	Neut.	Traducción
singular	Nom.	ὅς	ἥ	ὅ	quien, el/la/lo que
	Gen.	οὗ	ἧς	οὗ	de quien, del/de la /de lo que
	Dat.	ᾧ	ᾗ	ᾧ	a/para quien, a/para el/la/lo que
	Acus.	ὅν	ἥν	ὅ	a quien, al/ a la/ a lo que
Plural	Nom.	οἵ	αἵ	ἅ	quienes, los/las/lo que
	Gen.	ὧν	ὧν	ὧν	de quienes, de los/las/lo que
	Dat.	οἷς	αἷς	οἷς	a/para quienes, a/para los/las/lo que
	Acus.	οὕς	ἅς	ἅ	a quienes a los/las/lo que

NOTA. La declinación de estos pronombres es igual a las terminaciones del pronombre αὐτός. Observe que cada forma lleva el espíritu áspero y un acento.

Muchas personas confunden las formas de este pronombre con las del artículo, pues se parecen. Por tanto, vale la pena memorizar estas formas al lado de las del artículo para evitar la confusión.

Ejemplos:

(Jn 4:50) ἐπίστευσεν ὁ ἄνθρωπος τῷ λόγῳ ὅν εἶπεν αὐτῷ ὁ Ἰησοῦς. *El hombre creyó la palabra que/la cual le dijo Jesús.* (Aquí traducimos "la cual", pues el antecedente o referente es femenino en español: "palabra". Observe que en griego es de género masculino.)

(Jn 6:63) τὰ ῥήματα ἃ ἐγὼ λελάληκα* ὑμῖν πνεῦμά ἐστιν καὶ ζωή ἐστιν. *Las palabras que/las cuales yo os hablo son espíritu y son vida.* (Aquí traducimos "las cuales", pues el antecedente o referente es femenino en español: "palabras". Observe que en griego es de género neutro. *Esta forma del verbo la aprenderemos en la lección 22.)

(1Jn 1:5) Καὶ ἔστιν αὕτη ἡ ἀγγελία ἣν ἀκηκόαμεν ἀπ' αὐτοῦ. *Y esta es la promesa, la cual hemos oído de él.* (Aquí traducimos "la cual", pues el antecedente es femenino en español: "la promesa". Aquí coincide que tanto en español como en griego el antecedente es femenino.)

VI. ACTIVIDADES DE APRENDIZAJE

Día 1

1. Agregue a sus tarjetas de vocabulario las nuevas palabras de este capítulo. No olvide que parte de su estudio incluye repasar el vocabulario anterior.

2. Estudie detenidamente el cuadro de raíces del aoristo segundo.

3. A continuación encontrará en la segunda columna un verbo conjugado. Complete el cuadro añadiendo la forma léxica, el código verbal y la traducción necesaria.

Forma léxica	Forma verbal	TVMPN	Traducción
	πιστεύσομεν		
	ἐβάλοντο		
	ἦλθε		
	βάλλομαι		
	ἔβαλε		
	εἶπαν		
	ἔφαγον		
	λαβεῖν		
	ἔγενου		
	γεννῶ		

Día 2

1. Escriba a continuación las conjugaciones en *PRESENTE, IMPERFECTO y AORISTO* del verbo ἐσθίω. (Si lo necesita, puede consultar el cuadro de formas fundamentales en el Apéndice).

PRESENTE INDICATIVO			
Voz activa		Voces media/pasiva	
Singular	Plural	Singular	Plural

IMPERFECTO INDICATIVO			
Voz activa		Voces media/pasiva	
Singular	Plural	Singular	Plural

AORISTO INDICATIVO			
Voz activa		Voz media	
Singular	Plural	Singular	Plural

2. Traduzca la siguiente oración en una hoja aparte. *No olvide subrayar los verbos y colocar un código a cada forma verbal antes de traducir.*

(Jn 1:14) καὶ ὁ λόγος σάρξ (*carne*) ἐγένετο καὶ ἐσκήνωσεν (σκηνόω: *morar, vivir*) ἐν ἡμῖν, καὶ ἐθεασάμεθα (θεάομαι: *observar, contemplar*) τὴν δόξαν αὐτοῦ, δόξαν ὡς μονογενοῦς (*unigénito*) παρὰ πατρός.

Día 3

1. Escriba a continuación las conjugaciones en *PRESENTE, IMPERFECTO y AORISTO* del verbo deponente ἔρχομαι (Si lo necesita, puede consultar el cuadro de formas fundamentales en el Apéndice).

PRESENTE INDICATIVO		IMPERFECTO INDICATIVO	
Singular	Plural	Singular	Plural

FUTURO INDICATIVO		AORISTO INDICATIVO	
Singular	Plural	Singular	Plural

2. Traduzca la siguiente oración en una hoja aparte. *No olvide subrayar los verbos y colocar un código a cada forma verbal antes de traducir.*

(Jn 1:17) ἡ χάρις (*gracia*) καὶ ἡ ἀλήθεία διὰ Ἰησοῦ Χριστοῦ ἐγένετο.

Día 4

1. Repase de nuevo el vocabulario de este capítulo (las raíces del aoristo segundo y el cuadro de los pronombres relativos).

2. Estudie detenidamente el cuadro de los pronombres relativos hasta estar seguro de poder reconocerlos en cualquier contexto.

3. Traduzca las siguientes oraciones en una hoja aparte. *No olvide subrayar los verbos y colocar un código a cada forma verbal antes de traducir.*

(Jn 3:26) καὶ ἦλθον πρὸς τὸν Ἰωάννην (*Juan*) καὶ εἶπαν αὐτῷ· ῥαββί, ὃς ἦν μετὰ σοῦ πέραν (*al otro lado*) τοῦ Ἰορδάνου...

(Jn 4:27) καὶ ἐπὶ τούτῳ ἦλθαν οἱ μαθηταὶ αὐτοῦ καὶ ἐθαύμαζον (θαυμάζω: *maravillarse*) ὅτι μετὰ γυναικὸς (*una mujer*) ἐλάλει.

Día 5

1. Repase de nuevo toda la información del capítulo 13.

2. Traduzca las siguientes oraciones en una hoja aparte. *No olvide subrayar los verbos y colocar un código a cada verbo antes de traducir.*

(Jn 2:22) καὶ ἐπίστευσαν τῇ γραφῇ καὶ τῷ λόγῳ ὃν εἶπεν ὁ Ἰησοῦς.

(1Jn 2:25) καὶ αὕτη ἐστὶν ἡ ἐπαγγελία ἣν αὐτὸς ἐπηγγείλατο (de ἐπαγγέλλομαι: *prometer*) ἡμῖν.

3. Revise bien toda esta tarea para estar seguro de tener las respuestas correctas.

CAPÍTULO 14

(Verbos: futuro y aoristo, voz pasiva)

I. INTRODUCCIÓN. Hemos visto en los capítulos anteriores que en los tiempos presente e imperfecto las voces media y pasiva llevan la misma terminación. En dicho caso, es el contexto el que nos ayuda a decidir la traducción correcta. Para los tiempos futuro y aoristo, en cambio, la voz pasiva lleva una terminación distinta a la de la voz media. Usualmente también cambia la raíz verbal. Por eso al aoristo pasivo se le llama la sexta parte fundamental del verbo. El futuro pasivo se forma a partir de la raíz del aoristo pasivo. En este capítulo veremos estos tiempos verbales en la voz pasiva.

II. NUEVO VOCABULARIO

VOCABULARIO 14	
195. αἰτέω: *pedir* (70)	203. θεωρέω: *ver, mirar* (58)
196. αἰών, αἰῶνος, ὁ: *era, eternidad* (122)	204. καιρός, ὁ: *tiempo* (85)
197. ἁμαρτωλός, ὁ: *pecador* (47)	205. κατοικέω: *vivir, habitar* (44)
198. διά: *a través de, por (gen.); por causa de (acus.)* (667)	206. λογίζομαι: *calcular, pensar* (40)
199. ἐκ (ἐξ): *de, de entre, por causa de (gen.)* (914)	207. λύω: *soltar, desatar* (42)
200. ἐπί: *en, sobre (gen.), con (dat.), sobre, contra (ac.)* (890)	208. ὅς, ἥ, ὅ: *quien, el/la/lo que* (1406)
	209. ὀφθαλμός, ὁ: *ojo* (100)
201. ἐπερωτάω: *preguntar* (56)	210. τιμή, ἡ: *honor, respeto* (41)
202. ἐργάζομαι: *trabajar* (41)	211. φωνέω: *llamar* (43)

III. FORMA DEL AORISTO VOZ PASIVA

El aoristo pasivo es la sexta parte fundamental. El futuro pasivo se forma a partir de la raíz del aoristo pasivo. A esta raíz, en el aoristo, se le agrega el tema del aoristo pasivo, θη. En algunos casos, se omite la θ y solo se usa la η.

A. El patrón básico de la voz pasiva del tiempo aoristo

El aoristo pasivo usa las desinencias secundarias. Se añaden directamente al tema del aoristo pasivo sin la vocal temática. El aoristo infinitivo pasivo, igual que las voces activa y media, no lleva aumento. Estudie el patrón a continuación:

aumento + raíz de aoristo pasivo + tema de aoristo pasivo + desinencias
ἐ + πιστευ + θη + ν = ἐπιστεύθην *fui creído*

	verbo conjugado	componentes
singular	ἐλύθην, *fui soltado*	ἐ-λύ-θη-ν
	ἐλύθης, *fuiste soltado*	ἐ-λύ-θη-ς,
	ἐλύθη, *fue soltado*	ἐ-λύ-θη
Plural	ἐλύθημεν, *fuimos soltados*	ἐ-λύ-θη-μεν
	ἐλύθητε, *fuisteis soltados*	ἐ-λύ-θη-τε
	ἐλύθησαν, *fueron soltados*	ἐ-λύ-θη-σαν
Infinitivo: λυθῆναι, *ser soltado*		λυ-θῆ-ναι

Como se mencionó, uno que otro verbo formará su aoristo pasivo sin la θ, solo la η. Por ejemplo, el aoristo pasivo de γράφω es ἐγράφην, ἐγράφης, etc. Su infinitivo aoristo pasivo es γραφῆναι.

Desinencias Aoristo Pasivo Indicativo	
- ν	- μεν
- ς	- τε
-	- σαν

B. El aoristo pasivo de verbos con raíz muda. La formación de la voz pasiva de estos verbos también sigue el patrón ya establecido en el capítulo anterior. Recuerde que la sigma (σ) tiene que juntarse con la consonante que termina la raíz (ejemplo, la π de βλέπω) y con la consonante θ que comienza la señal de aoristo pasivo. Al hacer esta unión, sucede algo "similar" a lo que ocurrió con las voces activa y media. Con el verbo βλέπω, es necesario colocarle el aumento y, luego, la π delante de la θ (de θη) se convierte en φ. De esta manera, el A P I 1 S de este verbo se hace ἐβλέφθην. Consulte este mismo procedimiento mencionado arriba en la formación del futuro pasivo.

C. El aoristo pasivo de verbos líquidos. Al formar su aoristo pasivo, los verbos líquidos suelen cambiar levemente su raíz, agregan la θη y las desinencias secundarias. Por ejemplo, el verbo κρίνω pierde la ν, ἐκρίθην; el verbo ἐγείρω cambia el diptongo, ἠγέρθην.

D. El aoristo pasivo de verbos "contractos". La formación del aoristo pasivo en los verbos contractos sigue una combinación de reglas que ya hemos aprendido. Ejemplo con el verbo λαλέω: (1) a la raíz λαλϵ se le coloca primero el aumento ϵ- (ἐ-λαλϵ-), (2) se alarga la última vocal de la raíz antes de añadir la marca de aoristo pasivo (ἐ-λάλη-θη-ν). Para un verbo contracto como ἀγαπάω, que comienza con una vocal, esta se alarga al unírsele el aumento. El aoristo pasivo indicativo queda como ἠγαπήθην.

Ejemplos del aoristo pasivo:

(Mt 2:18a) φωνὴ ἐν Ῥαμὰ ἠκούσθη. *Una voz fue oída en Ramá.*

(Lc 4:4) καὶ ἀπεκρίθη πρὸς αὐτὸν ὁ Ἰησοῦς. *Y Jesús le respondió.*

(Jn 21:14) τοῦτο ἤδη τρίτον ἐφανερώθη Ἰησοῦς τοῖς μαθηταῖς. *Esta ya fue la tercera vez que Jesús fue manifestado a sus discípulos.*

En los ejemplos anteriores puede ver que, en el primer caso, ἠκούσθη es la voz pasiva de un verbo regular en aoristo (ἀκούω, ἤκουσα), por eso mantiene su sentido normal de voz pasiva. Su análisis de forma verbal sería A P I 3 S. En cambio, en el segundo ejemplo, ἀπεκρίθη es la forma de un verbo deponente en aoristo (ἀποκρίνομαι, ἀπεκρίθην). Por eso, aunque es forma pasiva, se debe traducir con sentido de voz activa. Su análisis de forma verbal sería A P/D I 3 S.

IV. FORMA FUNDAMENTAL DEL FUTURO VOZ PASIVA

A. La forma básica de la voz pasiva del tiempo futuro. Como ya mencionamos en la lección anterior, las formas fundamentales no se pueden predecir a partir de otras. Por ejemplo, no sabemos *a priori* la forma futura de un verbo si solo tenemos su forma presente. Por eso es necesario mirar en tablas de verbos cada parte fundamental. La forma del futuro pasivo se deriva de la de aoristo pasivo. Al formar el tiempo futuro pasivo, a la raíz de aoristo pasivo se le añade una "θησ" y las terminaciones primarias de la voz pasiva.

raíz de aoristo pasivo + tema de futuro pasivo + desinencias
πιστευ + θησ + εται = πιστευθήσεται *será creído*

Vea la conjugación típica de futuro pasivo:

	Verbo conjugado	componentes
Singular	λυθήσομαι, *seré soltado*	λυ-θήσ-ομαι
	λυθήσῃ, *serás soltado*	λυ-θήσ-ῃ
	λυθήσεται, *será soltado*	λυ-θήσ-εται

Plural	λυθησόμεθα, *seremos soltados*	λυ-θησ-όμεθα
	λυθήσεσθε, *seréis soltados*	λυ-θήσ-εσθε
	λυθήσονται, *serán soltados*	λυ-θήσ-ονται

Desinencias Futuro Pasivo Indicativo	
- ομαι	- όμεθα
- ῃ	- εσθε
- εται	- ονται

B. Verbos de raíz muda. La formación de la voz pasiva de estos verbos también sigue el patrón ya establecido. Recuerde que la θ se une a la consonante que termina la raíz (ejemplo, la π de βλέπω). Al hacer esta unión, sucede algo "similar" a lo que ocurrió con las voces activa y media. Con el verbo βλέπω, la π delante de la θ (de θησ) se convierte en φ. De esta manera, el F P I 1 S de este verbo se hace βλεφθήσομαι.

Consulte el cuadro a continuación:

Cambios consonantales con θ
1. Mudas <u>labiales</u> (π, β, φ delante de θ se convierte en φ) (πέμπω [raíz πεμπ-], F P I 1 S = πεμφθήσομαι)
2. Mudas <u>palatales</u> (κ, γ, χ delante de θ se combinan con ella en χ) (συνάγω [raíz συναγ-], F P I 1 S = συναχθήσομαι)
3. Mudas <u>dentales</u> (ζ, τ, δ, θ se hacen σ) (πείθω [raíz πειθ-], F P I 1 S = πεισθήσομαι)
Excepciones: * σῴζω que pierde la σ (σωθήσεται para el futuro y ἐσώθη para el aoristo) * ἀκούω añade una σ (ἀκουσθήσεται para el futuro y ἠκούσθη para el aoristo)

C. Verbos líquidos. Hay pocos verbos líquidos con futuro pasivo. En general siguen el mismo patrón observado. Cambian levemente su raíz, añaden el tema de futuro pasivo y las desinencias respectivas. Por ejemplo, el futuro pasivo del verbo ἐγείρω es ἐγερθήσομαι.

D. Verbos contractos. La formación del futuro pasivo de verbos contractos también sigue una combinación de las reglas mencionadas anteriormente para el aoristo. Por ejemplo, el futuro pasivo de δικαιόω es δικαιωθήσομαι.

Ejemplos del futuro pasivo:

(Mt 5:4) μακάριοι οἱ πενθοῦντες, ὅτι αὐτοὶ παρακληθήσονται. *Dichosos los que sufren, pues ellos serán consolados.*

(Mt 17:23) καὶ ἀποκτενοῦσιν αὐτόν, καὶ τῇ τρίτῃ ἡμέρᾳ ἐγερθήσεται. *Y lo matarán y al tercer día será levantado.*

(Hch 11:16) ὑμεῖς δὲ βαπτισθήσεσθε ἐν πνεύματι ἁγίῳ.
Pero vosotros seréis bautizados con/por el Espíritu Santo.

NOTA FINAL. Estas secciones tienen mucho en común. Estudie detenidamente los distintos patrones presentados para ver sus similitudes. El aoristo y el futuro pasivo son fácilmente identificables. Normalmente detectaremos la presencia de θη para el aoristo, y de θησ para el futuro pasivo. Por otro lado, el futuro pasivo no es una forma muy frecuente. Solo aparece 290 veces en el Nuevo Testamento.

V. ACTIVIDADES DE APRENDIZAJE

Día 1

1. Vuelva a leer detenidamente toda la información del capítulo 13.

2. Agregue a sus tarjetas las palabras del vocabulario nuevo de este capítulo. No olvide que parte de su estudio incluye repasar el vocabulario anterior.

3. A continuación encontrará en la segunda columna un verbo conjugado. Complete el cuadro añadiendo la forma léxica, el código verbal y la traducción necesaria.

Forma léxica	Forma verbal	T V M P N	Traducción
	ἐλύθην		
	λυθήσομαι		
	βλέψεις		
	ἐβλέψαμεν		
	ἐπέμφθητε		
	ποιηθήσονται		
	ἀποκρίνομαι		
	ἀπεκρίθην		

Día 2

1. Estudie otra vez todo el vocabulario nuevo.

2. Estudie otra vez detenidamente las diferencias de la formación de la voz pasiva del aoristo y del futuro.

3. Traduzca la siguiente oración en una hoja aparte. *Subraye todos los verbos y coloque código a cada uno antes de traducir.*

(Jn 1:49) ἀπεκρίθη αὐτῷ Ναθαναήλ· ῥαββι, σὺ εἶ ὁ υἱός τοῦ θεοῦ, σὺ βασιλεὺς (*rey*) εἶ τοῦ Ἰσραήλ.

4. Escriba a continuación la conjugación en *AORISTO* y el *FUTURO PASIVO* del verbo πιστεύω.

AORISTO VOZ PASIVA		FUTURO VOZ PASIVA	
Singular	Plural	Singular	Plural

Día 3

1. Escriba a continuación la conjugación en *AORISTO* y el *FUTURO PASIVO* del verbo πέμπω.

AORISTO VOZ PASIVA		FUTURO VOZ PASIVA	
Singular	Plural	Singular	Plural

2. Traduzca las siguientes oraciones en una hoja aparte. *Subraye todos los verbos y coloque código a cada uno antes de traducir.*

(Stg 2:21) Ἀβραὰμ ὁ πατὴρ (*padre*) ἡμῶν οὐκ ἐξ ἔργων ἐδικαιώθη ἀνενέγκας (*cuando ofreció*) Ἰσαὰκ τὸν υἱὸν αὐτοῦ ἐπὶ τὸ θυσιαστήριον (*altar*);

(Jn 14:21) ὁ ἀγαπῶν (*el que ama*) με ἀγαπηθήσεται ὑπὸ τοῦ πατρὸς (*padre*) μου.

Día 4

1. Escriba a continuación la conjugación en *AORISTO* y el *FUTURO PASIVO* del verbo δικαιόω.

AORISTO VOZ PASIVA		FUTURO VOZ PASIVA	
Singular	Plural	Singular	Plural

2. Traduzca la siguiente oración en una hoja aparte. *Subraye todos los verbos y coloque código a cada uno antes de traducir.*

(Mr 2:2) καὶ συνήχθησαν πολλοὶ (*muchos*)... καὶ ἐλάλει αὐτοῖς τὸν λόγον.

Día 5

1. Traduzca la siguiente oración en una hoja aparte. *Subraye todos los verbos y coloque código a cada uno antes de traducir.*

(Jn 14:26) ὁ δὲ παράκλητος, τὸ πνεῦμα τὸ ἅγιον, ὃ (*quien*) πέμψει ὁ πατὴρ ἐν τῷ ὀνόματί (*nombre*) μου, ἐκεῖνος ὑμᾶς διδάξει πάντα καὶ ὑπομνήσει (ὑπομιμνῄσκω: *hago recordar*) ὑμᾶς πάντα ἃ (*las cosas que*) εἶπον ὑμῖν ἐγώ.

2. Vuelva a estudiar el vocabulario de este capítulo.
3. Vuelva a repasar toda la información de este capítulo.
4. Revise todo su trabajo para confirmar que todo está correcto.

CAPÍTULO 15

(Otros pronombres, números y adjetivos; discurso indirecto)

I. INTRODUCCIÓN. ¿Cómo le va? ¿Se siente animado o frustrado? ¿Está contento con todo lo que ha aprendido hasta este punto del curso? Aunque hay mucho todavía por aprender, debe sentirse muy contento con la gran cantidad de gramática griega que ya ha aprendido. ¡Anímese! Con esta lección habrá completado la primera mitad del curso. Ya puede pronunciar las palabras del Nuevo Testamento griego y hay un gran número de pasajes que puede leer y entender.

Al ser fiel en sus tareas y repasos personales de la materia, usted logrará poco a poco dominar cada área del idioma. Uno no se hace experto en otro idioma de un día para otro. Por el contrario, cuando uno aprende un idioma como adulto, le toma más tiempo asimilarlo. Lo que se requiere es diligencia, determinación y práctica.

Esta lección introduce nuevos pronombres y adjetivos bien comunes en el griego del Nuevo Testamento. Nos centraremos especialmente en las palabras τίς y πᾶς.

II. VOCABULARIO. A continuación usted encontrará nuevo vocabulario para aprender. Estúdielo detenidamente.

VOCABULARIO 15	
212. δεύτερος, -α, -ον: *segundo* (43)	221. πέντε: *cinco* (38)
213. δύο: *dos* (135)	222. πρῶτος,-η,-ον: *primero* (155)
214. δώδεκα: *doce* (75)	223. τέσσαρες, τέσσαρα: *cuatro* (41)
215. εἷς, μία, ἕν: *uno* (344)	224. τις, τι: *alguien, alguno, algo* (543)
216. ἔξω: *fuera, sin* (63)	
217. ἑπτά: *siete* (88)	225. τίς, τί: *¿quién?, ¿qué?*(546)
218. μηδείς, μηδεμία, μηδέν: *nadie, ninguno* (90)	226. τρεῖς, τρία: *tres* (68)
	227. τρίτος, -η, -ον: *tercero* (56)
219. οὐδείς, οὐδεμία, οὐδέν: *nadie, ninguno* (234)	228. κατά: *según, de acuerdo a (ac.); contra, por (gen.)* (473)
220. πᾶς, πᾶσα, πᾶν: *todo* (1243)	

III. LOS INTERROGATIVOS Y LOS INDEFINIDOS

Hasta ahora habíamos aprendido los pronombres, sustantivos y adjetivos de la primera y segunda declinación. Ahora aprenderemos pronombres/adjetivos que pertenecen a la tercera declinación. Más adelante veremos detalles sobre esta declinación. Por el momento ponga atención al siguiente cuadro:

Interrogativos τίς, τί: ¿quién?, ¿qué?

	Singular		Plural	
	Masc. y Fem.	Neutro	Masc. y Fem.	Neutro
Nom.	τίς	τί	τίνες	τίνα
Gen.	τίνος	τίνος	τίνων	τίνων
Dat.	τίνι	τίνι	τίσι(ν)	τίσι(ν)
Ac.	τίνα	τί	τίνας	τίνα

a. Una característica de la tercera declinación, que veremos más adelante, es que masculino y femenino usan la misma declinación.
b. Las formas nominativa y acusativa del género neutro de este pronombre son iguales, tanto en singular como en plural.
c. Masculino, femenino y neutro usan la misma forma para genitivo y la misma para dativo.

Este pronombre se usa normalmente en las preguntas directas, aunque en ocasiones también se usa en las indirectas. Estudie los siguientes ejemplos.

(Jn 1:21a) καὶ ἠρώτησαν αὐτὸν· <u>τί</u> οὖν; σὺ Ἠλίας εἶ; *Y le preguntaron: "¿Pues <u>qué</u>? ¿Eres tú Elías?"*

(Mt 10:11b) ἐξετάσατε <u>τίς</u> ἐν αὐτῇ ἄξιός ἐστιν. *Averiguad <u>quién</u> en ella es digno.*

En el acusativo neutro τί frecuentemente sirve de interrogativo en el sentido de ¿por qué?

(Mr 10:18b) <u>τί</u> με λέγεις ἀγαθόν; *¿<u>Por qué</u> me llamas bueno?*

Indefinidos τις, τι: alguien, alguno, algo, cierto

	Singular		Plural	
	Masc. y Fem.	Neut.	Masc. y Fem.	Neut.
Nom.	τις	τι	τινες	τινα
Gen.	τινος	τινος	τινῶν	τινῶν

Dat.	τινι	τινι	τισι(ν)	τισι(ν)
Ac.	τινα	τι	τινας	τινα

Observe que el indefinido se declina como el interrogativo. La diferencia es que este pronombre normalmente no se tilda.[1]

Ejemplos:

(2Co 13:8) οὐ γὰρ δυνάμεθά τι κατὰ τῆς ἀληθείας ἀλλὰ ὑπὲρ τῆς ἀληθείας. *Porque nada podemos hacer contra la verdad, sino a favor de la verdad* (aquí οὐ + τι = no + algo = nada).

(Mt 9:3) καὶ ἰδού τινες τῶν γραμματέων εἶπαν ἐν ἑαυτοῖς· οὗτος βλασφημεῖ. *Y he aquí que algunos de los escribas dijeron entre sí: este blasfema.*

IV. EL ADJETIVO/PRONOMBRE πᾶς

Un adjetivo/pronombre común que sigue la tercera declinación en el masculino y neutro es πᾶς, "todo". Sin embargo, este sigue la primera declinación en el femenino. Al igual que en español, πᾶς funciona como adjetivo si califica a algún sustantivo o palabra o frase sustantivada. De lo contrario, funciona como pronombre. La siguiente tabla presenta su declinación:

	Singular			**Plural**		
	Masc	Fem	Neutro	Masc	Fem	Neutro
Nom.	πᾶς	πᾶσα	πᾶν	πάντες	πᾶσαι	πάντα
Gen.	παντός	πάσης	παντός	παντῶν	πασῶν	πάντων
Dat.	παντί	πάσῃ	παντί	πᾶσι	πάσαις	πᾶσι(ν)
Ac.	πάντα	πᾶσαν	πᾶν	πάντας	πάσας	πάντα

Ejemplos:

(Jn 1:16) ὅτι ἐκ τοῦ πληρώματος αὐτοῦ ἡμεῖς πάντες ἐλάβομεν καὶ χάριν ἀντὶ χάριτος. *Porque de la plenitud de él todos nosotros recibimos y gracia sobre gracia.*

(Jn 3:35) ὁ πατὴρ ἀγαπᾷ τὸν υἱὸν καὶ πάντα δέδωκεν ἐν τῇ χειρὶ αὐτοῦ. *El padre ama al hijo y todas las cosas ha dado en su mano.*

NOTA. ἅπας, ἅπασα, ἅπαν (34) son formas reforzadas de πᾶς, πᾶσα, πᾶν. Tienen el mismo significado.

1. Hay unas poquitas ocasiones en el NT donde este pronombre aparece tildado en la última sílaba (29 de las 394 veces en que aparece).

V. NÚMEROS

A. Los números cardinales

Una parte importante de cualquier idioma son los números. Los números cardinales son indeclinables, con la excepción de los cuatro primeros y desde διακόσιοι, *doscientos*, en adelante. Los primeros cuatro se declinan así:

	εἷς, μία, ἕν = uno, una			**δύο = dos**
	Masc.	Fem.	Neut.	Masc./Fem./Neut.
Nom.	εἷς	μία	ἕν	δύο
Gen.	ἑνός	μιᾶς	ἑνός	δύο
Dat.	ἑνί	μιᾷ	ἑνί	δυσί
Ac.	ἕνα	μίαν	ἕν	δύο

	τρεῖς, τρία = tres		**τέσσαρες, τέσσαρα = cuatro**	
	Masc./ Fem.	Neut.	Masc./ Fem.	Neut.
Nom.	τρεῖς	τρία	τέσσαρες	τέσσαρα
Gen.	τριῶν	τρῖων	τεσσάρων	τεσσάρων
Dat.	τρισί	τρισί	τέσσαρσι	τέσσαρσι
Ac.	τρεῖς	τρία	τέσσαρας	τέσσαρα

B. Los numerales múltiples

Entre los numerales múltiples que se hallan en el Nuevo Testamento, encontramos los siguientes:

δίς: *dos veces;* τρίς: *tres veces;* πεντάκις: *cinco veces;*

ἑπτάκις: *siete veces;* πολλάκις: *muchas veces.*

C. Los ordinales

Los números ordinales πρῶτος, δεύτερος, τρίτος (consulte el vocabulario) llevan las terminaciones de los adjetivos de la primera y segunda declinación.

Ejemplos de números:

(Hch 17:26) ἐποίησέν τε ἐξ ἑνὸς πᾶν ἔθνος ἀνθρώπων κατοικεῖν ἐπὶ παντὸς προσώπου τῆς γῆς. *E hizo de uno toda nación de seres humanos para que habiten sobre toda la faz de la tierra.*

(Mt 6:24) Οὐδεὶς δύναται δυσὶ κυρίοις δουλεύειν· ἢ γὰρ τὸν ἕνα μισήσει καὶ τὸν ἕτερον ἀγαπήσει. *Nadie puede servir a dos señores; porque aborrecerá al uno y amará al otro.*

(Mr 14:58) Ἐγὼ καταλύσω τὸν ναὸν τοῦτον ... καὶ διὰ τριῶν ἡμερῶν ἄλλον ... οἰκοδομήσω. *Yo destruiré este templo y en tres días edificaré otro.*

(Mt 18:21-22) ὁ Πέτρος εἶπεν αὐτῷ· κύριε, ποσάκις ἁμαρτήσει εἰς ἐμὲ ὁ ἀδελφός μου καὶ ἀφήσω αὐτῷ; ἕως ἑπτάκις; λέγει αὐτῷ ὁ Ἰησοῦς· οὐ λέγω σοι ἕως ἑπτάκις ἀλλὰ ἕως ἑβδομηκοντάκις ἑπτά. *Pedro le dijo: "Señor, ¿cuántas veces mi hermano pecará contra mí y le perdonaré? ¿Hasta siete veces?". Jesús le dijo: "No te digo hasta siete veces sino hasta setenta veces siete".*

(Mr 12:20-21) ἑπτὰ ἀδελφοὶ ἦσαν· καὶ ὁ πρῶτος ἔλαβεν γυναῖκα καὶ ἀποθνῄσκων οὐκ ἀφῆκεν σπέρμα· καὶ ὁ δεύτερος ἔλαβεν αὐτὴν καὶ ἀπέθανεν μὴ καταβαλὼν σπέρμα· καὶ ὁ τρίτος ὡσαύτως. *Había siete hermanos y el primer tomó una esposa y al morir no dejó descendencia; y el segundo la tomó y murió sin echar descendencia; y asimismo el tercer.*

VI. INDEFINIDOS

El adjetivo/pronombre indefinido οὐδείς, *nadie, ninguno*, sigue la declinación de εἷς. Al igual que en español, funciona como adjetivo si califica a algún sustantivo, palabra o frase sustantivada. De lo contrario, actúa como pronombre.

	Masculino	Femenino	Neutro
Nom.	οὐδείς	οὐδεμία	οὐδέν
Gen.	οὐδενός	οὐδεμιᾶς	οὐδενός
Dat.	οὐδενί	οὐδεμιᾷ	οὐδενί
Ac.	οὐδένα	οὐδεμίαν	οὐδέν

Ejemplos:

(Jn 7:13) οὐδεὶς μέντοι παρρησίᾳ ἐλάλει περὶ αὐτοῦ διὰ τὸν φόβον τῶν Ἰουδαίων. *Sin embargo, nadie abiertamente hablaba de él por causa del miedo de los judíos.*

(1Jn 1:5) ὁ θεὸς φῶς ἐστιν καὶ σκοτία ἐν αὐτῷ οὐκ ἔστιν οὐδεμία. *Dios es luz y en él no hay ninguna oscuridad.*

VII. DISCURSO INDIRECTO

El *discurso directo* se usa para representar lo que alguien ha dicho usando la gramática del discurso original. Para indicarlo, en español se usa comillas. Por ejemplo: *El hombre me dijo ayer: "Yo vengo mañana"*.

Sin embargo, es posible comunicar la idea de lo que la persona dijo sin citarla directamente. Esto se llama *discurso indirecto*. Es un reporte del discurso de otra persona puesto dentro de la gramática de la persona que da el resumen o reporte en sus propias palabras. Para indicarlo, en español no se usan comillas, sino la conjunción *que*. Por ejemplo: *El hombre me dijo ayer que él iba a venir hoy*. Observe cómo cambió la gramática en español entre el discurso directo (primera persona y tiempo presente) y el discurso indirecto (tercera persona y tiempo pasado).

En griego ocurre lo mismo con el cambio de persona (pero no siempre con el cambio de tiempo, lo que se mantiene es el aspecto verbal). La conjunción ὅτι se usa tanto para el discurso directo (traducido como dos puntos en español) como para el discurso indirecto (traducido como *que*). Reconocer el discurso directo e indirecto en griego es cuestión de observar los detalles de la gramática del contenido del discurso. En cursos de griego avanzado volverá a esos detalles.

Ejemplos:

A. Declaraciones indirectas. Después de verbos como *decir, ver, saber* y otros afines:

σὺ λέγει ὅτι βασιλεὺς εἰμί. *Tú dices que soy rey.*

B. Preguntas indirectas:

ἠρώτησαν τί φάγωσι. *Preguntaron qué comerían.*

C. Mandamientos indirectos:

τῷ Παύλῳ ἔλεγον διὰ τοῦ πνεύματος μὴ ἀναβαίνειν εἰς Ἰεροσόλυμα. *Decían a Pablo por el Espíritu que no subiese a Jerusalén.*

VIII. ACTIVIDADES DE APRENDIZAJE

Día 1

1. Las palabras en la lista de este capítulo se usan con mucha frecuencia en el Nuevo Testamento. Agréguelas a sus tarjetas de vocabulario y estúdielas detenidamente para distinguir entre ellas.

2. Vuelva a leer detenidamente todo el capítulo 15.

3. Escriba una definición de los siguientes términos gramaticales (puede consultar también los capítulos 8 y 9 o un diccionario).

Artículo: ____

____

Pronombre relativo: _____________________________________

____

Pronombre personal: ______________________________

____

4. Traduzca la siguiente cita bíblica en una hoja aparte. *No olvide subrayar los verbos y colocar un código a cada verbo antes de traducir.*

(Ef 4:5-6) εἷς κύριος, μία πίστις, ἓν βάπτισμα, εἷς θεὸς καὶ πατὴρ πάντων, ὁ ἐπὶ πάντων καὶ διὰ πάντων καὶ ἐν πᾶσιν.

Día 2

1. Escriba una definición de los siguientes términos gramaticales (puede consultar también los capítulos 8 y 9 y un diccionario).

Pronombre interrogativo: ______________________________

____

Pronombre indefinido: ______________________________

____

Pronombre demostrativo: ______________________________

____

2. Vuelva a estudiar el vocabulario de esta lección. Estudie detenidamente la diferencia entre los interrogativos y los indefinidos. ¿Cuál es la diferencia que mayormente los distingue?

____

3. Traduzca la siguiente cita bíblica en una hoja aparte. *No olvide subrayar los verbos y colocar un código a cada verbo antes de traducir.*

(Jn 2:1) Καὶ τῇ ἡμέρᾳ τῇ τρίτῃ γάμος (*boda*) ἐγένετο ἐν Κανὰ τῆς Γαλιλαίας, καὶ ἦν ἡ μήτηρ (*madre*) τοῦ Ἰησοῦ ἐκεῖ (*allí*).

Día 3

1. Escriba una definición de los siguientes términos gramaticales (puede consultar también otras secciones del libro de texto o un diccionario).

Adjetivo: ______________________________

____

Número: ______________________________

____

Preposición: ____

____

2. Vuelva a estudiar detenidamente la sección IV del capítulo 15 que trata la declinación y el uso de la palabra πᾶς, la sección V que trata los números cardinales, los múltiples y los ordinales, y la sección VI de los indefinidos.

3. En el cuadro a continuación encontrará distintas categorías de palabras que ya están declinadas. Arriba del cuadro encontrará distintas categorías de las palabras que aparecen en el cuadro. En el espacio a la izquierda de cada palabra identifíquela según su categoría específica. Escoja entre las siguientes respuestas:

a. artículo	d. pronombre relativo	g. indefinido
b. pronombre personal	e. interrogativo	h. demostrativo
c. adjetivo	f. número	i. preposición

1. ___a___ ἡ	8. _________ αὐτῶν	15. _________ αὐτή
2. _________ ἥ	9. _________ ὁ	16. _________ αὕτη
3. _________ οἱ	10. _________ ὅ	17. _________ αἱ
4. _________ οἵ	11. _________ σέ	18. _________ αἵ
5. _________ ἕν	12. _________ τίνα	19. _________ τί
6. _________ ἐν	13. _________ τινα	20. _________ πᾶσαι
7. _________ τι	14. _________ ὧν	21. _________ μιᾶς

Día 4

1. Estudie detenidamente la sección VII del capítulo 15. Escriba a continuación la diferencia entre las dos clases de discurso mencionadas.

Discurso directo: ____________________________________

Discurso indirecto: __________________________________

2. ¿Cuáles son las tres clases mencionadas de discurso indirecto?

a. ____

b. ____

c. ____

3. Traduzca las siguientes citas bíblicas en una hoja aparte. *No olvide subrayar los verbos y colocar un código a cada verbo antes de traducir.*

(Lc 5:21b) Τίς ἐστιν οὗτος ὃς λαλεῖ βλασφημίας (*blasfemias*); τίς δύναται ἁμαρτίας ἀφεῖναι (*perdonar*) εἰ μὴ μὸνος (*solo, únicamente*) θεός;

(Jn 3:2) οὐδεὶς γὰρ δύναται ταῦτα τὰ σημεῖα ποιεῖν ἃ σὺ ποιεῖς.

Día 5

1. Vuelva a repasar el vocabulario y la información del capítulo 15.
2. Traduzca las siguientes citas bíblicas en una hoja aparte. *No olvide subrayar los verbos y colocar un código a cada verbo antes de traducir.*

(Jn 8:15) ὑμεῖς κατὰ τὴν σάρκα (*carne*) κρίνετε, ἐγὼ οὐ κρίνω οὐδένα.

(Lc 18:2) κριτής (*juez*) τις ἦν ἐν τινι πόλει (*ciudad*)...

3. Revise todo su trabajo para confirmar que todo está correcto.

VOCABULARIO ACUMULADO CAPÍTULOS 11-15

(un total de 65 palabras)

Hasta ahora hemos aprendido 228 palabras desde el vocabulario 1. Estas aparecen 105.966 veces. Eso equivale al 76,7% del texto del NT. ¡¡Ánimo!! Repase todas las palabras vistas hasta aquí. Para un buen dominio de cualquier idioma hay que mantener fresco el vocabulario.

Verbos	
αἰτέω: *pedir* (70)	θεραπεύω: *curar, sanar* (43)
ἁμαρτάνω: pecar (43)	θεωρέω: *ver, mirar* (58)
ἀνοίγω: abrir (77)	καθίζω: *sentarse, convocar* (46)
ἀποκτείνω: *matar* (74)	κατοικέω: *vivir, habitar* (44)
δέχομαι: *recibir, aceptar* (56)	λογίζομαι: *calcular, pensar* (40)
δέω: *atar, sujetar* (145)	λύω: *soltar, desatar* (42)
διώκω: *perseguir* (62)	πείθω: *persuadir* (52)
δοκέω: *pensar, parecer* (77)	πέμπω: *enviar* (79)
ἐγγίζω: *acercarse* (42)	πίνω: *beber* (73)
ἐπερωτάω: *preguntar, pedir* (56)	προσφέρω: *ofrecer* (47)
ἐργάζομαι: *trabajar* (41)	προσκυνέω: *adorar* (60)
εὐαγγελίζω: *anunciar buenas nuevas* (54)	σπείρω: *sembrar* (52)
	τηρέω: *observar, guardar* (70)

εὐλογέω: *bendecir* (42)	φέρω: *llevar, producir* (66)
θαυμάζω: *maravillarse, asombrarse* (43)	φωνέω: *llamar* (43)
	χαίρω: *alegrarse, gozar* (74)
Sustantivos	
αἰών, ὁ: *era, eternidad* (122)	λίθος, ὁ: *piedra* (105)
ἁμαρτωλός, ὁ: *pecador* (47)	ὀφθαλμός, ὁ: *ojo* (100)
καιρός, ὁ: *tiempo* (85)	τιμή, ἡ: *honor, respeto* (41)
καρπός, ὁ: *fruto, cosecha* (67)	
Adjetivos	
πᾶς, πᾶσα, πᾶν: *todo* (1243)	
Adjetivos numerales	
δύο: *dos* (135)	πέντε: *cinco* (38)
δεύτερος, -α, -ον: *segundo* (43)	πρῶτος, -η, -ον: *primero* (155)
δώδεκα: *doce* (75)	τέσσαρες, τέσσαρα: *cuatro* (41)
εἷς, μία, ἕν: *uno* (334)	τρεῖς, τρία: *tres* (68)
ἑπτά: *siete* (88)	τρίτος, -η, -ον: *tercero* (56)
Adverbios	
ἔξω: *fuera, sin* (63)	
Conjunciones	
κἀγώ: *y yo, también yo* (84)	
Preposiciones	
ἀπό: *desde de, por causa de* (646)	κατά: *según, de acuerdo a (ac.); contra, por (dat.)* (473)
διά: *a través de, por (gen.); por causa de (ac.)* (667)	μετά: *con (gen.), después (ac.)* (469)
ἐκ (ἐξ): *de, desde* (914)	πρός: *a, para, a fin de (ac.); junto a, acerca de (dat.)* (700)
εἰς: *hacia, en, para que* (1768)	
ἐν: *en, entre, por, con* (2752)	ὑπέρ: *a favor de, en lugar de* (150)
ἐπί: *en, sobre (gen.), con (dat.), sobre, contra (ac.)* (890)	
Pronombres	
μηδείς, μηδεμία, μηδέν: *nadie, ninguno* (90)	τις, τι: *alguien, alguno, algo* (543)
	τίς, τί: ¿quién?, ¿qué? (546)
ὅς, ἥ, ὅ: *quien, el/la/lo que* (1406)	
οὐδείς, οὐδεμία, οὐδέν: *nadie, ninguno, nada* (234)	

CAPÍTULO 16

(Verbos: presente y aoristo subjuntivo)

I. INTRODUCCIÓN. En verdad, ¡usted merece felicitaciones! Ahora ha estudiado los tiempos presente, imperfecto, futuro y aoristo del modo indicativo y puede traducir muchísimos pasajes del Nuevo Testamento. Todavía nos queda por ver los tiempos perfecto y pluscuamperfecto del modo indicativo que estudiaremos en el capítulo 22. Pero, antes de completar nuestro estudio del indicativo, haremos una pausa para estudiar los modos subjuntivo (este capítulo) e imperativo (el capítulo siguiente).

Aunque introducimos un nuevo tema, con todo lo que ya sabe, esta lección será sencilla y las tareas ayudarán a unir todo lo que aprenderá de este tema. También le ayudará saber que el griego, de manera similar al español, usa el modo subjuntivo que veremos a continuación.

II. LOS MODOS GRIEGOS. Es importante aquí aclarar lo que son los "modos" del griego. El modo verbal pone de manifiesto en la conjugación la actitud que tiene el que habla o escribe hacia la relación entre la acción verbal y la realidad.[1] También, al igual que en español, "expresa la dependencia formal de algunas oraciones subordinadas respecto de las clases de palabras que las seleccionan o de los entornos sintácticos en los que aparecen".[2]

A. Modo INDICATIVO. Es usado por el que habla o escribe para aseverar o cuestionar lo que asume como realidad.

Ejemplos:

(Jn 8:12) Πάλιν οὖν αὐτοῖς ἐλάλησεν ὁ Ἰησοῦς ... ἐγώ εἰμι τὸ φῶς τοῦ κόσμου. *Así que otra vez Jesús les habló ... "Yo soy la luz del mundo".*

(1Jn 5:2) ἐν τούτῳ γινώσκομεν ὅτι ἀγαπῶμεν τὰ τέκνα τοῦ θεοῦ... *En esto sabemos que amamos a los hijos de Dios...*

B. Modo SUBJUNTIVO. Se refiere a una acción o estado que puede ocurrir en algún momento, incluso puede estar ocurriendo. Sin embargo, la persona usa el modo subjuntivo para expresar una proyección de su pensamiento

1. Wallace y Steffen señalan al respecto que "el modo es el aspecto morfológico de un verbo que se usa para *retratar* una afirmación con respecto a la certeza de la acción del verbo o estado (es decir, si la acción o el estado es cierto o potencial). El modo no se corresponde directamente con la realidad. No es una afirmación de la realidad de la acción o el estado del verbo, sino un '*retrato*' de una afirmación en cuanto a la certeza del verbo. El modo no indica que la persona tiene una perspectiva en cuanto a la realidad del verbo. Solamente indica el '*retrato*' o la '*presentación*' de certeza que la persona hace" (Wallace y Steffen, 318).

2. *MNGLE*, 1.3.1c.

acerca de esa acción. Por eso uno de los usos más frecuentes es introducir un propósito o deseo. Su uso puede referirse a una acción presente o futura. El enfoque está en la proyección del pensamiento acerca de esa acción, más que en la acción en sí. Expresa un grado de incertidumbre de la realidad o realización de cierto evento o una acción que quizás pudo suceder o debió haber sucedido. Por eso en muchos casos expresa probabilidad más que certeza de una ocurrencia. En ninguna forma del subjuntivo hay un elemento absoluto de tiempo. También es el modo que se utiliza para las frases de tipo condicional, sugerencias vitales o algún mandamiento expresado con amabilidad o cortesía.

Ejemplos:

(Jn 2:5) λέγει ἡ μήτηρ αὐτοῦ τοῖς διακόνοις· ὅ τι αν λέγῃ ὑμῖν ποιήσατε. *Su madre dijo a los servidores: "Haced todo lo que él os diga".*

(Jn 3:15) ἵνα πᾶς ὁ πιστεύων ἐν αὐτῷ ἔχῃ ζωὴν αἰώνιον. *Para que todo aquel que cree en él tenga vida eterna.*

(Jn 7:27) ἀλλὰ τοῦτον οἴδαμεν πόθεν ἐστίν· ὁ δὲ χριστὸς ὅταν ἔρχηται οὐδεὶς γινώσκει πόθεν ἐστίν. *Sin embargo, nosotros sabemos de dónde es éste; pero cuando venga el Cristo, nadie sabrá de dónde es.*

(Jn 15:2) ἵνα καρπὸν πλείονα φέρῃ. *Para que lleve* más fruto.

NOTA. El verbo en subjuntivo en Jn 7:27 no refleja duda acerca de la certeza de la declaración, sino que expresa incertidumbre de cuándo ocurrirá la acción.

C. Modo IMPERATIVO. Se usa para dirigir las acciones de otra persona. Conlleva un fuerte deseo de quien habla o escribe de que la acción o estado se concrete. Por eso se usa principalmente para mandatos y ruegos. Es el modo que presenta o expresa el menor grado de certeza, porque el hablante no sabe de antemano si el receptor del imperativo realizará la acción o estado del verbo.

Ejemplos:

(Jn 15:4) μείνατε ἐν ἐμοί. *Permaneced en mí.*

(Jn 15:7) ὃ ἐὰν θέλητε αἰτήσασθε. *Pedid lo que quisiereis.*

D. Modo OPTATIVO. Es similar al subjuntivo, pero la proyección de la acción o estado es un poco más remota, menos segura o más contingente que el subjuntivo. Es usado muy pocas veces en el Nuevo Testamento. Este modo presenta una anticipación no definida en la realización del evento, es decir, presenta la acción como algo concebible. En español no tenemos un modo equivalente, usamos alguna forma del modo subjuntivo o del indicativo potencial.

(2Ts 3:5) Ὁ δὲ κύριος κατευθύναι ὑμῶν τὰς καρδίας εἰς τὴν ἀγάπην τοῦ θεοῦ καὶ εἰς τὴν ὑπομονὴν τοῦ Χριστοῦ. *Y el Señor encamine vuestros corazones al amor de Dios, y a la paciencia de Cristo.*

III. EL MODO SUBJUNTIVO. El subjuntivo es una forma distintiva de nuestro idioma español. Tenemos varias combinaciones de tiempo y modo para expresar una gama de ideas y certidumbre respecto a la realidad. El griego es un poco más limitado. Más abajo, terminando las presentaciones de la formación del subjuntivo en los tiempos presente y aoristo, aparecen algunos ejemplos de los usos más comunes de este modo.

A. El presente subjuntivo. A continuación se presenta la conjugación del presente subjuntivo que se forma sobre la raíz del presente del indicativo. Observará lo siguiente: (1) el subjuntivo usa terminaciones primarias con la vocal temática alargada; y (2) esta vocal temática larga ω/η es el signo del modo subjuntivo. El tiempo presente comunica el aspecto imperfectivo. Es decir, se enfoca en la acción o estado en su desarrollo. A continuación, para efectos pedagógicos mostramos junto con la forma griega el presente subjuntivo en español. Pero será cada oración en su contexto la que nos guíe a qué tiempo verbal en español sea el más adecuado.

VOZ ACTIVA			
Conjugación		*Componentes*	
Singular	Plural	Singular	Plural
λύω, *desate*	λύωμεν, *desatemos*	λύ-ω	λύ-ωμεν
λύῃς, *desates*	λύητε, *desatéis*	λύ-ῃς	λύ-ητε
λύῃ, *desate*	λύωσι(ν), *desaten*	λύ-ῃ	λύ-ωσι(ν)

	VOCES MEDIA Y PASIVA	
	Conjugación	*Componentes*
Singular	λύωμαι, *yo me desate, yo sea desatado*	λύ-ωμαι
	λύῃ, *tú te desates, tú seas desatado*	λύ-ῃ
	λύηται, *él se desate, él sea desatado*	λύ-ηται
Plural	λυώμεθα, *nos desatemos, seamos desatados*	λυ-ώμεθα
	λύησθε, *os desatéis, os seáis desatados*	λύ-ησθε
	λύωνται, *ellos se desaten, ellos sean desatados*	λύ-ωνται

NOTA. (1) Observe que son idénticas las formas de P A S 3 S y P M/P S 2 S. Tendrá que depender del contexto para identificar si se trata de una o la otra.

(2) Los verbos contractos siguen las reglas de contracciones que aparecen en el cuadro que vimos en el capítulo 10. (3) Esta misma forma terminada en η también puede llevar el código de P M/P I 2 S.

Desinencias Presente Activo Subjuntivo	
- ω	- ωμεν
- ῃς	- ητε
- ῃ	- ωσι(ν)

Desinencias Presente Medio/Pasivo Subjuntivo	
- ωμαι	- ωμεθα
- ῃ	- ησθε
- ηται	- ωνται

B. El aoristo subjuntivo. A continuación se presenta la conjugación del aoristo subjuntivo.

1) Aoristo primero subjuntivo. Es importante recalcar aquí que solamente el modo indicativo usa aumento en el imperfecto y el aoristo. Por lo tanto, toda conjugación del aoristo fuera del indicativo (sea subjuntivo, imperativo, optativo, infinitivo o participio) tampoco lleva aumento. Siendo esto cierto, le será muy importante siempre observar el contexto para distinguir entre el aoristo primero subjuntivo y el tiempo futuro indicativo, pues se parecen.

La acción o estado del verbo en aoristo subjuntivo comunica el aspecto perfectivo, presentando la acción o estado como un todo. Es importante mencionar esto a la hora de traducir, pues los matices que se comunican pueden ser diferentes.

Observe a continuación cómo se unen las terminaciones del subjuntivo (que acaba de ver arriba) con la raíz del aoristo primero que estudió en los capítulos 12 y 13. Nuevamente, para efectos pedagógicos notará que la traducción es la misma que en el tiempo presente. El contexto de cada versículo nos dirá qué forma de español es más adecuada para traducir tanto el presente como el aoristo subjuntivos. Cabe señalar que el aoristo subjuntivo es mucho más frecuente que el presente.

VOZ ACTIVA			
Conjugación		Componentes	
Singular	Plural	Singular	Plural
λύσω, *desate*	λύσωμεν, *desatemos*	λύ-σ-ω	λύ-σ-ωμεν
λύσῃς, *desates*	λύσητε, *desatéis*	λύ-σ-ῃς	λύ-σ-ητε
λύσῃ, *desate*	λύσωσι(ν), *desaten*	λύ-σ-ῃ	λύ-σ-ωσι(ν)

VOZ MEDIA			
Conjugación		Componentes	
Singular	Plural	Singular	Plural
λύσωμαι, *yo me desate*	λυσώμεθα, *nos desatemos*	λύ-σ-ωμαι	λυ-σ-ωμεθα
λύσῃ, *tú te desates*	λύσησθε, *os desatéis*	λύ-σ-ῃ	λύ-σ-ησθε
λύσηται, él se desate	λύσωνται, *ellos se desaten*	λύ-σ-ηται	λύ-σ-ωνται

VOZ PASIVA			
Conjugación		Componentes	
Singular	Plural	Singular	Plural
λύθω, *sea desatado*	λύθωμεν, *seamos desatados*	λύ-θ-ω	λύ-θ-ωμεν
λύθῃς, *seas desatado*	λύθητε, *seáis desatados*	λύ-θ-ῃς	λύ-θ-ητε
λύθῃ, *sea desatado*	λύθωσι(ν), *sean desatados*	λύ-θ-ῃ	λύ-θ-ωσι(ν)

NOTA. Observe que la marca del aoristo pasivo subjuntivo es solo la θ, sin la η. Además, las terminaciones del aoristo pasivo subjuntivo son las mismas que las del presente activo subjuntivo.

2) Aoristo segundo subjuntivo. El aoristo segundo, voces activa y media, añade al tema de aoristo segundo las mismas terminaciones del subjuntivo que se observan en el aoristo primero. Vea el ejemplo del verbo λείπω, *echar,* a continuación.

VOZ ACTIVA		VOZ MEDIA	
Singular	Plural	Singular	Plural
λίπω	λίπωμεν	λίπωμαι	λιπώμεθα
λίπῃς	λίπητε	λίπῃ	λίπησθε
λίπῃ	λίπῶσι(ν)	λίπηται	λίπωνται

Desinencias Aoristo Activo Subjuntivo	
- ω	- ωμεν
- ῃς	- ητε
- ῃ	- ωσι(ν)

Desinencias Aoristo Medio Subjuntivo	
- ωμαι	- ωμεθα
- ῃ	- ησθε
- ηται	- ωνται

Desinencias Aoristo Pasivo Subjuntivo	
- ω	- ωμεν
- ῃς	- ητε
- ῃ	- ωσι(ν)

NOTA: Se habrá percatado de que las desinencias de aoristo primero y segundo son las mismas, e iguales a las del presente. La diferencia estará en el tema o raíz. Mientras que el aoristo primero básicamente no varía su tema de aoristo, el aoristo segundo lo cambia. La presencia de σ en el aoristo primero será un indicador clave para diferenciarlo del presente. En el caso de la voz pasiva, las desinencias son las mismas que las del presente. El tema de aoristo pasivo será la clave para distinguirlos.

C. El presente subjuntivo de εἰμί. A continuación se presenta la conjugación del presente subjuntivo del εἰμί. Notará que solamente tiene una voz. Esta conjugación le será fácil de aprender porque se parece a la terminación del subjuntivo sin una raíz verbal antepuesta.

VOZ ACTIVA	
Singular	Plural
ὦ, *sea, esté*	ὦμεν, *seamos, estemos*
ᾖς, *seas, estés*	ἦτε, *seáis, estéis*
ᾖ, *sea, esté*	ὦσι(ν), *sean, estén*

IV. USOS COMUNES DEL SUBJUNTIVO. Para poder traducir el subjuntivo correctamente, es importante conocer algunos de sus usos más comunes mencionados abajo. Estúdielos detenidamente junto con sus ejemplos. Encontrará más ejemplos de estos en los ejercicios al final de este capítulo (se presentarán más usos del subjuntivo en próximas lecciones).

A. PROPÓSITO O RESULTADO. Se usa el subjuntivo después de la conjunción ἵνα para indicar **propósito o resultado**.

(Jn 10:10) ἐγὼ ἦλθον ἵνα ζωὴν ἔχωσιν καὶ περισσὸν ἔχωσιν. *Yo vine para que tengan vida, y para que (la) tengan en abundancia.*

B. EXHORTACIÓN. Se usa la primera persona plural del subjuntivo, igual que en español, para expresar **exhortaciones**.

(1Co 15:32) εἰ νεκροὶ οὐκ ἐγείρονται, φάγωμεν καὶ πίωμεν, αὔριον γὰρ ἀποθνῄσκομεν. *Si los muertos no resucitan, ¡comamos y bebamos, porque mañana morimos!*

C. PROHIBICIÓN. Se usa el negativo μή con el aoristo subjuntivo para expresar una **prohibición**.

(Mt 1:20) μὴ φοβηθῇς παραλαβεῖν Μαρίαν τὴν γυναῖκά σου. *No temas recibir a María como tu esposa.*

D. NEGACIÓN ENFÁTICA. Se usa el subjuntivo juntamente con dos formas de negación (οὐ μή) para expresar una negación fuerte.

(Jn 10:28) κἀγὼ δίδωμι (*doy*) αὐτοῖς ζωὴν αἰώνιον καὶ οὐ μὴ ἀπόλωνται εἰς τὸν αἰῶνα. *Yo les doy vida eterna y jamás perecerán.*

V. VOCABULARIO. A continuación encontrará nuevo **vocabulario** para aprender. Estúdielo detenidamente.

VOCABULARIO 16
229. ἄξιος, -α, -ον: *digno* (41)
230. ἀσθενέω: *estar enfermo,* (33)
231. βούλομαι: *desear* (37)
232. δεῖ: *es necesario* (101) (impersonal)
233. δοκεῖ: *parece ser* (62) (impersonal)
234. ἔξεστιν: *es lícito, permitido* (28) (impersonal)
235. ἕτερος, -α, -ον: *otro* (97)
236. εὐθύς: *enseguida, inmediatamente* (59)
237. ἵνα: *para que* (663) (con subj.)
238. καθώς: *como* (178)
239. μακάριος, -α, -ον: *bienaventurado, dichoso* (50)
240. μισέω: *odiar* (40)
241. ὅταν: *cuando* (123) (con subj.)
242. πλανάω: *engañar, descarriar* (39)
243. τόπος, ὁ: *lugar* (95)

NOTA. Los verbos impersonales son aquellos que no toman sujeto. Ocurren en infinitivo o en tercera persona del indicativo, subjuntivo o imperativo. En español usualmente describen el clima, como "llueve a cántaros", "nevará la próxima semana". En griego usualmente se combinan con infinitivos para completar una idea verbal.

(Jn 4:4) ἔδει δὲ αὐτὸν διέρχεσθαι διὰ τῆς Σαμαρείας.

Pero era necesario que él pasara por Samaria.

(Jn 18:31) ἡμῖν οὐκ ἔξεστιν ἀποκτεῖναι ουδένα.

No nos es permitido matar a nadie (le dicen los judíos a Pilato).

VI. ACTIVIDADES DE APRENDIZAJE

Día 1

1. Vuelva a leer detenidamente todo el capítulo 16.

2. Agregue a sus tarjetas de vocabulario las nuevas palabras de esta lección. No olvide que parte de su estudio incluye repasar el vocabulario anterior. Tal vez sería buena idea hacer una tarjeta con todas las formas del verbo εἰμί que ha visto hasta ahora.

3. Como repaso, escriba a continuación una definición sencilla de la función del modo verbal y, luego, de los cuatro modos del verbo griego.

La función del modo del verbo: ____________________

____

Indicativo: ____________________

____

Subjuntivo: ____________________

____

Imperativo: ____________________

____

Optativo: ____________________

____

4. Traduzca las siguientes citas bíblicas en una hoja aparte. *No olvide subrayar los verbos y colocar un código a cada verbo antes de traducir.*

(Jn 13:8) λέγει αὐτῷ Πέτρος, Οὐ μὴ νίψῃς (de νίπτω: *lavar*) μου τοὺς πόδας (*pies*) εἰς τὸν αἰῶνα.

Día 2

1. Para esta sección de la tarea, tal vez tenga que consultar capítulos anteriores del curso o, si las hizo, sus tarjetas con las reglas y terminaciones de los distintos tiempos de los verbos ya estudiados en el indicativo. Identifique la forma léxica de los verbos mencionados, su análisis verbal TVMPN y, finalmente, su significado.

Forma léxica	Forma verbal	TVMPN	Traducción
	ἔμενον		
	λύῃ	(3 opciones)	
	ἤλθομεν		
	ἀκούσω	(2 opciones)	
	βάλεσθαι		
	ἐφάγετε		
	γράψω	(2 opciones)	
	λύσῃ	(3 opciones)	
	φάγητε		
	γένωμαι		

Día 3

1. Mencione a continuación los cuatro usos principales del subjuntivo y a qué se refieren.

a. ______________________________

____

b. ______________________________

____

c. ______________________________

____

d. ______________________________

____

2. Traduzca las siguientes citas bíblicas en una hoja aparte. *No olvide subrayar los verbos y colocar un código a cada verbo antes de traducir.*

(1Jn 3:8) εἰς τοῦτο ἐφανερώθη ὁ υἱὸς τοῦ θεοῦ, ἵνα λύσῃ τὰ ἔργα τοῦ διαβόλου.

(Jn 3:17) οὐ γὰρ ἀπέστειλεν ὁ θεὸς τὸν υἱὸν εἰς τὸν κόσμον ἵνα κρίνῃ τὸν κόσμον, ἀλλ' ἵνα σωθῇ ὁ κόσμος δι' αὐτοῦ.

Día 4

1. Traduzca la siguiente cita que contiene un verbo impersonal en una hoja aparte. *No olvide subrayar todas las formas verbales y colocar un código a cada verbo antes de traducir.*

(Mt 12:2) οἱ δὲ Φαρισαῖοι ἰδόντες (*habiendo visto*) εἶπαν αὐτῷ, 'Ιδοὺ (*mirad*) οἱ μαθητοι σου ποιοῦσιν ὃ οὐκ ἔξεστιν ποιεῖν ἐν σαββάτῳ.

2. Para obtener más práctica con el uso del modo subjuntivo, traduzca las siguientes citas bíblicas en una hoja aparte. *No olvide subrayar los verbos y colocar un código a cada verbo antes de traducir.*

(Mt 5:17) μή νομίσητε (νομίζω: *pensar*) ὅτι ἦλθον καταλῦσαι (de καταλύω: *destruir, abolir*) τὸν νόμον ἢ τοὺς προφήτας· οὐκ ἦλθον καταλῦσαι ἀλλὰ πληρῶσαι.

(Lc 6:22) μακάριοι ἐστε ὅταν μισήσωσιν ὑμᾶς οἱ ἄνθρωποι.

Día 5

1. Vuelva a repasar el vocabulario y la información del capítulo 16.

2. Traduzca la siguiente cita bíblica en una hoja aparte. *No olvide subrayar los verbos y colocar un código a cada verbo antes de traducir.*

(Jn 6:29) ἀπεκρίθη ὁ 'Ιησοῦς καὶ εἶπεν αὐτοῖς· τοῦτό ἐστιν τὸ εργον τοῦ θεοῦ, ἵνα πιστεύητε εἰς ὃν ἀπέστειλεν ἐκεῖνος.

3. Revise todo su trabajo para confirmar que todo está correcto.

CAPÍTULO 17

(Verbos: presente y aoristo imperativo)

I. INTRODUCCIÓN. Últimamente usted ha estado nadando en aguas muy profundas. Pero, ahora está pasando por el centro del mar y próximamente sus pies comenzarán a tocar la playa del logro. ¿Cuál logro? ¡El logro de haber nadado el mar de la gramática griega! Por cierto, igual que el océano Atlántico o el Pacífico son muy extensos, el mar del griego también lo es. Abarca ciertas profundidades que no logrará investigar en este curso, pero que quedan por hacer en cursos más avanzados. ¡Usted merece una medalla "olímpica" por su esfuerzo hasta acá!

En las lecciones anteriores estudió las conjugaciones y los principales usos de los modos indicativo y subjuntivo. En esta lección observará el modo imperativo y al final del curso completará el cuadro del estudio de los modos a ver el modo optativo.

II. VOCABULARIO

VOCABULARIO 17
244. ἕκαστος, -η, -ον: *cada uno, cada* (82)
245. ἕως: *hasta, mientras* (146)
246. ἰδού: *he aquí* (200)
247. λαός, ὁ: *pueblo* (141)
248. μνημεῖον, τό: *sepulcro* (40)
249. μόνος, -η -ον: *solo* (114)
250. ναός, ὁ: *templo* (45)
251. νεός, -ά, -όν: *joven, nuevo* (23)
252. ὀλίγος, -η, -ον: *poco, pequeño* (41)
253. παρέρχομαι: *pasar, perecer* (29)
254. παρρησία, ἡ: *confianza, franqueza* (31)
255. παρουσία, ἡ: *presencia, venida* (24)
256. περί: *acerca de, referente a (gen.); alrededor de (acus.)* (333)
257. σοφία, ἡ: *sabiduría* (51)
258. τότε: *entonces* (159)
259. χρεία, ἡ: *necesidad* (49)

III. EL MODO IMPERATIVO

A. Definición. El modo imperativo en el Nuevo Testamento se usa para expresar mandatos, ruegos y prohibiciones.

Como mencionáramos en el capítulo anterior, se usa para dirigir las acciones de otra persona. Conlleva, por parte de quien habla o escribe, un fuerte deseo de que la acción o estado se concrete. Por eso se usa principalmente para mandatos y ruegos.

Este modo ocurre en el Nuevo Testamento básicamente en presente y en aoristo, rara vez en perfecto.[1] Posee solo formas de segunda y tercera persona, plural y singular. Igual que en el español, el imperativo griego no tiene formas de primera persona y se suple esta falta con el uso del subjuntivo, como vimos en el capítulo 16. Como en español no tenemos tercera persona en el imperativo, usamos el subjuntivo para suplirla. Por ejemplo: "que todo hombre ore".

B. Presente imperativo. Como ya lo mencionáramos en lecciones pasadas, el presente muestra la acción desde la perspectiva interna, se centra en el desarrollo. El presente describe el aspecto imperfectivo. Un imperativo puede ser mandato, petición o ruego. El autor presenta esa acción poniendo el foco en su desarrollo. Con el aoristo, se comunica otro aspecto, el perfectivo. La acción es vista en su totalidad. En un mandato, petición o ruego expresado en aoristo, el autor no se centra en su desarrollo, sino en la acción *per se*. Serán el contexto, la naturaleza del verbo, el estilo del autor, etc., los que definirán si la acción continúa, comienza o termina, entre otras cosas.

Observe a continuación la conjugación del presente activo imperativo, usando el verbo πιστεύω y el presente medio-pasivo imperativo, usando el verbo βαπτίζω.

PRESENTE ACTIVO IMPERATIVO	
Singular	Plural
2. πιστεύε, *cree tú*	2. πιστεύετε, *creed vosotros*
3. πιστευέτω, *crea él*	3. πιστευέτωσαν, *crean ellos*

NOTA. La segunda persona plural termina igual que el presente indicativo (-ετε). En este caso, el contexto nos indicará si se trata de un imperativo o un indicativo. Por otro lado, la segunda persona singular tiene la misma terminación que la tercera persona del imperfecto activo (-ε). En este caso será clave notar la presencia del aumento para distinguir cuál es el tiempo verbal.

1. Solo se usa 5 veces y 3 son de οἶδα para el imperativo: "sepa" (Mr 4:39; Hch 15:29; Ef 5:5; Heb 12:17; Stg 1:19).

Desinencias Presente Activo Imperativo	
- ϵ	- ϵτϵ
- ϵτω	- έτωσαν

También, el adverbio de negación οὐ se usa solamente con el indicativo, mientras que para otras formas verbales se usa μή.

Presente Medio-Pasivo Imperativo		
Singular	Voz media	Voz pasiva
2. βαπτίζου	*bautízate*	*sé bautizado*
3. βαπτιζέσθω	*bautícese*	*sea bautizado*
Plural		
2. βαπτίζεσθϵ	*bautizaos*	*sed bautizados*
3. βαπτιζέσθωσαν	*bautícense*	*sean bautizados*

Desinencias Presente Medio/Pasivo Imperativo	
- ου	- ϵσθϵ
- έσθω	- έσθωσαν

NOTA. En el caso de la voz media-pasiva, la segunda persona plural termina igual que en el presente indicativo (-ϵσθϵ). También la segunda persona singular tiene la misma terminación que la segunda persona singular del imperfecto medio-pasivo (-ου). En este caso será clave notar la presencia del aumento para distinguir cuál es el tiempo verbal y el modo. El imperativo no usa aumento. Otra característica digna de notar es que la conjugación del imperativo medio-pasivo (salvo segunda singular) es muy similar a la de la voz activa. La diferencia es que donde la voz activa usa τ la media-pasiva usa σθ.

Los verbos contractos siguen las mismas reglas de contracción como vimos anteriormente. Puede consultar el siguiente cuadro para unos ejemplos de presente activo imperativo de verbos contractos.

	Contracto de α	Contracto de ε	Contracto de ο
		Singular	
2.	ἀγάπα	ποίει	πλήρου
3.	ἀγαπάτω	ποιείτω	πληρούτω
		Plural	
2.	ἀγαπᾶτε	ποιεῖτε	πληροῦτε
3.	ἀγαπάτωσαν	ποιείτωσαν	πληρούτωσαν

NOTA. (1) Para codificar los verbos en este modo, use la abreviatura Impv para imperativo. Por ejemplo, un verbo en presente, activo, imperativo, segunda persona singular tendría el código P A Impv 2 S. (2) Si un verbo es deponente en un tiempo cualquiera en modo indicativo, su conjugación en el imperativo también será deponente.

Ejemplos del presente imperativo:

(1Co 11:28) δοκιμαζέτω δὲ ἄνθρωπος ἑαυτὸν καὶ οὕτως ἐκ τοῦ ἄρτου ἐσθιέτω καὶ ἐκ τοῦ ποτηρίου πινέτω. *Pero, cada persona examine a sí misma* y así *coma del pan y beba de la copa.*

(Fil 4:4) Χαίρετε ἐν κυρίῳ πάντοτε· πάλιν ἐρῶ, χαίρετε. *Regocijaos en el Señor siempre. Otra vez digo: regocijaos.*

(Ef 5:1) γίνεσθε οὖν μιμηταὶ τοῦ θεοῦ ὡς τέκνα ἀγαπητά. *Por lo tanto, sed imitadores de Dios como hijos amados.*

(Ef 5:18b) ἀλλὰ πληροῦσθε ἐν πνεύματι. *Sino sed llenos con/por el Espíritu.*

NOTA. Los últimos cuatro ejemplos también podrían ser analizados como presentes indicativos. La forma es la misma. Será el contexto la clave fundamental para distinguir entre un imperativo y un indicativo de la segunda persona plural.

C. Aoristo imperativo. El aumento al verbo en aoristo solamente aparece en el modo indicativo. Por esta razón, debe fijarse en la raíz del verbo, ya que las terminaciones del aoristo imperativo se parecen algo a las de presente imperativo. Observe a continuación la conjugación del aoristo imperativo, usando el verbo λύω en las voces activa, media y pasiva.

Aoristo Activo Imperativo	
Singular	Plural
2. λῦσον, *desata tú*	2. λύσατε, *desatad vosotros*
3. λύσατο, *desate él*	3. λυσάτωσαν, *desaten ellos*

NOTA. En la segunda persona singular, la α, característica del aoristo, cambió a o.

Desinencias Aoristo Primero Activo Imperativo	
- ον	- ατε
- ατω	- άτωσαν

Un verbo que tiene raíz de aoristo segundo forma el imperativo usando dicha raíz. Ejemplo: λαμβάνω que tiene raíz de λαβ forma la voz activa del imperativo de la siguiente manera: λάβε, λαβέτω, λάβετε, λαβέτωσαν.

Desinencias Aoristo Segundo Activo Imperativo	
- ε	- ετε
- ετω	- έτωσαν

Vea a continuación la conjugación en aoristo medio imperativo de λύω:

Aoristo Medio Imperativo	
Singular	Plural
2. λῦσαι, *desátate*	2. λύσασθε, *desataos*
3. λυσάσθω, *desátese*	3. λυσάσθωσαν, *desátense*

NOTA. Observe que la segunda persona del singular se parece a aoristo infinitivo (λύσαι) y la segunda persona del plural se parece a la segunda persona plural del indicativo sin el aumento (ἐλύσασθε).

Desinencias Aoristo Primero Medio Imperativo	
- αι	- ασθε
- άσθω	- άσθωσαν

Un verbo que tiene raíz de aoristo segundo forma el imperativo usando dicha raíz. Ejemplo: βάλλω, que tiene raíz de βαλ, forma el imperativo de la siguiente manera: βαλοῦ, βαλέσθω, βάλεσθε, βαλέσθωσαν.

Desinencias Aoristo Segundo Medio Imperativo	
- ου	- εσθε
- έσθω	- έσθωσαν

En el caso del aoristo pasivo, veremos el ya característico conectivo θη. Vea a continuación el verbo λύω conjugado:

Aoristo Pasivo Imperativo	
Singular	Plural
2. λύθητι, *sé desatado*	2. λύθητε, *sed desatados*
3 λυθήτω, *sea desatado*	3. λυθήτωσαν, *sean desatados*

NOTA. Observe que la segunda persona del plural se parece a la segunda persona plural del indicativo, sin el aumento (λύθητε).

Desinencias Aoristo Pasivo Imperativo	
- τι	- τε
- τω	- τωσαν

Como en la voz pasiva el sujeto recibe la acción del verbo, un imperativo en voz pasiva comunicaría la idea de que el sujeto debe permitir que la acción del verbo ocurra sobre él.

Ejemplos del aoristo imperativo:

(Mt 3:8) ποιήσατε οὖν καρπὸν ἄξιον τῆς μετανοίας. *Haced, pues, fruto digno de arrepentimiento.*

(Jn 2:19) Λύσατε τὸν ναὸν τοῦτον καὶ ἐν τρισὶν ἡμέραις ἐγερῶ αὐτόν. *Destruid este templo y en tres días lo levantaré.*

(Mt 6:10) ἐλθέτω ἡ βασιλεία σου· γενηθήτω τὸ θέλημα σου, ὡς ἐν οὐρανῷ καὶ ἐπὶ γῆς. *Venga tu reino, Sea hecha tu voluntad, como en el cielo así también sobre la tierra.*

D. Presente imperativo de εἰμί. Siendo que el verbo εἰμί no aparece en aoristo, el imperativo de εἰμί únicamente tiene forma para el tiempo presente y en la voz activa. Las desinencias se unen a la raíz εσ-, como puede observar a continuación.

Presente Activo Imperativo εἰμί	
Singular	Plural
2. ἴσθι, *sé* tú	2. ἔστε, *sean vosotros*
3. ἔστω, *sea él*	3. ἔστωσαν, *sean ellos*

Ejemplos:

(Mr 5:34) ὕπαγε εἰς εἰρήνη καὶ ἴσθι ὑγιὴς ἀπὸ τῆς μάστιγός σου. Vé *en paz y sé sana de tu enfermedad.*

(Mt 2:13) παράλαβε τὸ παιδίον καὶ τὴν μητέρα αὐτοῦ καὶ φεῦγε εἰς Αἴγυπτον καὶ ἴσθι ἐκεῖ ἕως ἂν εἴπω σοι. *Toma al niño y a su madre y huye a Egipto, y quédate allí hasta que yo te diga.*

(Mt 5:37) ἔστω δὲ ὁ λόγος ὑμῶν ναὶ ναί, οὒ οὔ. *Pero que sea vuestra palabra, sí, sí, no, no.*

(1Ti 3:12) διάκονοι ἔστωσαν μιᾶς γυναικὸς ἄνδρες. *Que los diáconos sean maridos de una esposa.*

IV. NEGACIONES EN EL NUEVO TESTAMENTO

A. Dos formas de decir "no". Como se ha mencionado anteriormente, tanto οὐ como μή significan "no". Es importante recalcar que, normalmente, el negativo οὐ se usa con el indicativo, mientras que μή se usa con otras formas como el subjuntivo, el imperativo, el infinitivo y, como veremos próximamente, con los participios.

B. Prohibiciones. Es importante reconocer las distintas clases de prohibiciones para poder traducirlas correctamente. Hay que recordar que aunque una frase tenga forma de imperativo negado, puede ser un ruego o una petición; por ejemplo: "Por favor, no me olvides". El contexto nos guiará en discernir el acto de habla que el autor comunica. De nuevo puede observar la importancia de reconocer el código de cualquier verbo antes de intentar una traducción.

(1) οὐ con el futuro indicativo. Una prohibición solemne. Es la forma más enfática de prohibición. Lo traducimos con "no + futuro".

(2) οὐ μή con el aoristo subjuntivo. El uso del negativo doble presenta una prohibición muy fuerte. Usualmente lo traduciremos como "jamás + subjuntivo".

(3) μή con el aoristo subjuntivo. Ya se mencionó en el capítulo 16 que esto expresa una prohibición. Lo traducimos como "no + subjuntivo".

(4) μή con el presente imperativo. Esta es la forma más común en el NT. Lo traducimos como "no + subjuntivo".

(5) μή con el aoristo imperativo. No son muchos, pero lo traducimos "no + subjuntivo". En muy pocos casos, dado el contexto y el tipo de verbo, se podría incluso traducir "echar + de + infinitivo" (ej. Jn 20:17).

V. ACTIVIDADES DE APRENDIZAJE

Día 1

1. Vuelva a leer y estudiar detenidamente todo el capítulo 17.

2. Agregue a sus tarjetas de vocabulario las nuevas palabras de este capítulo.

3. Agregue a sus tarjetas una con las terminaciones del imperativo vistas en este capítulo.

Día 2

1. Vuelva a repasar el vocabulario del capítulo 17.

2. Invierta tiempo repasando los *verbos* presentados en los capítulos anteriores.

3. Sin consultar su Biblia, traduzca las siguientes citas bíblicas en una hoja aparte. *No olvide subrayar los verbos y colocar un código a cada verbo antes de traducir.*

(Mr 5:36) μὴ φοβοῦ, μόνον πίστευε.
(Mr 12:29) ἄκουε, Ἰσραελ, κύριος ὁ Θεὸς ἡμῶν κύριος εἷς ἐστιν.
(Col 2:6) Ὡς οὖν παρελάβετε τὸν Χριστὸν Ἰησοῦν τὸν κύριον, ἐν αὐτῳ περιπατεῖτε.

Día 3

1. Invierta tiempo repasando los *sustantivos* presentados en los capítulos anteriores.

2. Para esta sección de la tarea, tal vez tenga que consultar capítulos anteriores del curso o, si las hizo, sus tarjetas con las reglas y terminaciones de los distintos tiempos de los verbos ya estudiados en el indicativo. Identifique la forma léxica de los verbos mencionados, su análisis verbal TVMPN y, finalmente, su significado:

Forma léxica	Forma verbal	TVMPN	Traducción(es)
	πιστεύετε	(2 opciones)	
	πιστεύσετε		
	πιστεύητε		
	πιστεύσητε		
	πιστεύσατε		
	φάγετε		
	λύσαι	(2 opciones)	
	λύεσθαι		
	ἀκούητε		
	ἀκούσητε		

3. Escriba una definición del modo imperativo. ____________

____

Día 4

1. Invierta tiempo repasando los *adjetivos* presentados en este y los capítulos anteriores.

2. Sin consultar su Biblia, traduzca las siguientes citas bíblicas en una hoja aparte. *No olvide subrayar los verbos y colocar un código a cada verbo antes de traducir.*

(Mr 9:25) ἔξελθε ἐξ αὐτοῦ καὶ μηκέτι (*no más*) εἰσέλθῃς εἰς αὐτόν.

(Mr 16:7) ἀλλὰ ὑπάγετε εἴπατε τοῖς μαθηταῖς αὐτοῦ καὶ τῷ Πέτρῳ ὅτι προάγει (προάγω: *ir adelante*) ὑμᾶς εἰς τὴν Γαλιλαίαν· ἐκεῖ (*allá*) αὐτὸν ὄψεσθε. καθὼς εἶπεν ὑμῖν.

Día 5

1. Invierta tiempo repasando las *conjunciones* presentadas en este y los capítulos anteriores.

2. Sin consultar su Biblia, traduzca la siguiente cita bíblica en una hoja aparte. *No olvide subrayar los verbos y colocar un código a cada verbo antes de traducir.*

(Jn 14:1) μὴ ταρασσέσθω (ταράσσω: *molestar, turbar, inquietar*) ὑμῶν ἡ καρδία· πιστεύετε εἰς τὸν θεὸν καὶ εἰς ἐμὲ πιστεύετε.

3. En la cita que acaba de traducir, ¿tradujo la palabra πιστεύετε de la misma manera las dos veces? ____________

4. ¿Cuántas maneras habrá de traducir este versículo? ____________

5. ¿Cuál sería la forma más probable? Compare por lo menos cuatro versiones distintas de la Biblia y escriba a continuación lo que encontró.

____

____

6. Revise todo su trabajo para confirmar que todo está correcto.

CAPÍTULO 18

(Sustantivos: tercera declinación, primera parte)

I. INTRODUCCIÓN. Las últimas lecciones han sido algo intensas con las múltiples reglas, instrucciones y variaciones del aoristo, especialmente con el estudio de la voz pasiva. Ahora echaremos a un lado, por el momento, el tema de los verbos para concentrarnos de nuevo en el estudio de sustantivos.

En la tercera lección observamos las reglas relacionadas con sustantivos de la segunda declinación, palabras masculinas y neutras. En la sexta lección estudiamos sustantivos de la primera declinación, mayormente femeninos. En esta lección y las dos siguientes observaremos sustantivos de la tercera declinación. Estos sustantivos caen dentro de varias categorías y abarcan los tres géneros del griego.

Si se fijó, en el capítulo 15 adelantamos un poco este tema al introducir los interrogativos (τίς, τί), los indefinidos (τις, τι) y también el adjetivo-pronombre πᾶς.

II. TERCERA DECLINACIÓN BÁSICA

Generalmente, la tercera declinación se llama *declinación consonante*, porque la mayoría de los sustantivos que pertenecen a ella tienen raíces que terminan en consonante. En esta declinación hay sustantivos de los tres géneros. Algo similar se da en español con los sustantivos terminados en consonante. Algunos son femeninos, como "mujer"; otros son masculinos, como "cáncer". Por eso, se hace muy útil ver el artículo que acompaña a los sustantivos para reconocer el género de estos. Con todo y lo dicho antes, hay unos cuantos sustantivos de esta declinación cuya raíz termina en vocal. Estos sustantivos tienen una declinación un poco más compleja. Los estudiaremos en los siguientes dos capítulos.

Una peculiaridad que tienen estos sustantivos es que su nominativo "oculta" la raíz, pues usualmente tiene una forma contracta. Normalmente, su *raíz* se deduce de la forma de su genitivo singular. Esta se suele hallar omitiendo la terminación -ος de la forma del genitivo singular. Por ejemplo, mientras que el nominativo de *boca* es στόμα, el genitivo es στόματος y, por lo tanto, la raíz es στοματ-. Otro ejemplo, mientras que el nominativo de *espíritu* es πνεῦμα, el genitivo es πνεύματος y la raíz es πνευματ-. Las listas de vocabulario a continuación demuestran cómo estas palabras aparecerán en un léxico, ofreciendo tanto la raíz como el género de la palabra.

Las desinencias fundamentales ya las vimos cuando aprendimos las formas de τις/τι. Apréndase de memoria el pronombre τις y habrá avanzado enormemente en reconocer muchas de las formas de tercera declinación.

	Singular		Plural	
	Masc-Fem	Neutro	Masc-Fem	Neutro
Nominativo	-ς	- ο -ς	-ες	-α
Genitivo	-ος	-ος	-ων	-ων
Dativo	-ι	-ι	-σι(ν)	-σι(ν)
Acusativo	-α ο -ν	- ο -ς	-ας	-α
Vocativo	-ς	- ο -ς	-ες	-α

Cuando estudiamos el aoristo y el futuro vimos las variaciones que experimentan las consonantes cuando se encuentran con la σ. De la misma manera, la forma de los sustantivos cuya raíz termina en consonante dependerá de cómo se comporta dicha letra frente a la σ en nominativo singular y dativo plural. Por su parte, las raíces que terminan en vocal experimentarán variaciones con aquellas desinencias vocálicas. En este capítulo veremos las principales formas de raíz terminada en consonante. El próximo capítulo se dedica a las raíces vocálicas. Veamos entonces tres grupos principales: los sustantivos con terminación de raíz muda, de raíz líquida y aquellos cuya raíz termina en -ματ.

A. Sustantivos con terminación de raíz muda. Dependiendo de la consonante, así es el cambio en el nominativo singular y el dativo plural. Vea la tabla siguiente:

Tipo	Consonante	Cambio
Labial	π β φ + σ	φ
Dental	τ δ θ ζ + σ	σ
Palatal	κ γ χ + σ	ξ

Vea los ejemplos con los femeninos χάρις (*gracia*) y νύξ (*noche*).

		χάρις, χάριτος, ἡ (raíz = χαριτ-)	νύξ, νυκτός, ἡ (raíz = νυκτ-)
Singular	Nominativo	χάρις	νύξ
	Genitivo	χάριτος	νυκτός
	Dativo	χάριτι	νυκτί
	Acusativo	χάριν (χάριτα)	νύκτα
	Vocativo	χάρις	νύξ

Plural	Nominativo	χάριτες	νύκτες
	Genitivo	χαρίτων	νυκτῶν
	Dativo	χάρισι(ν)	νυξί(ν)
	Acusativo	χάριτας	νύκτας
	Vocativo	χάριτες	νύκτες

Aprenda el siguiente vocabulario de este tipo de sustantivos:

VOCABULARIO 18a
260. γυνή, γυναικός, ἡ: *mujer* (214)
261. ἐλπίς, ἐλπίδος, ἡ: *esperanza* (53)
262. νύξ, νυκτός, ἡ: *noche* (61)
263. πούς, ποδός, ὁ: *pie* (93)
264. σάρξ, σαρκός, ἡ: *carne, cuerpo* (147)
265. φῶς, φωτός, τό: *luz* (73)
266. χάρις, χάριτος, ἡ: *gracia* (155)
267. χείρ, χειρός, ἡ: *mano* (177)
268. ὕδωρ, -ατος, τό: *agua* (76)

Ejemplos:

(Jn 1:16) ὅτι ἐκ τοῦ πληρώματος αὐτοῦ ἡμεῖς πάντες ἐλάβομεν καὶ χάριν ἀντὶ χάριτος. *Porque de su plenitud nosotros todos recibimos y gracia sobre gracia.*

(Jn 3:2) οὗτος ἦλθεν πρὸς αὐτὸν νυκτός. *Este vino a él de noche.*

B. Sustantivos con terminación de raíz líquida (λ, μ, ν, ρ). La sigma de la desinencia en el nominativo singular y dativo plural se "cae" ante estas consonantes. Una variante de este tipo de sustantivo son aquellos cuyo genitivo singular termina en -οντος. La raíz terminada en –οντ en el nominativo usa -ων. Otros alternan vocal larga y corta entre los casos.

Vea los ejemplos declinados de los masculinos ἀνήρ, *hombre, varón*, πατήρ, *padre*, y ἄρχων, *gobernante*.

		ἀνήρ, ἀνδρός, ὁ (raíz = ανδρ-)	πατήρ, πατρός, ὁ (raíz = πατερ-)	ἄρχων, ἄρχοντος, ὁ (raíz = αρχοντ-)
Singular	Nom.	ἀνήρ	πατήρ	ἄρχων
	Gen.	ἀνδρός	πατρός	ἄρχοντος
	Dat.	ἀνδρί	πατρί	ἄρχοντι
	Ac.	ἄνδρα	πατέρα	ἄρχοντα
	Voc.	ἄνερ	πατέρ	ἄρχων
Plural	Nom.	ἄνδρες	πατέρες	ἄρχοντες
	Gen.	ἀνδρῶν	πατέρων	ἀρχόντων
	Dat.	ἀνδράσιν	πατράσι(ν)	ἄρχουσι(ν)
	Ac.	ἄνδρας	πατέρας	ἄρχοντας
	Voc.	ἄνδρες	πατέρες	ἄρχοντες

Vea el siguiente vocabulario con este tipo de sustantivos:

VOCABULARIO 18b
269. αἰών, αἰῶνος, ὁ: *era, eternidad* (122)
270. ἀνήρ, ἀνδρός, ὁ: *hombre, varón* (216)
271. ἄρχων, ἄρχοντος, ὁ: *gobernante, príncipe* (37)
272. μήτηρ, μητρός, ἡ: *madre* (83)
273. πατήρ, πατρός, ὁ: *padre* (413)
274. πῦρ, πυρός, τό: *fuego* (71)
275. Σίμων, Σίμονος, ὁ: *Simón* (75)

Ejemplos:

(Jn 12:34) ἡμεῖς ἠκούσαμεν ἐκ τοῦ νόμου ὅτι ὁ χριστὸς μένει εἰς τὸν αἰῶνα. *Nosotros oímos en la ley que el Cristo permanece para siempre*. (εἰς τὸν αἰῶνα es un modismo bastante común en el NT. Significa literalmente "para la edad" o "para el tiempo").

(Jn 14:30) οὐκέτι πολλὰ λαλήσω μεθ' ὑμῶν, ἔρχεται γὰρ ὁ τοῦ κόσμου ἄρχων. *Ya no hablaré mucho más con vosotros, porque viene el príncipe del mundo.*

(Jn 14:10) οὐ πιστεύεις ὅτι ἐγὼ ἐν τῷ πατρὶ καὶ ὁ πατὴρ ἐν ἐμοί ἐστιν; ¿No crees que yo estoy en el *Padre y el Padre en mí?*

C. Sustantivos en -μα/ματος. Hay 149 sustantivos que terminan su nominativo en -μα, y cuya raíz termina en -ματ. Todos son sustantivos neutros. Quizás el más relevante en el NT es πνεῦμα, *espíritu, Espíritu o viento*. Vea la siguiente tabla que muestra su declinación.

πνεῦμα, -ατος, τό, (raíz = πνευματ-)		
Caso	Singular	Plural
Nominativo	τὸ πνεῦμα	τὰ πνεύματα
Genitivo	τοῦ πνεύματος	τῶν πνευμάτων
Dativo	τῷ πνεύματι	τοῖς πνεύμασι(ν)
Acusativo	τὸ πνεῦμα	τὰ πνεύματα
Vocativo	πνεῦμα	πνεύματα

Aprenda las palabras del vocabulario de este tipo de sustantivos:

VOCABULARIO 18c

276. αἷμα, -ατος, τό: *sangre* (97)
277. θέλημα, -ατος, τό: *voluntad* (62)
278. ὄνομα, -ατος, τό: *nombre* (231)
279. πνεῦμα, -ατος, τό: *espíritu, Espíritu, viento* (379)
280. ῥῆμα, -ατος, τό: *palabra, asunto* (68)
281. σπέρμα, -ατος, τό: *simiente* (43)
282. στόμα, -ατος, τό: *boca* (78)
283. σῶμα, -ατος, τό: *cuerpo* (142)

NOTA. Observe que después de la forma léxica del sustantivo siguen unas letras introducidas con un guión y luego el artículo que indica el género. Las letras que aparecen con el guión representan la terminación del genitivo. Así también suele aparecer esta clase de sustantivos en un léxico para indicar el patrón de su declinación.

Ejemplos:

(Fil 2:9) διὸ καὶ ὁ Θεὸς αὐτὸν ὑπερύψωσεν καὶ ἐχαρίσατο αὐτῷ τὸ ὄνομα τὸ ὑπὲρ πᾶν ὄνομα. *Por lo tanto también Dios lo exaltó y le dio el nombre que es sobre todo nombre.*

(1Jn 1:7) καὶ τὸ αἷμα Ἰησοῦ τοῦ υἱοῦ αὐτοῦ καθαρίζει ἡμᾶς ἀπὸ πάσης ἁμαρτίας. *Y la sangre de Jesús su hijo nos limpia de todo pecado.*

(Jn 3:5) ἐὰν μή τις γεννηθῇ ἐξ ὕδατος καὶ πνεύματος, οὐ δύναται εἰσελθεῖν εἰς τὴν βασιλείαν τοῦ θεοῦ. *Si uno no sea nacido de agua y de espíritu, no puede entrar en el reino de Dios.*

III. SUJETOS NEUTROS. Un detalle característico de las oraciones con sujetos neutros en griego es que siempre usan el verbo en singular, aunque el sujeto sea plural. Vea este ejemplo:

(Mt 10:2) τῶν δώδεκα ἀποστόλων τά ὀνόματα ἐστιν ταῦτα. *Los nombres de los doce apóstoles son estos.*

En este ejemplo, el sujeto es plural, τά ὀνόματα. Pero el verbo es singular, ἐστιν. Cuando lo traducimos al español, nuestra gramática nos guía a concordar el número del sujeto y predicado. Por eso debemos traducir *los nombres ... son estos.*

VI. ACTIVIDADES DE APRENDIZAJE

Día 1

1. Vuelva a leer y estudiar detenidamente todo el capítulo 18.
2. Agregue a sus tarjetas de vocabulario las palabras nuevas de este capítulo.
3. Prepare tarjetas de estudio de las formas de la tercera declinación presentadas en este capítulo.

Día 2

1. Vuelva a repasar el vocabulario del capítulo 18.
2. Invierta tiempo repasando los sustantivos de la segunda declinación (capítulo 3) y la primera declinación (capítulo 6).
3. Sin consultar su Biblia, traduzca las siguientes citas bíblicas en una hoja aparte. *No olvide subrayar los verbos y colocar un código a cada verbo antes de traducir.*

(Mt 10:27) ὃ λέγω ὑμῖν ἐν τῇ σκοτίᾳ εἴπατε ἐν τῷ φωτί, καὶ ὃ εἰς τὸ οὖς (*oído*) ἀκούετε κηρύξατε ἐπί τῶν δωμάτων (δῶμα, -ατος, τό: *azotea*).

(Lc 20:4) τὸ βάπτισμα Ἰωάννου ἐξ οὐρανοῦ ἦν ἢ ἐξ ἀνθρώπων;
¿Qué significa la ";" al final del versículo? ______________________
Ahora escriba la traducción del texto.

Día 3

1. Revise el uso de los casos en el capítulo 3.
2. Antes de seguir con el siguiente cuadro, revise las tarjetas que elaboró en el Día 2 de las formas de la tercera declinación
3. Complete el cuadro a continuación. Puede consultar los ejemplos en este capítulo y también en capítulos anteriores si fuere necesario.

Forma léxica	Forma declinada	Género	Caso	Número
	θέλημα			
	στόματα			
	πνεύματι			
	τινα			
	ἄρχοντα			
	χαρίτων			
	νυξί			
	ῥήμασι			
	αἵματα			
	ὀνόμασι			
	πνεύματος			
	σώματων			
	πασῶν			
	στόματος			
	χάριτος			
	σάρκες			

Día 4

1. Sin consultar su Biblia, traduzca las siguientes citas bíblicas en una hoja aparte. *No olvide subrayar los verbos y colocar un código a cada verbo antes de traducir.*

(Jn 1:17) ὅτι ὁ νόμος διὰ Μωϋσέως ἐδόθη (*fue dada*), ἡ χάρις καὶ ἡ ἀλήθεια διὰ Ἰησοῦ Χριστοῦ ἐγένετο.

(Jn 1:4) ἐν αὐτῷ ζωὴ ἦν, καὶ ἡ ζωὴ ἦν τὸ φῶς τῶν ἀνθρώπων·

Día 5

1. Vuelva a leer y estudiar detenidamente todo el capítulo 18 y sus tarjetas de vocabulario para este capítulo.

2. Sin consultar su Biblia, traduzca la siguiente cita bíblica en una hoja aparte. *No olvide subrayar los verbos y colocar un código a cada verbo antes de traducir.*

(Jn 6:53) εἶπεν οὖν αὐτοῖς ὁ Ἰησοῦς, Ἀμην ἀμὴν λέγω ὑμῖν, ἐὰν μὴ φάγητε τὴν σάρκα τοῦ υἱοῦ τοῦ ἀνθρώπου καὶ πίητε (*bebéis*) αὐτοῦ τὸ αἷμα, οὐκ ἔχετε ζωὴν ἐν ἑαυτοῦς.

3. Revise las citas bíblicas que tradujo en estos ejercicios. ¿Cuántas formas encontró de sustantivos de la tercera declinación? ____________

4. Revise todo su trabajo para confirmar que todo está correcto.

CAPÍTULO 19

(Sustantivos: tercera declinación, segunda parte)

I. INTRODUCCIÓN. Esta lección continúa el estudio de la tercera declinación comenzado en la lección anterior. Las terminaciones de los sustantivos en la primera y segunda declinación siguen patrones relativamente sencillos. En cambio, la tercera declinación es más extensa. Abarca varios patrones regulares e irregulares. En el capítulo 15 introdujimos el tema de la tercera declinación con los pronombres interrogativos (τίς, τί) e indefinidos (τις τι). En el capítulo 18 estudiamos los principales tipos de sustantivos cuya raíz termina en consonante. En este capítulo veremos los principales sustantivos cuya raíz termina en vocal.

II. SUSTANTIVOS CUYA RAÍZ TERMINA EN VOCAL

A. Sustantivos cuya raíz termina en ι. Hay un grupo de sustantivos de la tercera declinación cuya raíz termina en ι. Todos estos sustantivos son de género femenino. Una característica típica de este tipo de sustantivos es que su genitivo singular termina en –εως. También alternan la vocal final de la raíz ι/ε. Vea el ejemplo de δύναμις, *poder.*

	δύναμις, δυνάμεως, ἡ	
	Singular	**Plural**
Nominativo	ἡ δύναμις	αἱ δυνάμεις
Genitivo	τῆς δυνάμεως	τῶν δυνάμεων
Dativo	τῇ δυνάμει	ταῖς δυνάμεσι(ν)
Acusativo	τήν δύναμιν	τάς δυνάμεις
Vocativo	δύναμις	δυνάμεις

Aprenda los siguientes sustantivos

VOCABULARIO 19a
284. ἀνάστασις, -εως, ἡ: *resurrección* (40)
285. γνῶσις, -εως, ἡ: *conocimiento* (29)
286. δύναμις, -εως, ἡ: *poder, milagro* (119)
287. θλίψις, -εως, ἡ: *aflicción, tribulación* (45)
288. κρίσις, -εως, ἡ: *juicio* (47)
289. πίστις, -εως, ἡ: *fe, fidelidad* (243)
290. πόλις, -εως, ἡ: *ciudad* (163)

Ejemplos:

(Jn 11:25) εἶπεν αὐτῇ ὁ Ἰησοῦς· ἐγώ εἰμι ἡ ἀνάστασις καὶ ἡ ζωή. *Jesús le dijo: Yo soy la resurrección y la vida.*

(Ro 1:17) ὁ δὲ δίκαιος ἐκ πίστεως ζήσεται. *Mas el justo por fe vivirá.*

(Mr 6:5) καὶ οὐκ ἐδύνατο ἐκεῖ ποιῆσαι οὐδεμίαν δύναμιν. *Y no podía allí hacer ningún hecho poderoso.*

B. Sustantivos que terminan en -ευς. Hay un grupo de sustantivos masculinos cuyo nominativo singular termina en -ευς. Esta terminación normalmente indica el hombre que realiza la actividad asociada. Por ejemplo, ὁ βασιλεύς es el hombre que realiza la actividad de βασιλεύειν, *reinar*.

Vea el siguiente cuadro de la declinación:

	βασιλεύς, βασιλέως, ὁ	
	Singular	Plural
Nominativo	ὁ βασιλεύς	οἱ βασιλεῖς
Genitivo	τοῦ βασιλέως	τῶν βασιλέων
Dativo	τῷ βασιλεῖ	τοῖς βασιλεῦσι
Acusativo	τὸν βασιλέα	τοὺς βασιλεῖς
Vocativo	βασιλεύς	βασιλεῖς

Vea algunas palabras con esta terminación:

VOCABULARIO 19b
291. ἀρχιερεύς, -εως, ὁ: *sumo sacerdote* (122)
292. βασιλεύς, -εως, ὁ: *rey* (115)
293. γραμματεύς, -εως, ὁ: *escriba* (63)
294. ἱερεύς, -εως, ὁ: *sacerdote* (31)

Ejemplos:

(Jn 1:49) σὺ εἶ ὁ υἱὸς τοῦ θεοῦ, σὺ βασιλεὺς εἶ τοῦ Ἰσραήλ. *Tú eres el hijo de Dios, tú eres el rey de Israel.*

(Mr 9:11) ὅτι λέγουσιν οἱ γραμματεῖς ὅτι Ἠλίαν δεῖ ἐλθεῖν πρῶτον; *¿Por qué dicen los escribas que es necesario que Elías venga primero?*

C. Sustantivos que terminan en -ος/ους. Unos pocos sustantivos neutros terminan como si fueran masculinos de segunda declinación, en -ος. Su genitivo termina en -ους. Será clave notar el artículo u otros modificadores para corroborar que se trata de un neutro de la tercera declinación. Vea la tabla siguiente con ἔθνος (*nación, pueblo*).

	ἔθνος, ἔθνους, τό	
	Singular	Plural
Nominativo	τὸ ἔθνος	τὰ ἔθνη
Genitivo	τοῦ ἔθνους	τῶν ἐθνῶν
Dativo	τῷ ἐθνεί	τοῖς ἔθνεσι(ν)
Acusativo	τὸ ἔθνος	τὰ ἔθνη
Vocativo	ἔθνος	ἔθνη

Vea algunos sustantivos de este tipo:

VOCABULARIO 19c
295. γένος, -ους, τό: *nación, linaje* (20)
296. ἔθνος, -ους, τό: *pueblo, nación* (162)
297. ἔτος, -ους, τό: *año* (49)
298. ὄρος, -ους, τό: *monte* (63)
299. τέλος, -ους, τό: *fin, meta* (40)

Ejemplos:

(1P 2:9) Ὑμεῖς δὲ γένος ἐκλεκτὸν, βασίλειον ἱεράτευμα, ἔθνος ἅγιον... *Mas vosotros (sois) linaje escogido, sacerdocio real, nación santa...*

(Mt 14:23b) ἀνέβη εἰς τὸ ὄρος κατ' ἰδίαν προσεύξασθαι. *Subió al monte, a solas, para orar* (κατ' ἰδίαν es un modismo, quiere decir *en privado, a solas, aparte*).

(Jn 11:51) ἀρχιερεὺς... τοῦ ἐνιαυτοῦ ἐκείνου ἐπροφήτευσεν ὅτι ἔμελλεν Ἰησοῦς ἀποθνήσκειν ὑπὲρ τοῦ ἔθνους. *El sumo-sacerdote ... de ese año profetizó que Jesús iba a morir por la nación.*

NOTA. Aquí hemos presentado tres variantes frecuentes de sustantivos de tercera declinación cuya raíz termina en vocal. Sin embargo, hay diez formas en total. Para un detalle de cómo se declina cada una de ellas vea el apéndice 5.

III. ACTIVIDADES DE APRENDIZAJE

Día 1

1. Vuelva a leer y estudiar detenidamente todo el capítulo 19.

2. Agregue a sus tarjetas de vocabulario las palabras nuevas de este capítulo.

3. Prepare tarjetas de estudio de las formas de la tercera declinación presentadas en este capítulo.

Día 2

1. Vuelva a repasar el vocabulario del capítulo 19.

2. Sin consultar su Biblia, traduzca las siguientes citas bíblicas en una hoja aparte. *No olvide subrayar los verbos y colocar un código a cada verbo antes de traducir.*

(1P 1:25) τὸ δὲ ῥῆμα κυρίου μένει εἰς τὸν αἰῶνα. τοῦτο δέ ἐστιν τὸ ῥῆμα τὸ εὐαγγελισθὲν (*que fue anunciada como buena noticia*) εἰς ὑμῖν.

(Jn 4:39) ἐκ δὲ τῆς πόλεως ἐκείνης πολλοὶ (*muchos*) ἐπίστευσαν εἰς αὐτὸν τῶν Σαμαριτῶν διὰ τὸν λόγον τῆς γυναικὸς μαρτυρούσης (*que testificaba*) ὅτι Εἶπεν μοι πάντα ἃ ἐποίησα.

Día 3

1. Compare y estudie las distintas formas de la tercera declinación del capítulo 19. Luego, estudie y compare estas con las del capítulo 18.

2. Complete el cuadro a continuación. Puede consultar los ejemplos en este capítulo y también en capítulos anteriores si fuere necesario. *Recuerde que la forma léxica para los sustantivos de la tercera declinación incluye cómo se forma el genitivo singular.*

Forma léxica	Forma declinada	Género	Caso	Número
	δυνάμεως			
	πατέρες			
	ἀνδρί			
	ἄνδρες			
	ἄνδρα			
	πόλεσι			
	θλίψει			
	πίστιν			
	βασιλεῖς			

Forma léxica	Forma declinada	Género	Caso	Número
	γένει			
	ἔθνη			
	γραμματέα			
	ἔθνους			
	ἀρχιερεῖς			
	πατράσι			
	δύναμις			

Día 4

1. Vuelva a repasar el vocabulario de los capítulos 18 y 19.

2. Sin consultar su Biblia, traduzca las siguientes citas bíblicas en una hoja aparte. *No olvide subrayar los verbos y colocar un código a cada verbo antes de traducir. Esté pendiente de que la puntuación en el griego puede ser distinta a la puntuación en el español.*

(Jn 18:37) εἶπεν οὖν αὐτῷ Πιλάτος· οὐκοῦν (*así que*) βασιλεὺς εἶ σύ; ἀπεκρίθη ὁ Ἰησοῦς· σὺ λέγεις ὅτι βασιλεύς εἰμι.

(1Jn 4:1) Ἀγαπητοί, μὴ παντὶ πνεύματι πιστεύετε ἀλλὰ δοκιμάζετε (δοκιμάζω: *probar, examinar*) τὰ πνεύματα εἰ ἐκ τοῦ θεοῦ ἐστιν.

Día 5

1. Vuelva a leer y estudiar detenidamente todo el capítulo 19 y sus tarjetas de vocabulario para este capítulo.

2. Sin consultar su Biblia, traduzca la siguiente cita bíblica en una hoja aparte. *No olvide subrayar los verbos y colocar un código a cada verbo antes de traducir.*

(Jn 3:5) ἀμὴν ἀμὴν λέγω σοι, ἐὰν μή τις γεννηθῇ ἐξ ὕδατος καὶ πνεύματος, οὐ δύναται εἰσελθεῖν εἰς τὴν βασιλείαν τοῦ θεοῦ.

3. Revise las citas bíblicas que tradujo en estos ejercicios. ¿Cuántas formas encontró de sustantivos de la tercera declinación? ____________________

4. Revise todo su trabajo para confirmar que todo está correcto.

CAPÍTULO 20

(Adjetivos: tercera declinación)

I. INTRODUCCIÓN. En el capítulo 7 estudiamos cómo son los adjetivos que siguen los patrones regulares de la primera y segunda declinación. Este capítulo completa la presentación de la tercera declinación al observar algunos adjetivos de declinación especial.

Al estudiar las declinaciones de este capítulo, su meta es familiarizarse con las similitudes entre ellas y las formas que ya estudiamos. Estas tablas le serán de gran utilidad a la hora de traducir. A medida que vaya practicando se familiarizará con estas formas.

II. VOCABULARIO. Aprenda estas palabras de vocabulario. Hay varios adjetivos que se explican en esta lección.

VOCABULARIO 20
Adjetivos de tercera declinación:
300. ἀσθενής, -ές: *débil, enfermo* (26)
301. ἀληθής, -ές: *verdadero* (26)
302. μέγας, μεγάλη, μέγα: *grande* (194)
303. πολύς, πολλή, πολύ: *mucho* (353)
Adjetivos de otras declinaciones:
304. δεξιός, -ιά, -ιόν: *derecho (opuesto de izquierdo)* (55)
305. λοιπός, -ά, -όν: *resto* (56)
306. μέσος, -α, -ον: *medio, en medio* (58)
Otras palabras:
307. ἄρα: *pues, así que* (49)
308. ἔτι: *todavía, aún* (93)
309. ὅπως: *como, que* (53)
310. οὗ: *donde* (54)
311. οὐκέτι: *ya no, no más* (48)
312. οὖς, ὠτός, τό: *oído, oreja* (36)

III. ADJETIVOS DE TERCERA DECLINACIÓN

Hasta ahora hemos aprendido adjetivos que tienen variaciones de primera declinación para el femenino y de segunda declinación para masculino y neutro. Sin embargo, hay algunos que usan la tercera declinación, como el adjetivo/pronombre que ya aprendimos en el capítulo 15: πᾶς, πᾶσα, πᾶν.

Hay algunos adjetivos que en los tres géneros siguen la tercera declinación. En ese caso, masculino y femenino tendrán la misma forma. Vea a continuación una tabla con el adjetivo ἀληθής, *verdadero*.

	ἀληθής, -ές			
	Singular		Plural	
Caso	Masc. y Fem.	Neut.	Masc. y Fem.	Neut.
Nom.	ἀληθής	ἀληθές	ἀληθεῖς	ἀληθῆ
Gen.	ἀληθοῦς	ἀληθοῦς	ἀληθῶν	ἀληθῶν
Dat.	ἀληθεῖ	ἀληθεῖ	ἀληθέσι(ν)	ἀληθέσι(ν)
Ac.	ἀληθῆ	ἀληθές	ἀληθεῖς	ἀληθῆ

Otros adjetivos comunes usan tercera declinación en el masculino y neutro y mantienen la primera declinación en el femenino. Vea la siguientes tablas con πολύς (*mucho*), y μέγας (*grande*).

	πολύς, πολλή, πολύ					
	Singular			Plural		
Caso	Masc.	Fem.	Neut.	Masc.	Fem.	Neut.
Nom.	πολύς	πολλή	πολύ	πολλοί	πολλαί	πολλά
Gen.	πολλοῦ	πολλῆς	πολλοῦ	πολλῶν	πολλῶν	πολλῶν
Dat.	πολλῷ	πολλῇ	πολλῷ	πολλοῖς	πολλαῖς	πολλοῖς
Ac.	πολύν	πολλήν	πολύ	πολλούς	πολλάς	πολλά

NOTA. Este adjetivo es bastante irregular. (1) En el masculino y neutro singular tiene nominativo y acusativo de tercera declinación sobre la raíz πολυ-; genitivo y dativo de segunda declinación sobre la raíz πολλ-. (2) En el plural, todos los casos se forman sobre la raíz πολλ- conforme a la segunda declinación. (3) El femenino sigue la primera declinación con la raíz πολλ-.

Ejemplo:

(1Co 1:26) Βλέπετε γὰρ τὴν κλῆσιν ὑμῶν, ἀδελφοί, ὅτι οὐ πολλοὶ σοφοὶ κατὰ σάρκα, οὐ πολλοὶ δυνατοί, οὐ πολλοὶ εὐγενεῖς... *Porque mirad vuestro llamado, hermanos, que no muchos sabios según la carne, no muchos poderosos, no muchos nobles...*

	μέγας, μεγάλη, μέγα					
	Singular			Plural		
Caso	Masc.	Fem.	Neut.	Masc.	Fem.	Neut.
Nom.	μέγας	μεγάλη	μέγα	μεγάλοι	μεγάλαι	μεγάλα
Gen.	μεγάλου	μεγάλης	μεγάλου	μεγάλων	μεγάλων	μεγάλων
Dat.	μεγάλῳ	μεγάλῃ	μεγάλῳ	μεγάλοις	μεγάλαις	μεγάλοις
Acus.	μέγαν	μεγάλην	μέγα	μεγάλους	μεγάλας	μεγάλα

NOTA. (1) Sobre la raíz breve μεγα-, se forman el nominativo y acusativo del singular, tanto en masculino como en neutro. (2) Los otros casos se forman sobre las raíces μεγαλο- (masculino y neutro) y μεγαλα- (femenino) conforme a la segunda y primera declinación respectivamente.

Ejemplos:

(Lc 2:10) Μὴ φοβεῖσθε, ἰδοὺ γὰρ εὐαγγελίζομαι ὑμῖν χαρὰν μεγάλην ἥτις ἔσται παντὶ τῷ λαῷ. *No temáis, porque he aquí traigo buenas noticias a vosotros que serán de gran gozo para todo el pueblo.*

(3Jn 12) καὶ ἡμεῖς δὲ μαρτυροῦμεν, καὶ οἶδας ὅτι ἡ μαρτυρία ἡμῶν ἀληθής ἐστιν. *Y también nosotros testificamos y sabes que nuestro testimonio es verdadero.*

(1Co 1:27) καὶ τὰ ἀσθενῆ τοῦ κόσμου ἐξελέξατο ὁ θεός. *Y Dios ha escogido lo débil (o las cosas débiles) del mundo.*

IV. ACTIVIDADES DE APRENDIZAJE

Día 1

1. Vuelva a leer y estudiar detenidamente todo el capítulo 20.

2. Agregue a sus tarjetas de vocabulario las palabras nuevas de este capítulo.

3. Prepare tarjetas de estudio de las formas de la tercera declinación presentadas en este capítulo.

Día 2

1. Vuelva a repasar el vocabulario del capítulo 20.

2. Vuelva a leer los capítulos 18 y 19 y compare las formas de la tercera declinación de esos capítulos con las de este capítulo.

3. Sin consultar su Biblia, traduzca las siguientes citas bíblicas en una hoja aparte. *No olvide subrayar los verbos y colocar un código a cada verbo antes de traducir.*

(Jn 17:17) ἁγίασον (de ἁγιάζω: *santificar)* αὐτοὺς ἐν τῇ ἀληθείᾳ· ὁ λόγος ὁ σὸς ἀλήθειά ἐστιν.

(Ef 3:14) Τούτου χάριν κάμπτω (*doblo*) τὰ γὸνατά (γονυ, -ατος, το: *rodilla*) μòυ πρὸς τὸν πατέρα.

Día 3

1. Vuelva a estudiar los vocabularios de los capítulos 18, 19 y 20.

2. Complete el cuadro a continuación. Puede consultar los ejemplos en este capítulo y también en capítulos anteriores si fuere necesario. *Recuerde que la forma léxica para los sustantivos de la tercera declinación incluye cómo se forma el genitivo singular.*

Forma léxica	Forma declinada	Género	Caso	Número
	ηνεύματος			
	ἀληθῶν			
	νύξ			
	νυξί			
	νυκτός			
	ἀληθέσι			
	ἀληθοῦς			
	ὠτὸς			
	οὖς			
	βασιλεῦσι			
	πολλούς			
	μεγάλαις			
	μέγαν			
	πολλῶν			

3. Sin consultar su Biblia, traduzca la siguiente cita bíblica en una hoja aparte. *No olvide subrayar los verbos y colocar un código a cada verbo antes de traducir.*

(1Co 9:22) ἐγενόμην τοῖς ἀσθενέσιν ἀσθενής, ἵνα τοὺς ἀσθενεῖς κερδήσω (de κερδαίνω: *ganar*).

Día 4

1. Use una concordancia o un léxico para buscar el número de veces que aparecen las siguientes palabras. Anote además algunas de las citas bíblicas en donde se encuentran.

ἀλήθεια (verdad) #_______________ Textos: ____________________

____

ἀληθής (verdadero) #_______________ Textos: ________________

____

πολύς (mucho) #_______________ Textos: ____________________

____

μέγας (grande) #_______________ Textos: ____________________

____

Anote los libros que consultó: ______________________________

____

3. Sin consultar su Biblia, traduzca las siguientes citas bíblicas en una hoja aparte. *No olvide subrayar los verbos y colocar un código a cada verbo antes de traducir.*

(Jn 11:29) ἐκείνη δὲ ὡς ἤκουσεν ἠγέρθη ταχὺ (*con prisa*) καὶ ἤρχετο πρὸς αὐτόν.

(Ef 5:32) τὸ μυστήριον (*misterio*) τοῦτο μέγα ἐστιν· ἐγὼ δὲ λέγω εἰς Χριστὸν καὶ εἰς τὴν ἐκκλησίαν.

Día 5

1. Vuelva a leer y estudiar detenidamente todo el capítulo 20 y sus tarjetas de vocabulario para este capítulo.

2. Sin consultar su Biblia, traduzca la siguiente cita bíblica en una hoja aparte. *No olvide subrayar los verbos y colocar un código a cada verbo antes de traducir.*

(1Co 2:3) κἀγὼ ἐν ἀσθενείᾳ καὶ ἐν φόβῳ καὶ ἐν τρόμῳ (τρόμος: *temblor*) πολλῷ ἐγενόμην πρὸς ὑμᾶς.

3. Revise las citas bíblicas que tradujo en estos ejercicios. ¿Cuántas formas encontró de sustantivos de la tercera declinación? _______________

4. Revise todo su trabajo para confirmar que todo está correcto.

VOCABULARIO ACUMULADO CAPÍTULOS 16-20

(un total de 83 palabras)

Qué impresionante avance ha mostrado en su aprendizaje del idioma griego. Hasta ahora conoce 311 palabras desde el vocabulario 1. Estas aparecen 114.586 veces. Lo que equivale al 82,94% del texto del NT. Recuerde repasar periódicamente su vocabulario.

Verbos	
ἀσθενέω: *estar enfermo* (33)	ἔξεστιν: *es lícito, permitido* (28)
βούλομαι: *desear* (37)	μισέω: *odiar* (40)
δεῖ: *es necesario* (101)	παρέρχομαι: *pasar, perecer* (29)
δοκεῖ: *parece ser* (62)	πλανάω: *engañar, descarriar* (39)
Sustantivos comunes	
αἷμα, -ατος, τό: *sangre* (97)	ὄνομα, -ατος, τό: *nombre* (231)
ἀνάστασις, -εως, ἡ: *resurrección* (42)	ὄρος, -ους, τό: *monte* (63)
	οὖς, ὠτός, τό: *oído, oreja* (36)
ἀνήρ, ἀνδρός, ὁ: *varón* (216)	παρρησία, ἡ: *confianza, franqueza* (31)
ἀρχιερεύς, -εως, ὁ: *sumo sacerdote* (122)	παρουσία, ἡ: *presencia, venida* (24)
	πατήρ, πατρός, ὁ: *padre* (412)
ἄρχων, -οντος, ὁ: *príncipe* (37)	πίστις, πίστεως, ἡ: *fe, fidelidad* (243)
βασιλεύς, -εως, ὁ: *rey* (115)	πνεῦμα, -ατος, τό: Espíritu, espíritu, viento (379)
γένος, -ους, τό: *nación, linaje* (20)	
γνῶσις, -εως, ἡ: *conocimiento* (29)	πόλις, -εως, ἡ: *ciudad* (163)
γραμματεύς, -εως, -ὁ: *escriba* (63)	πούς, ποδός, ὁ: *pie* (93)
γυνή, γυναικός, ἡ: *mujer* (214)	πῦρ, πυρός, τό: *fuego* (71)
δύναμις, -εως- ἡ: *poder, milagro* (119)	ῥημα, -ατος, τό: *palabra, cosa* (68)
	σάρξ, σαρκός, ἡ: *carne, cuerpo* (147)
ἔθνος, -ους, τό: *pueblo, nación* (162)	σοφία, ἡ: *sabiduría* (51)
ἐλπίς, -ίδος, ἡ: *esperanza* (53)	σπέρμα, -ατος, τό: *simiente* (43)
ἔτος, -ους, τό: *año* (49)	στόμα, -ατος, τό: *boca* (78)
θέλημα, -ατος, τό: *voluntad* (62)	σῶμα, -ατος, τό: *cuerpo* (142)
θλίψις, -εως, ἡ: *aflicción, tribulación* (45)	τέλος, -ους, τό: *fin, meta* (40)
	τόπος, ὁ: *lugar* (95)
ἱερεύς, -εως, ὁ: *sacerdote* (31)	ὕδωρ, -ατος, τό: *agua* (76)
κρίσις, κρίσεως, ἡ: *juicio* (47)	φῶς, φωτός, τό: *luz* (73)
λαός, ὁ: *pueblo* (141)	χάρις, -ιτος, ἡ: *gracia* (155)

μήτηρ, μητρός, ἡ: *madre* (84)

μνημεῖον, τό: *sepulcro* (40)

ναός, ὁ: *templo* (45)

νύξ, νυκτός, ἡ: *noche* (61)

χείρ, χειρός, ἡ: *mano* (177)

χρεία, ἡ: *necesidad* (49)

Sustantivo propio

Σίμων, Σίμονος, ὁ: *Simón* (75)

Adjetivos

ἀληθής, -ες: *verdadero* (26)

ἄξιος, -α, -ον: *digno* (41)

ἀσθενής, -ες: *débil, enfermo* (24)

δεξιός, -α, -ον: *derecho* (opuesto a izquierdo) (55)

ἕτερος, -α, -ον: *otro* (97)

ἕκαστος, -η, -ον: *cada uno, cada* (82)

λοιπός, -ά, -όν: *resto* (56)

μακάριος, -η, -ον: *bienaventurado, feliz, dichoso* (50)

μέσος, -α, -ον: *medio, en medio* (58)

μέγας, μεγάλη, μέγα: *grande* (194)

μόνος, -η, -ον: *solo* (114)

νεός, -ά, -όν: *joven, nuevo* (23)

ὀλίγος, -α, -όν: *poco, pequeño* (41)

πολύς, πολλή, πολύ: *mucho* (353)

Adverbios

ἔτι: *todavía, aún* (93)

εὐθύς: *enseguida, inmediatamente* (59)

ἕως: *hasta, mientras* (146)

καθώς: *como, así como* (178)

οὗ: *donde* (54)

τότε: *entonces* (159)

Conjunciones

ἄρα: *pues, así que* (49)

ἵνα: *para que* (663)

ὅπως: *como, para que* (53)

ὅταν: *cuando* (123)

οὐκέτι: *ya no, no más* (48)

Partícula

ἰδού: *he aquí* (200)

Preposición

περί: *acerca de, referente a (gen.); alrededor de (ac.)* (333)

CAPÍTULO 21

(Adjetivos y adverbios comparativos y superlativos; pronombres recíprocos, posesivos y reflexivos)

I. INTRODUCCIÓN. ¡Felicitaciones! Si usted ha llegado satisfactoriamente hasta este punto del curso de griego, ha dominado dos terceras partes de la base formal del idioma. Ahora está en la recta final. Básicamente lo que nos queda por delante es completar nuestro estudio de los tiempos observando el tiempo perfecto y el pluscuamperfecto, dedicar varias lecciones a la presentación y el uso de los participios y ver otro sistema de verbos que terminan en -μι.

En este capítulo veremos unas variaciones de los usos de los adjetivos, adverbios y pronombres.

II. ADJETIVOS COMPARATIVOS Y SUPERLATIVOS

Hasta ahora hemos visto la forma normal de los adjetivos. En gramática esta se conoce como adjetivo positivo. En el NT, hay 5022 ocurrencias de este tipo de adjetivo. Sin embargo, hay dos formas más, el comparativo y el superlativo. Estas son menos frecuentes. Hay 297 casos de compartativo y 41 de superlativo.

Ahora bien, en el griego a los adjetivos positivos se les pueden añadir partículas que señalan una comparación: "más … que, menos … que". También se les puede añadir partículas, como en español, que indican el superlativo (paup<u>érrimo</u>, pobr<u>ísimo</u>). Pero, antes de ver más detalles, aprenda este nuevo vocabulario.

VOCABULARIO 21a	
313. ἐλάχιστος, -η, -ον: *el más pequeño, el menor* (14)	317. μείζων, -ον: *más grande* (48)
	318. μικρός, -ά, -όν: *pequeño* (46)
314. ἰσχυρός, -ά, -όν: *fuerte* (28)	319. πλείων: *mayor, más grande* (55)
315. κρείσσων: *mejor* (19)	320. σοφός, -ή, -όν: *sabio* (20)
316. μᾶλλον: *más, más bien, antes* (82)	

Cuando en griego se quiere comparar, usualmente se le agrega el sufijo -ότερος al adjetivo, y luego se suele usar la partícula comparativa ἤ. En otras ocasiones la cosa o persona comparada vendrá en genitivo después del adjetivo. Para comparar, en español agregamos al adjetivo la frase "más/menos ... que". Pero cuando esa comparación es superlativa, en griego se le agrega el sufijo -ότατος. En español le agregamos el sufijo "-ísimo, -érrimo". La siguiente tabla ilustra cómo se vería un adjetivo en las tres formas: positivo, comparativo y superlativo. No todas las formas están presentes en el NT.

Positivo	Comparativo	Superlativo
ἰσχυρός, -ά, -όν	ἰσχυρότερος, -α, -ον	ἰσχυρότατος, -η, -ον
νέος, -α, -ον	νεώτερος, -α, -ον	νεώτατος, -η, -ον
σοφός, -ή, -ον	σοφώτερος, -α, -ον	σοφώτατος, -η, -ον
ἀσθηνής, -ές	ἀσθηνέστερος, -α, -ον	ἀσθενέστατος, -η, -ον

Ejemplos:

(Mt 10:15) ἀμὴν λέγω ὑμῖν, ἀνεκτότερον ἔσται γῇ Σοδόμων καὶ Γομόρρων ἐν ἡμέρᾳ κρίσεως ἢ τῇ πόλει ἐκείνῃ. *En verdad os digo: será más tolerable (el castigo) para la tierra de Sodoma y Gomorra en el día del juicio que para aquella ciudad.*

(Mt 11:11) Ἀμὴν λέγω ὑμῖν· οὐκ ἐγήγερται ἐν γεννητοῖς γυναικῶν μείζων Ἰωάννου τοῦ βαπτιστοῦ· ὁ δὲ μικρότερος ἐν τῇ βασιλείᾳ τῶν οὐρανῶν μείζων αὐτοῦ ἐστιν. *En verdad os digo: no ha sido levantado entre los nacidos de mujer uno mayor que Juan el Bautista. Pero el más pequeño del reino de los cielos, es mayor que él.*

El adjetivo μικρός está en nominativo masculino singular comparativo. Usualmente, los adjetivos comparativos son seguidos por genitivo y se traducen "más ... que". Observe el ejemplo "mayor que" en Mt 11:11.

Observe cómo Pablo usa el superlativo comparativo para presentarse a sí mismo en el siguiente versículo:

(Ef 3:8) Ἐμοὶ τῷ ἐλαχιστοτέρῳ πάντων ἁγίων ἐδόθη ἡ χάρις αὕτη, τοῖς ἔθνεσιν εὐαγγελίσασθαι τὸ ἀνεξιχνίαστον πλοῦτος τοῦ Χριστοῦ. *A mí el más pequeño de los pequeños (o menos que el más pequeño) de todos los santos, fue dada esta gracia: anunciar a los gentiles las inescrutables riquezas de Cristo.*

Aquí la forma ἐλαχιστοτέρῳ es una combinación entre la forma superlativa del adjetivo ἐλαχύς (ἐλάχιστος) precedida por el sufijo de comparación -οτερος.

Adjetivos comparativos irregulares.

Al igual que en español, hay algunos comparativos y superlativos irregulares. De hecho, de las 41 ocurrencias de superlativos en el NT, los adjetivos superlativos más comunes son ἐλάχιστος, *el más pequeño* (14 veces), superlativo de ἐλαχύς y ὑψιστός, *altísimo/alturas* (13 veces), superlativo de ὕψι. De las 297 ocurrencias de adjetivos comparativos, los más comunes son πρεσβύτερος, *más viejo que, anciano* (66 veces) comparativo de πρέσβυς y μείζων, *mayor, más grande que* (48 veces), comparativo de μέγας. Vea algunos comparativos y superlativos irregulares tanto en español como en griego en la siguientes tablas:[1]

Positivo	Comparativo	Superlativo
Bueno	Mejor que	El mejor (de todo), óptimo
Malo	Peor que	El peor (de todo), pésimo
Grande	Mayor que	El mayor (de todo), máximo
Pequeño	Menor que	El menor (de todo), mínimo
Pobre	Más pobre que	Paupérrimo
Generoso	Más generoso que	Libérrimo

Positivo	Comparativo	Superlativo
ἅγιος, *santo*	ἁγιώτερος, *más santo*	ἁγιώτατος, *el (más) santísimo*
τίμιος, *precioso*	τιμιώτερος, *más precioso*	τιμιώτατος, *el más precioso*
ἀκριβής, *estricto, exacto*	ἀκριβέστερος, *más estricto, exacto*	ἀκριβέστατος, *el más estricto, exacto*
ἀγαθός, *bueno*	κρείσσων o κρείττων, *mejor*	χράτιστος, *el mejor*
μέγας, *grande*	μείζων, *mayor*	μέγιστος, *el mayor*
πολύς, *mucho*	πλείων o πλέων, *mucho más*	πλεῖστος, *lo más*
κακός, *malo*	χείρων, *peor*	
μικρός, *pequeño*	μικρότερος o ἐλάσσων, *menor*	μικρότατος o ἐλάχιστος, *el menor, el mínimo*

1. Wallace y Steffen, 201; Eugene Van Ness Goetchius, *The Language of the New Testament* (Nueva York: Scribner's, 1965), §272.

Observe como modelo la declinación de μείζων, comparativo de μέγας, *grande*.

	SINGULAR		PLURAL	
	Masc./Fem.	Neut.	Masc./Fem.	Neut.
Nom.	μείζων	μειζόν	μείζονες	μείζονα
Gen.	μείζονος	μείζονος	μειζόνων	μειζόνων
Dat.	μείζονι	μείζονι	μειζόνων	μειζόνων
Ac.	μείζονα	μειζόν	μείζονας	μείζονα

Ejemplos:

(Mt 12:6) λέγω δὲ ὑμῖν ὅτι τοῦ ἱεροῦ μεῖζόν ἐστιν ὧδε. *Pero os digo que uno mayor que el templo está aquí.*

NOTA. El genitivo de comparación (τοῦ ἱεροῦ) confirma que el adjetivo comparativo tiene su uso normal. El adjetivo, al no modificar a algún sustantivo en particular, aquí se traduce "uno mayor". Si apareciera un sustantivo X, entonces se traduciría "X, mayor que el templo, está aquí".

(Mr 10:25) εὐκοπώτερόν ἐστιν κάμηλον διὰ [τῆς] τρυμαλιᾶς [τῆς] ῥαφίδος διελθεῖν ἢ πλούσιον εἰς τὴν βασιλείαν τοῦ θεοῦ εἰσελθεῖν. *Más fácil le es a un camello pasar por el ojo de una aguja, que a un rico entrar en el reino de Dios.*

NOTA. El adjetivo comparativo tiene su uso normal por la presencia de la partícula ἤ. Nótese que el adjetivo positivo πλούσιον se usa como sustantivo: "un rico".[2]

(Jn 11:24) ἀναστήσεται ἐν τῇ ἀναστάσει ἐν τῇ ἐσχάτῃ ἡμέρᾳ. *Resucitará en la resurrección en el último día.*

(1Co 15:9) Ἐγὼ γάρ εἰμι ὁ ἐλάχιστος τῶν ἀποστόλων. *Pues yo soy el más insignificante de los apóstoles.*

Con frecuencia, los adjetivos comparativos y superlativos se usan para énfasis en lugar de comparaciones o algo que es al extremo de tres o más unidades.

Un adjetivo comparativo o superlativo también puede ser "elativo" (intensivo) en el sentido de que es solamente una intensificación de un adjetivo positivo. En español usamos el adverbio "muy" para expresar la idea "elativa" (intensiva). En vez de decir "La casa es blanca", decimos "La casa es muy blanca". En griego, la forma del adjetivo positivo cambia a la forma comparativa o superlativa para "intensificar" el adjetivo sin una comparación. Por

2. Wallace y Steffen, 204.

ejemplo, μείζων (más grande, mayor, más importante) es la forma comparativa del adjetivo μέγας (grande). Pero, a veces, su significado puede ser "muy grande" sin una comparación. Tal significado es el uso absoluto ("elativo" o intensivo) de un adjetivo comparativo.[3]

(Hch 13:31) ὤφθη* ἐπὶ ἡμέρας πλείους τοῖς συναναβᾶσιν αὐτῷ. *Apareció por muchos días a los que habían subido con él.* *El verbo ὁράω en voz pasiva tiene sentido activo (BDAG A.1.d.). Se debe traducir "apareció" en lugar de "fue visto".

(Mr 4:1) καὶ συνάγεται πρὸς αὐτὸν ὄχλος πλεῖστος. *Y se reunió ante él una multitud muy grande.*

(Lc 1:3) σοι γράψαι, κράτιστε Θεόφιλε, *escribírtelas, oh excelentísimo Teófilo.*

(1Co 4:3) ἐμοὶ δὲ εἰς ἐλάχιστόν ἐστιν, ἵνα ὑφ' ὑμῶν ἀνακριθῶ ἢ ὑπὸ ἀνθρωπίνης ἡμέρας. *Pero para mí es muy poca cosa el ser juzgado por vosotros o por cualquier tribunal humano.*

III. ADVERBIOS COMPARATIVOS

Tanto en español como en griego, al igual que en los adjetivos, cuando se quiere hacer una comparación adverbial, se agrega sufijos a las palabras. Por ejemplo, rápidamente, rapidísimamente. Antes de ver ejemplos, aprenda esta lista de adverbios.

VOCABULARIO 21b	
321. ἄνωθεν: *arriba* (13)	324. ὀπίσω: *atrás, detrás* (35)
322. ἐγγύς: *cerca* (31)	325. τάχεως: *pronto, presto* (11)
323. κάτω: *abajo* (11)	

Para formar el adverbio comparativo griego se le agrega el comparativo -τερος. También hay algunos irregulares. Vea la siguiente lista:

ἄνω: *arriba;*	ἀνώτερον: *más arriba*
ἐγγύς: *cercano;*	ἐγγύτερον: *más cerca*
ἔξω, *afuera;*	ἐξώτερος: *de afuera*
κάτω: *abajo;*	κατωτέρω, κατώτερος: *más abajo*
πολύ: *mucho;*	πλεῖον, πλέον: *mucho más*
τάχα, ταχέως: *pronto;*	τάχιον: más pronto; τάχιστα: *lo más pronto*

Ejemplos:

3. Ibíd, 202.

(Lc 14:10) φίλε, προσανάβηθι ἀνώτερον· τότε ἔσται σοι δόξα ἐνώπιον πάντων τῶν συνανακειμένων σοι. *Amigo, sube más arriba; entonces te será honra delante de los que se sientan contigo a la mesa.*

(Mt 2:16) ἀνεῖλεν πάντας τοὺς παῖδας τοὺς ἐν Βηθλέεμ καὶ ἐν πᾶσι τοῖς ὁρίοις αὐτῆς ἀπὸ διετοῦς καὶ κατωτέρω, *mató a todos los niños en Belén y en todas sus regiones desde dos años para abajo (más joven).*

(Jn 13:27) λέγει οὖν αὐτῷ ὁ Ἰησοῦς· ὃ ποιεῖς ποίησον τάχιον.
Por lo tanto, Jesús le dice: "Lo que haces hazlo muy rápido".

NOTA. No hay comparación del adverbio τάχιον en este contexto, sino un uso intensivo o de énfasis, muy pronto o muy rápido. Pero, en el siguiente ejemplo, sí hay comparación, más rápidamente.

(Jn 20:4) ἔτρεχον δὲ οἱ δύο ὁμοῦ· καὶ ὁ ἄλλος μαθητὴς προέδραμεν τάχιον τοῦ Πέτρου καὶ ἦλθεν πρῶτος εἰς τὸ μνημεῖον. *Y los dos corrían juntos, pero el otro discípulo corrió más rápidamente que Pedro y llegó primero al sepulcro.*

IV. RECÍPROCOS, POSESIVOS Y REFLEXIVOS

Antes de ver las definiciones y desinencias en cada uno de estos temas, aprenda el vocabulario siguiente:

VOCABULARIO 21c
326. ἀλλήλων: *unos a otros* (100)
327. ἑαυτοῦ, -ῆς, -οῦ: *de sí mismo* (319)
328. ἐμαυτοῦ, -ῆς, -οῦ: *de mí mismo* (37)
329. σεαυτοῦ, -ῆς, -οῦ: *de ti mismo* (43)

A. El pronombre recíproco. En griego existe el pronombre recíproco. Este comunica la idea de "unos a otros", "unos de otros", "unos por otros", etc. Como es de esperarse, solo ocurre en plural. Aparece unas 100 veces en el NT. También ocurre en todos los casos menos en el nominativo. Vea a continuación una tabla con las desinencias.

Caso	Masculino	Femenino	Neutro
Gen.	ἀλλήλων	ἀλλήλων	ἀλλήλων
Dat.	ἀλλήλοις	ἀλλήλαις	ἀλλήλοις
Ac.	ἀλλήλους	ἀλλήλας	ἀλλήλα

Ejemplos:

(Jn 4:33) ἔλεγον οὖν οἱ μαθηταὶ πρὸς ἀλλήλους· μή τις ἤνεγκεν αὐτῷ φαγεῖν; *Pues decían los discípulos unos a otros: ¿acaso alguien le trajo de comer?*

(Jn 6:43) ἀπεκρίθη Ἰησοῦς καὶ εἶπεν αὐτοῖς· μὴ γογγύζετε μετ' ἀλλήλων. *Respondió Jesús y les dijo: no murmuréis entre vosotros (o unos con otros).*

B. El pronombre reflexivo. En el idioma griego existen al igual que en el español los pronombres reflexivos. Estos son usados con verbos en voz activa principalmente, aunque también aparecen con verbos en voz media de manera muy enfática. Al igual que en español, estos pronombres se usan para enfatizar el beneficio ("me corto el pelo") o involucramiento ("me peino") del sujeto, o incluso para énfasis ("me vine"). Las siguientes tablas presentan las diversas formas. En ellas puede observar varias cosas:

(1) No hay forma de nominativo.

(2) Estos pronombres se forman de la combinación de los pronombres personales con αὐτός.

(3) En la primera y segunda persona no hay forma neutra.

(4) En las tres personas se usa la misma forma plural, excepto el acusativo neutro plural.

	Primera persona: ἐμαυτοῦ, -ῆς, *de mí mismo*			
	Singular		Plural	
	Masculino	Femenino	Masculino	Femenino
Gen.	ἐμαυτοῦ	ἐμαυτῆς	ἑαυτῶν	ἑαυτῶν
Dat.	ἐμαυτῷ	ἐμαυτῇ	ἑαυτοῖς	ἑαυταῖς
Ac.	ἐμαυτόν	ἐμαυτήν	ἑαυτούς	ἑαυτάς

	Segunda persona: σεαυτοῦ, -ῆς, *de ti mismo*			
	Singular		Plural	
	Masculino	Femenino	Masculino	Femenino
Gen.	σεαυτοῦ	σεαυτῆς	ἑαυτῶν	ἑαυτῶν
Dat.	σεαυτῷ	σεαυτῇ	ἑαυτοῖς	ἑαυταῖς
Ac.	σεαυτόν	σεαυτήν	ἑαυτούς	ἑαυτάς

	Tercera persona: ἑαυτοῦ, -ῆς, -οῦ, *de sí mismo*			
	Caso	Masculino	Femenino	Neutro
singular	Gen.	ἑαυτοῦ	ἑαυτῆς	ἑαυτοῦ
	Dat.	ἑαυτῷ	ἑαυτῇ	ἑαυτῷ
	Ac.	ἑαυτόν	ἑαυτήν	ἑαυτόν
Plural	Gen.	ἑαυτῶν	ἑαυτῶν	ἑαυτῶν
	Dat.	ἑαυτοῖς	ἑαυταῖς	ἑαυτοῖς
	Ac.	ἑαυτούς	ἑαυτάς	ἑαυτά

Ejemplos:

(Jn 8:13) Σὺ περὶ σεαυτοῦ μαρτυρεῖς· ἡ μαρτυρία σου οὐκ ἔστιν ἀληθής. *Tú acerca de ti mismo testificas. El testimonio tuyo no es verdadero.*

(1Jn 5:21) Τεκνία, φυλάξατε ἑαυτὰ ἀπὸ τῶν εἰδώλων. *Hijitos, guardaos a vosotros mismos de los ídolos.*

(Jn 8:54) ἀπεκρίθη Ἰησοῦς· ἐὰν ἐγὼ δοξάσω ἐμαυτόν, ἡ δόξα μου οὐδέν ἐστιν. Jesús respondió, *"Si yo me glorifico a mí mismo, mi gloria no es nada"*.

(Jn 5:42) τὴν ἀγάπην τοῦ θεοῦ οὐκ ἔχετε ἐν ἑαυτοῖς. *No tenéis el amor de Dios en vosotros mismos.*

(Jn 5:19) οὐ δύναται ὁ υἱὸς ποιεῖν ἀφ' ἑαυτοῦ οὐδὲν. *El Hijo no puede hacer nada por sí mismo.*

C. El adjetivo posesivo. Además del genitivo de los pronombres vistos hasta ahora, en griego existen los adjetivos posesivos que básicamente funcionan como adjetivos determinativos posesivos. Estos siguen la declinación normal de los adjetivos, pero existen ya sea solo en singular o solo en plural según el caso. Por su poca frecuencia, son altamente enfáticos. A modo de ejemplo, sería como decir: "Este lápiz es mío solo y de nadie más".

VOCABULARIO 21d
330. ἐμός, -ή, -όν: *mío* (76)
331. ἡμέτερος, -α, -ον: *nuestro* (7)
332. σός, -ή, -όν: *tuyo* (25)
333. ὑμέτερος, -α, -ον: *vuestro* (11)

En el capítulo 8 estudiamos los pronombres personales. Sería bueno ahora que revise lo que estudiamos en ese momento. Los posesivos son muy similares: ἐμός, σός, ἡμέτερος y ὑμέτερος, mío, tuyo, nuestro, vuestro.

Estudie y compare los siguientes dos cuadros con lo que hemos estudiado hasta ahora de las terminaciones regulares de adjetivos en masculino, femenino y neutro.

(1) Lo mío y lo nuestro:

	ἐμός (*mío*)					
	Singular			Plural		
Caso	Masc.	Fem.	Neut.	Masc.	Fem.	Neut.
Nom.	ἐμός	ἐμή	ἐμόν	ἐμοί	ἐμαί	ἐμά
Gen.	ἐμοῦ	ἐμῆς	ἐμοῦ	ἐμῶν	ἐμῶν	ἐμῶν
Dat.	ἐμῷ	ἐμῇ	ἐμῷ	ἐμοῖς	ἐμαῖς	ἐμοῖς
Ac.	ἐμόν	ἐμήν	ἐμόν	ἐμούς	ἐμάς	ἐμά

	ἡμέτερος (*nuestro*)					
	Singular			Plural		
Caso	Masc.	Fem.	Neut.	Masc.	Fem.	Neut.
Nom.	ἡμέτερος	ἡμετέρα	ἡμέτερον	ἡμέτεροι	ἡμέτεραι	ἡμέτερα
Gen.	ἡμετέρου	ἡμετέρας	ἡμετέρου	ἡμετέρων	ἡμετέρων	ἡμετέρων
Dat.	ἡμετέρῳ	ἡμετέρᾳ	ἡμετέρῳ	ἡμετέροις	ἡμετέραις	ἡμετέροις
Ac.	ἡμέτερον	ἡμετέραν	ἡμέτερον	ἡμετέρους	ἡμέτερας	ἡμέτερα

(2) Lo tuyo y lo vuestro:

	σός (*tuyo*)					
	Singular			Plural		
Caso	Masc.	Fem.	Neut.	Masc.	Fem.	Neut.
Nom.	σός	σή	σόν	σοί	σαί	σά
Gen.	σοῦ	σῆς	σοῦ	σῶν	σῶν	σῶν
Dat.	σῷ	σῇ	σῷ	σοῖς	σαῖς	σοῖς
Ac.	σόν	σήν	σόν	σούς	σάς	σά

	ὑμέτερος (*vuestro*)					
	Singular			Plural		
Caso	Masc.	Fem.	Neut.	Masc.	Fem.	Neut.
Nom.	ὑμέτερος	ὑμετέρα	ὑμέτερον	ὑμέτεροι	ὑμέτεραι	ὑμέτερα
Gen.	ὑμετέρου	ὑμετέρας	ὑμετέρου	υμετέρων	ὑμετέρων	ὑμετέρων
Dat.	ὑμετέρῳ	ὑμετέρᾳ	ὑμετέρῳ	ὑμετέροις	ὑμετέραις	ὑμετέροις
Ac.	ὑμέτερον	ὑμετέραν	ὑμέτερον	ὑμετέρους	ὑμέτερας	ὑμέτερα

NOTA. El griego koiné no ofrece un pronombre posesivo para la tercera persona, pero usa el genitivo de αὐτός que vimos en el capítulo 8. El artículo y el adjetivo ἴδιος, -α, -ον, (propio, particular) también se usa para expresar posesión.

Ejemplos:

(Jn 5:30) Οὐ δύναμαι ἐγὼ ποιεῖν ἀπ' ἐμαυτοῦ οὐδέν· καθὼς ἀκούω κρίνω, καὶ ἡ κρίσις ἡ ἐμὴ δικαία ἐστίν, ὅτι οὐ ζητῶ τὸ θέλημα τὸ ἐμὸν ἀλλὰ τὸ θέλημα τοῦ πέμψαντός με. *No puedo yo hacer por mí mismo nada. Como oigo juzgo, y mi juicio es justo, porque no busco la voluntad mía sino la voluntad del que me envió.*

(Lc 6:20) Μακάριοι οἱ πτωχοί, ὅτι ὑμετέρα ἐστὶν ἡ βασιλεία τοῦ θεοῦ. *Felices sois los pobres, porque vuestro es el reino de Dios.*

V. ACTIVIDADES DE APRENDIZAJE

Día 1

1. Vuelva a leer y estudiar detenidamente todo el capítulo 21.

2. Agregue a sus tarjetas de vocabulario las palabras nuevas de este capítulo.

3. Prepare tarjetas para su estudio y memorización de los adjetivos y adverbios comparativos, y los diferentes tipos de pronombres mencionados en este capítulo.

4. Como repaso, explique a continuación la diferencia entre un adjetivo, un adverbio y un pronombre. Escriba por lo menos dos ejemplos para cada uno.

Adjetivo: ______________________________

Adverbio: ______________________________

Pronombre: ______________________________

Día 2

1. Revise de nuevo lo que estudió en este capítulo y escriba a continuación por lo menos dos ejemplos griegos de los siguientes términos:

Adjetivo comparativo: ______________________________

____

Adverbio comparativo: ______________________________

____

Pronombre posesivo: ______________________________

____

2. Sin consultar su Biblia, traduzca las siguientes citas bíblicas en una hoja aparte. No olvide subrayar los verbos y colocar un código a cada uno antes de traducir.

(Jn 1:11) εἰς τὰ ἴδια ἦλθεν καὶ οἱ ἴδιοι αὐτὸν οὐ παρέλαβον.

Las palabras ἴδια y ἴδιοι son plurales del mismo pronombre ἴδιος. ¿Cuál es la diferencia entre las dos palabras? ______________________________

¿Qué implicación tiene esta diferencia para la traducción y comprensión del pasaje? ______________________________

(Jn 5:26) ὥσπερ γὰρ ὁ πατὴρ ἔχει ζωὴν ἐν ἑαυτῷ, οὕτως καὶ τῷ υἱῷ ἔδωκεν (*dio*) ζωὴν ἔχειν ἐν ἑαυτῷ.

Día 3

1. Revise de nuevo el vocabulario y los cuadros de este capítulo.

2. El cuadro a continuación contiene una variedad de adjetivos, pronombres y sustantivos. Complete la información que hace falta. Si lo necesita, puede consultar los ejemplos en este capítulo y también en capítulos anteriores. En la tercera columna identifique con "A" si la palabra es un adjetivo, "P" si es pronombre o "S" si es sustantivo.

Forma léxica	Forma declinada	(A)djetivo (P)ronombre (S)ustantivo	Género	Caso	Número
	μείζονος				
	ἀλλήλαις				
	ἐμῇ				
	ἰδίους				

	ἀγαθοί				
	προφήτου				
	αὐτῷ				
	αὐτάς				
	ὑμῖν				
	φωνήν				

3. Sin consultar su Biblia, traduzca las siguientes citas bíblicas en una hoja aparte. No olvide subrayar los verbos y colocar un código a cada uno antes de traducir.

(Jn 13:34) ἐντολὴν καινὴν δίδωμι (*doy*) ὑμῖν, ἵνα ἀγαπᾶτε ἀλλήλους, καθὼς ἠγάπησα ὑμᾶς ἵνα καὶ ὑμεῖς ἀγαπᾶτε ἀλλήλους.

(1Jn 1:8) ἐὰν εἴπωμεν ὅτι ἁμαρτίαν οὐκ ἔχομεν, ἑαυτοὺς πλανῶμεν, καὶ ἡ ἀλήθεια οὐκ ἔστιν ἐν ἡμῖν.

Día 4

1. Revise todas sus tarjetas de vocabulario de sustantivos, pronombres y adjetivos.

2. Para más práctica, el cuadro a continuación contiene otra variedad de adjetivos, pronombres y sustantivos. Complete la información que falta. Si lo necesita, puede consultar los ejemplos en este capítulo y también en capítulos anteriores. En la tercera columna identifique con "A" si la palabra es un adjetivo, "P" si es pronombre o "S" si es sustantivo.

Forma léxica	Forma declinada	(A)djetivo (P)ronombre (S)ustantivo	Género	Caso	Número
	οὗτοι				
	ταῦτα				
	ἐκείνων				
	πολλῶν				
	σέ				
	ἐμοι				
	ἐλπίδων				
	ἐμά				
	ἀληθές				
	ὑμετέρους				

3. Sin consultar su Biblia, traduzca las siguientes citas bíblicas en una hoja aparte. No olvide subrayar los verbos y colocar un código a cada uno antes de traducir.

(Jn 18:36) ἡ βασιλεία ἡ ἐμὴ οὐκ ἔστιν ἐκ τοῦ κόσμου τούτου.

(2Co 13:12) ἀσπάζεσθε ἀλλήλους ἐν ἁγίῳ φιλήματι (φιλῆμα: *beso*). ἀσπάζονται ὑμᾶς οἱ ἅγιοι πάντες.

Día 5

1. Revise detenidamente la sección II, que trata los adjetivos comparativos.

2. Sin consultar su Biblia, traduzca las siguientes citas bíblicas. No olvide subrayar los verbos y colocar un código a cada uno antes de traducir.

(Mt 5:19) ὃς ἐὰν οὖν λύσῃ μίαν τῶν ἐντολῶν τούτων τῶν ἐλαχίστων καὶ διδάξῃ οὕτως τοὺς ἀνθρώπους, ἐλάχιστος κληθήσεται ἐν τῇ βασιλείᾳ τῶν ούρανῶν.

(Mt 5:20) λέγω γὰρ ὑμῖν ὅτι ἐὰν μὴ περισσεύσῃ (περισσεύω: *exceder*) ὑμῶν ἡ δικαιοσύνη πλεῖον τῶν γραμματέων καὶ Φαρισσαίων, ού μὴ εἰσέλθητε εἰς τὸν βασιλείαν τῶν ούρανῶν.

(Jn 14:12) ἀμὴν ἀμὴν λέγω ὑμῖν, ὁ πιστεύων (*el que cree*) εἰς ἐμὲ τὰ ἔργα ἃ ἐγὼ ποιῶ κἀκεῖνος (crasis de καί + ἐκείνος: *aquél también*) ποιήσει καὶ μείζονα τούτων ποιήσει, ὅτι ἐγὼ πρὸς τὸν πατέρα πορεύομαι.

4. Revise todo su trabajo para confirmar que todo está correcto. Con un resaltador de texto identifique todos los pronombres y todos los adjetivos comparativos en las citas que tradujo.

5. ¿Cuántos adjetivos comparativos encontró? ____________________

6. ¿Cuantos pronombres encontró? ____________________

CAPÍTULO 22

(Verbos: perfecto y pluscuamperfecto)

I. INTRODUCCIÓN. Sin duda, conocer los tiempos verbales griegos nos permite entender implicaciones del texto bíblico que una versión en español no logra transmitir del todo. Los autores bíblicos usan los tiempos verbales para dar distintos énfasis, mostrar distintos planos en una narración, o mostrar una situación desde un ángulo particular. Como hemos visto, hay bastante traslape entre los tiempos verbales que hemos estudiado y nuestro sistema verbal en español. Hay diferencias, claro. Por eso necesitamos conocer todos los tiempos verbales. Hasta ahora, hemos aprendido cuatro: presente, imperfecto, aoristo y futuro. Hoy veremos los dos restantes: el perfecto y el pluscuamperfecto.

II. NUEVO VOCABULARIO

VOCABULARIO 22	
334. ἀγοράζω: *comprar* (30)	343. νικάω: *vencer* (28)
335. ἀρνέομαι: *negar* (33)	344. οἶδα: *saber, conocer* (318)
336. βλασφεμέω: *blasfemar* (34)	345. πάσχω: *padecer* (40)
337. διακονέω: *servir* (37)	346. πειράζω: *tentar* (39)
338. δοξάζω: *glorificar* (61)	347. περισσεύω: *abundar, sobrar* (39)
339. ἐλπίζω: *esperar* (31)	348. πίπτω: *caer* (90)
340. ἐπιστρέφω: *volver, regresar* (36)	349. πράσσω: *hacer, practicar* (39)
	350. ὑποτάσσω: *someter, sujetar* (38)
341. καυχάομαι: *jactarse, gloriarse* (36)	351. φυλάσσω: *guardar* (31)
342. μετανοέω: *arrepentirse* (34)	

III. EL TIEMPO PERFECTO

A. Definición del tiempo perfecto. Este es el tiempo verbal que más controversia ha causado en los círculos académicos.[1] Antiguamente se decía que reflejaba una acción pasada con repercusiones presentes. Sin embargo, muchos verbos en tiempo perfecto no coinciden con esta definición. Por así decirlo, es

---

1. Otros autores piensan que el perfecto comunica aspecto estativo o perfectivo. Vea una buena evaluación y discusión de los distintos acercamientos en Constantine R.Campbell, *Basics of Verbal Aspect in Biblical Greek* (Grand Rapids: Zondervan, 2008), 46-54.

un tiempo verbal "pariente cercano" del tiempo presente. También comunica el aspecto imperfectivo, pero, a diferencia del presente, da la idea de mayor cercanía o énfasis de la acción o estado. Para traducirlo al español, dependiendo del contexto, se usará el presente, el pretérito imperfecto o el pretérito perfecto compuesto (antiguamente tiempo pretérito perfecto). En ocasiones de referencia pasada, usaremos el pretérito imperfecto o el pretérito perfecto compuesto. En ocasiones de referencia presente, el presente o el pretérito perfecto compuesto son adecuados. Los dos siguientes ejemplos ilustran este punto.

(Jn 12:23) ὁ δὲ Ἰησοῦς ἀποκρίνεται αὐτοῖς λέγων· ἐλήλυθεν ἡ ὥρα ἵνα δοξασθῇ ὁ υἱὸς τοῦ ἀνθρώπου. *Y Jesús les responde diciendo: "La hora ha llegado para que el hijo del hombre sea glorificado".*

Aquí pareciera enfatizarse el inicio y desarrollo de la "hora" o tiempo de muerte-resurrección-ascensión de Jesús. El referencial de tiempo es presente en la narración.

(Jn 1:15) Ἰωάννης μαρτυρεῖ περὶ αὐτοῦ καὶ κέκραγεν λέγων... *Juan testificaba acerca de él y exclamaba diciendo...*

Aquí traducimos los dos verbos en pretérito imperfecto, pero el primero está en presente (μαρτυρεῖ) y el segundo en perfecto (κέκραγεν). Los dos tienen referencial de tiempo pasado en la narración, los dos comunican aspecto imperfectivo, pero el autor enfatiza más el acto de predicación/proclama al usar el tiempo perfecto.

B. El perfecto activo indicativo. El tiempo perfecto activo es parte fundamental del sistema verbal griego. Se conoce como la cuarta parte fundamental. En el modo indicativo de verbos regulares como con otros tiempos verbales, su tema frecuentemente coincide con el tiempo presente. Se forma con una reduplicación el tema de perfecto, la característica temporal κ (unos pocos verbos omiten esta) y las desinencias primarias en α. Observe los cuadros a continuación que explican cómo se conjuga.

reduplicación	**+**	**tema perfecto activo**	**+ κ +**	**terminaciones del perfecto**
πε	+	πίστευ	+ κ +	α

PERFECTO, VOZ ACTIVA	
Singular	Plural
πεπίστευκα, *he creído*	πεπιστεύκαμεν, *hemos creído*
πεπίστευκας, *has creído*	πεπιστεύκατε, *habéis creído*
πεπίστευκε(ν), *ha creído*	πεπιστεύκασι(ν), *han creído*
Infinitivo: πεπιστευκέναι, *haber creído*	

Puede ver que las desinencias son prácticamente las mismas que las de aoristo primero. La única diferencia está en la tercera persona plural que, en lugar de ser -αν es -ασι(ν).

Desinencias Perfecto Activo Indicativo	
- α	- αμεν
- ας	- ατε
- ε(ν)	- ασι(ν)

Desinencias Infinitivo Perfecto Activo
- εναι

NOTA. Debido a que en la fonética griega hay algunas consonantes que no admiten reduplicación en sílabas seguidas, ocurren ciertos cambios. En estos casos, la consonante con la que empieza la raíz verbal o tema cambia. En todo caso, frecuentemente verá que la raíz verbal de perfecto cambia levemente respecto del tema de presente (y en algunos casos, se produce un cambio mayor). Los cuadros abajo ilustran esto.

En los verbos que comienzan con ψ, ζ, ξ o con dos consonantes (que no incluyen λ, ρ, μ ni ν) la reduplicación no emplea ninguna consonante, sino que consta simplemente de una ε, como si fuera el aumento observado en aoristo e imperfecto indicativo. Aunque no es un aumento sino una reduplicación vocálica. En este caso, la presencia de la κ nos ayudará a diferenciar el tiempo perfecto.

	Presente	Aoristo	Perfecto
buscar	ζητῶ	ἐζήτησα	ἐζήτηκα
conocer	γινώσκω	ἔγνων	ἔγνωκα

Los verbos que comienzan con las llamadas consonantes dobles (φ, θ o χ) forman la reduplicación con π, τ y κ respectivamente.

	Presente	Perfecto
revelar	φανερῶ	πεφανέρωκα
sanar	θεραπεύω	τεθεράπευκα
dividir	χωρίζω	κεχώρικα

Los verbos contractos, es decir, aquellos cuya raíz termina en una vocal corta (α, ε, ο), tal como en el aoristo y el futuro, alargan esta antes de -κα.

	Presente	Perfecto
vencer	νικῶ	νενίκηκα
hacer	ποιῶ	πεποίηκα
llenar	πληρῶ	πεπλήρωκα

C. El perfecto medio y pasivo indicativo. Al igual que el presente y el imperfecto, el perfecto tiene las mismas formas para las voces media y pasiva. Los verbos que sean deponentes en el perfecto usarán también este juego de desinencias. Una característica del perfecto medio/pasivo es que no usa la κ como señal y la desinencia carece de vocal conectiva. Tendrá el tema reduplicado y las terminaciones de perfecto medio/pasivo. Esta es una forma fundamental. Se conoce como la quinta parte fundamental.[2]

reduplicación	+	tema perfecto m/p	+	terminaciones perfecto m/p
πε	+	πίστευ	+	μαι

Vea a continuación la conjugación de las voces media y pasiva, con una traducción de la voz pasiva.

πιστεύω, creer (conjugado en voz pasiva)

PERFECTO, VOCES MEDIA Y PASIVA	
Singular	Plural
πεπίστευμαι, *he sido creído*	πεπιστεύμεθα, *hemos sido creídos*
πεπίστευσαι, *has sido creído*	πεπιστεύσθε, *habéis sido creídos*
πεπίστευται, *ha sido creído*	πεπιστεύνται, *han sido creídos*
Infinitivo: πεπίστευσθαι, *haber sido creído*	

Como puede ver, las desinencias son prácticamente las mismas que las del presente medio/pasivo pero sin vocal conectiva, excepto la segunda persona singular, que en lugar de ser –η es -σαι.

Desinencias Infinitivo Perfecto Medio/Pasivo
- σθαι

Desinencias Perfecto Medio/Pasivo Indicativo	
- μαι	- μεθα
- σαι	- σθε
- ται	- νται

2. Las otras son: 1) Presente, 2) Futuro, 3) Aoristo, 4) Perfecto y 6) Aoristo pasivo.

D. REDUPLICACIÓN VOCÁLICA. Cuando un verbo empieza con vocal, la reduplicación es vocálica. En ese caso, la reduplicación se parece al aumento que aprendimos en los tiempos aoristo e imperfecto. A diferencia de estos, la reduplicación no se pierde en las formas verbales fuera del indicativo. Por ejemplo: el verbo ἐλπίζω forma su perfecto como ϵ + ϵλπιζ + κ + α = ἤλπικα.

NOTA. Al igual que la σ en los tiempos aoristo primero y futuro, ocurre un cambio en la terminación cuando un verbo cuya raíz acaba en consonante se une a una desinencia que comienza con consonante.

Por ejemplo, usando la tabla siguiente con el verbo γράφω, el tema del presente del verbo es γραφ-. La consonante final del tema es φ. Al unirse a la tercera persona singular voz pasiva -ται, cambia la consonante y la forma queda γέγραπται y no γεγραφται. Estudie la tabla a continuación que muestra dichos cambios.

	Desinencias				
Consonante final tema	-μαι	-μϵθα	-σαι	-ται	-σθϵ
π β φ	-μμαι	-μμϵθα	-ψαι	-πται	-φθϵ
κ γ χ σ	-γμαι	-γμϵθα	-ξαι	-κται	-χθϵ
ζ τ δ θ	-σμαι	-σμϵθα	-σαι	-σται	-σθϵ
λ	-λμαι	-λμϵθα	-λσαι	-λται	-λθϵ
ρ	-ρμαι	-ρμϵθα	-ρσαι	-ρται	-ρθϵ
ν	-μμαι	-μμϵθα	-νσαι	-νται	-νθϵ

NOTA. La desinencia -νται de tercera persona plural en verbos con temas terminados en consonante no aparece como tal en el NT. En su lugar se usa la forma perifrástica, que estudiaremos en el capítulo 25. Es decir, el verbo ϵἰμί más el participio del verbo.

Ejemplos:

(Jn 3:18) ὁ πιστεύων εἰς αὐτὸν οὐ κρίνεται· ὁ δὲ μὴ πιστεύων ἤδη κέκριται, ὅτι μὴ πεπίστευκεν εἰς τὸ ὄνομα τοῦ μονογενοῦς υἱοῦ τοῦ θεοῦ. *El que cree en él no es juzgado, pero el que no cree ya ha sido juzgado, porque no ha creído en el nombre del unigénito hijo de Dios.*

(Jn 11:27a) λέγει αὐτῷ, Ναί, κύριε, ἐγὼ πεπίστευκα ὅτι σὺ εἶ ὁ Χριστὸς ὁ υἱὸς τοῦ θεοῦ. *Le dice: "Sí, Señor, yo he creído que tú eres el Cristo, el hijo de Dios".*

(Jn 16:27) αὐτὸς γὰρ ὁ πατὴρ φιλεῖ ὑμᾶς, ὅτι ὑμεῖς ἐμὲ πεφιλήκατε καὶ πεπιστεύκατε ὅτι ἐγὼ παρὰ τοῦ θεοῦ ἐξῆλθον. *Porque el Padre mismo os ama, porque vosotros a mí habéis amado y habéis creído que yo de junto a Dios salí.*

E. El tiempo perfecto con sentido presente. Hay algunos verbos que no tienen forma de tiempo presente, pero sí de tiempo perfecto y pluscuamperfecto. Este tipo de verbo suele comunicar ya sea una idea de tiempo presente o el imperfecto respectivamente. Por cierto, este tipo de verbos ilustra la cercanía aspectual que tienen el presente y el imperfecto con el perfecto y el pluscuamperfecto. Todos estos tiempos comunican el aspecto imperfectivo. El caso más recurrente es el del verbo οἶδα "saber, conocer". Observe el ejemplo:

PERFECTO PRESENTE, VOZ ACTIVA	
Singular	Plural
οἶδα, *yo conozco*	οἴδαμεν, *conocemos*
οἶδας, *tú conoces*	οἴδατε, *conocéis*
οἶδε(ν), *él/ella conoce*	οἴδασι(ν), *conocen*
Infinitivo: εἰδέναι, *conocer*	

F. El tiempo perfecto en otros modos verbales. Fuera del modo indicativo el tiempo perfecto es frecuente en las formas no modales infinitivo y participio. Sin embargo, es muy poco frecuente en el subjuntivo y el imperativo. Por eso no memorizaremos sus formas. En el NT aparece diez veces y solo en voz activa, todas formas del verbo οἶδα. Su forma es εἰδ- + desinencias de presente subjuntivo: εἰδῶ, εἰδῇς, εἰδῶμεν y εἰδῆτε (Mt 9:6; Mr 2:10; Lc 5:24; 1Co 2:12; 13:2; 14:11; Ef 6:21; 1Ti 3:15; 1Jn 2:29; 5:13). Por cierto, no confunda estas formas con el aoristo segundo de ὁράω (εἶδον).

Este tiempo verbal en el imperativo solo aparece dos veces, y solo en voz pasiva (πεφίμωσο, *cálmate*, imperativo pasivo 2 singular de φιμόω, Mr 4:39 y ἔρρωσθέ, *sed fuertes*, imperativo pasivo 2 plural de ῥώννυμαι, Hch 15:29).[3]

IV. EL TIEMPO PLUSCUAMPERFECTO

Este tiempo verbal aparece solamente 86 veces en el NT. Como veremos en el capítulo 25, otras formas perifrásticas comunican la misma idea con muchísimo mayor frecuencia usando el verbo εἰμί más el participio.

En el griego, el perfecto y pluscuamperfecto son idénticos en aspecto verbal. El pluscuamperfecto también comunica aspecto imperfectivo. Al igual que el

---

3. Hay cierto debate sobre si incluir o no la forma ambigua del verbo εἰμί, ἴσθι (Ef 5:5 y Stg 1:19), pues también puede ser forma de perfecto activo indicativo.

tiempo imperfecto solo aparece en modo indicativo. Se usa para transmitir la idea de acción o estado remoto, anterior o más lejano que el tiempo imperfecto.

Usualmente se traducirá con el pretérito pluscuamperfecto en español, excepto en verbos como οἶδα, que se traducen en pretérito imperfecto.

A. El pluscuamperfecto activo indicativo. El pluscuamperfecto suele tener aumento (aunque las formas que aparecen en el NT lo hacen sin aumento con bastante frecuencia). Se forma también con la reduplicación y un tema de perfecto, normalmente una κ y las desinencias. Las terminaciones varían dependiendo de la voz en que se encuentre.

reduplicación + tema perfecto activo + κ + terminaciones pluscuamperfecto						
(ε)πε	+	πίστευ	+	κ	+	ειν

πιστεύω, creer (conjugado)

PLUSCUAMPERFECTO, VOZ ACTIVA	
Singular	Plural
πεπιστεύκειν, *había creído*	πεπιστεύκειμεν, *habíamos creído*
πεπιστεύκεις, *habías creído*	πεπιστεύκειτε, *habíais creído*
πεπιστεύκει, *había creído*	πεπιστεύκεισαν, *habían creído*

Como puede ver, las desinencias se parecen a las del imperfecto activo, solo que en lugar de usar vocales conectivas -ο/ε- usa el diptongo -ει-.

Desinencias Pluscuamperfecto Activo Indicativo	
- ειν	- ειμεν
- εις	- ειτε
- ει	- εισαν

B. El pluscuamperfecto medio/pasivo indicativo. Al igual que en el presente, el imperfecto y el perfecto, el pluscuamperfecto comparte las formas de voz media y pasiva. Tampoco usa la κ.

reduplicación	+	tema perfecto m/p	+	terminaciones m/p
(ε)πε	+	πιστεύ	+	μην

Vea el siguiente ejemplo con el verbo πιστεύω.

πιστεύω, *creer* (conjugado en voz pasiva)

PLUSCUAMPERFECTO, VOCES MEDIA Y PASIVA	
Singular	Plural
πεπιστεύμην, *había sido creído*	πεπιστεύμεθα, *habíamos sido creídos*
πεπιστεύσο, *habías sido creído*	πεπιστεύσθε, *habíais sido creídos*
πεπιστεύτο, *había sido creído*	πεπιστεύντο, *habían sido creídos*

C. El pluscuamperfecto con sentido de imperfecto. Aquellos verbos que en tiempo perfecto comunican idea de tiempo presente, en pluscuamperfecto dan idea de tiempo imperfecto. Observe el siguiente ejemplo del verbo οἶδα.

PLUSCUAMPERFECTO, SENTIDO IMPERFECTO	
Singular	Plural
ᾔδειν, *yo sabía*	ᾔδειμεν, *sabíamos*
ᾔδεις, *tú sabías*	ᾔδειτε, *sabíais*
ᾔδει, *él sabía*	ᾔδεισαν, *sabían*

Ejemplo:

(Jn 4:7-8) ἔρχεται γυνὴ ἐκ τῆς Σαμαρείας ἀντλῆσαι ὕδωρ. λέγει αὐτῇ ὁ Ἰησοῦς· δός μοι πεῖν· οἱ γὰρ μαθηταὶ αὐτοῦ ἀπεληλύθεισαν εἰς τὴν πόλιν ἵνα τροφὰς ἀγοράσωσιν. *Una mujer de Samaria llegó para sacar agua. Jesús le dijo: "Dame de beber"; porque sus discípulos habían ido a la ciudad para comprar comida.*

Note aquí que el pluscuamperfecto en v. 8 se usa para explicar el proceder de las acciones expresadas en tiempo presente del versículo anterior. El pluscuamperfecto normalmente, en narraciones, se usa para dar trasfondo de una acción (o estado) previa a una acción (o estado) pasada.

V. ACTIVIDADES DE APRENDIZAJE

Día 1

1. Vuelva a leer y estudiar detenidamente todo el capítulo 22.

2. Agregue a sus tarjetas de vocabulario las palabras nuevas de este capítulo.

3. Instrucciones para las traducciones de esta semana: en la tarea de hoy y en las siguientes, usted encontrará algunas citas por traducir que debe hacer sin consultar su Biblia. Cada cita tiene las formas verbales subrayadas. Estas

formas también están colocadas en el cuadro que aparece después de la cita. Llene el cuadro primero y luego escriba la traducción debajo de este.

(Jn 1:45) <u>εὑρίσκει</u> Φίλιππος τὸν Ναθαναὴλ καὶ <u>λέγει</u> αὐτῷ· ὃν <u>ἔγραψεν</u> Μωϋσῆς ἐν τῷ νόμῳ καὶ οἱ προφῆται <u>εὑρήκαμεν</u>, Ἰησοῦν υἱὸν τοῦ Ἰωσὴφ τὸν ἀπὸ Ναζαρέτ.

Forma léxica	Verbo	T V M P N	Traducción
	εὑρίσκει		
	λέγει		
	ἔγραψεν		
	εὑρήκαμεν		

Día 2

1. Vuelva a leer el capítulo 22 y repasar el vocabulario.

2. Repase detenidamente las diferencias entre el tiempo perfecto y el pluscuamperfecto.

3. Las formas verbales de los textos a continuación están subrayadas y colocadas en el cuadro que sigue. Llene los cuadros primero y luego escriba la traducción en una hoja aparte.

(Jn 3:2) οὗτος <u>ἦλθεν</u> πρὸς αὐτὸν νυκτὸς καὶ <u>εἶπεν</u> αὐτῷ· ῥαββί, <u>οἴδαμεν</u> ὅτι ἀπὸ θεοῦ <u>ἐλήλυθας</u> διδάσκαλος· οὐδεὶς γὰρ <u>δύναται</u> ταῦτα τὰ σημεῖα <u>ποιεῖν</u> ἃ σὺ <u>ποιεῖς</u>, ἐὰν μὴ <u>ᾖ</u> ὁ θεὸς μετ᾽ αὐτοῦ.

Forma léxica	Verbo	T V M P N	Traducción
	ἦλθεν		
	εἶπεν		
	οἴδαμεν		
	ἐλήλυθας		
	δύναται		
	ποιεῖν		
	ποιεῖς		
	ᾖ		

(Jn 3:11) ἀμὴν ἀμὴν λέγω σοι ὅτι ὃ οἴδαμεν λαλοῦμεν καὶ ὃ ἑωράκαμεν μαρτυροῦμεν, καὶ τὴν μαρτυρίαν ἡμῶν οὐ λαμβάνετε.

Forma léxica	Verbo	T V M P N	Traducción
	λέγω		
	οἴδαμεν		
	λαλοῦμεν		
	ἑωράκαμεν		
	μαρτυροῦμεν		
	λαμβάνετε		

Día 3

1. Vuelva a repasar sus tarjetas de vocabulario de los verbos de los capítulos anteriores. Al hacerlo, pregúntese cómo sería la forma de dicho verbo en el tiempo perfecto.

2. Las formas verbales de los textos a continuación están subrayadas y colocadas en el cuadro que sigue. Llene los cuadros primero y luego escriba la traducción en una hoja aparte.

(Mt 4:10) τότε λέγει αὐτῷ ὁ Ἰησοῦς, Ὕπαγε, Σατανᾶ· γέγραπται γάρ, Κυριον τὸν θεον σου προσκυνήσεις.

Forma léxica	Verbo	T V M P N	Traducción
	λέγει		
	Ὕπαγε		
	γέγραπται		
	προσκυνήσεις		

(Jn 11:19) πολλοὶ δὲ ἐκ τῶν Ἰουδαίων ἐληλύθεισαν πρὸς τὴν Μάρθαν καὶ Μαριὰμ ἵνα παραμυθήσωνται (παραμυθέομαι: consolar) αὐτὰς περὶ τοῦ ἀδελφοῦ.

Forma léxica	Verbo	T V M P N	Traducción
	ἐληλύθεισαν		
	παραμυθήσωνται		

Día 4

1. Como repaso de este y capítulos anteriores, explique con cuáles tiempos y modos se usan las terminaciones primarias y secundarias.

Primarias: ______________________________

Secundarias: ______________________________

2. Como repaso de este y capítulos anteriores, demuestre el aumento y las terminaciones añadidos a los siguientes tiempos al usar el verbo λύω:

Imperfecto: ______________________________

Aoristo primero: ______________________________

Perfecto: ______________________________

Pluscuamperfecto: ______________________________

3. Identifique las formas verbales de los siguientes versículos y colóquelas en los cuadros. Llene los cuadros primero y luego escriba la traducción en una hoja aparte.

(Jn 5:33-34) ὑμεῖς ἀπεστάλκατε πρὸς Ἰωάννην, καὶ μεμαρτύρηκεν τῇ ἀληθείᾳ· ἐγὼ δὲ οὐ παρὰ ἀνθρώπου τὴν μαρτυρίαν λαμβανω, ἀλλὰ ταῦτα λέγω ἵνα ὑμεῖς σωθῆτε.

Forma léxica	Verbo	T V M P N	Traducción

(Jn 5:42-43) ἀλλὰ ἔγνωκα ὑμᾶς ὅτι τὴν ἀγάπην τοῦ θεου οὐκ ἔχετε ἐν ἑαυτοῖς. ἐγὼ ἐλήλυθα ἐν τῷ ὀνόματι τοῦ πατρός μου, καὶ οὐ λαμβάνετέ με.

Forma léxica	Verbo	T V M P N	Traducción

Día 5

1. Revise una vez más la información de este capítulo y también el vocabulario nuevo.

2. A continuación usted encontrará otras citas bíblicas. Siga el ejemplo de la traducción anterior en esta tarea.

(Jn 6:63) τὰ ῥημata ἃ ἐγὼ λελάληκα ὑμῖν πνεῦμά ἐστιν καὶ ζωή ἐστιν.

Forma léxica	Verbo	T V M P N	Traducción

¿Puede explicar por qué el sujeto está en plural pero los verbos están en singular? ______________________________

(Jn 6:69) καὶ ἡμεῖς πεπιστεύκαμεν καὶ ἐγνώκαμεν ὅτι σὺ εἶ ὁ ἅγιος τοῦ θεοῦ.

Forma léxica	Verbo	T V M P N	Traducción

(Jn 3:19) αὕτη δέ ἐστιν ἡ κρίσις ὅτι τὸ φῶς ἐλήλυθεν εἰς τὸν κόσμον καὶ ἠγάπησαν οἱ ἄντρωποι μᾶλλον τὸ σκότος (σκότος: oscuridad) η τὸ φῶς· ἦν γὰρ αὐτῶν πονηρὰ τὰ ἔργα.

Forma léxica	Verbo	T V M P N	Traducción

3. Revise todo su trabajo para confirmar que todo está correcto. Con un resaltador de texto identifique todos los pronombres y todos los adjetivos comparativos en las citas que tradujo.

CAPÍTULO 23

(Participios: presente, su uso atributivo)

I. INTRODUCCIÓN. ¡Qué emoción! Estamos por entrar en esta y las siguientes lecciones al corazón del idioma griego. Se trata de los participios. Si bien nuestro idioma tiene estructuras similares (gerundios y participios), su uso en el español es muy limitado en comparación con el que tienen en el idioma griego. Le animamos a poner atención tanto a las formas como a sus principales usos.

Al igual que el gerundio y el participio en español, el participio griego es un verboide, pues, aunque tiene características verbales, también actúa como adjetivo o adverbio. Al igual que los verbos, tiene variaciones de tiempo y voz; pero al igual que los adjetivos, tiene variaciones de género, número y caso. No tiene variación de modo. Al igual que el subjuntivo, el imperativo y el infinitivo, el participio se niega con μή. Pero antes de seguir, mire el nuevo vocabulario.

II. NUEVO VOCABULARIO

VOCABULARIO 23
352. Ἀβραάμ: *Abraham* (73)
353. ἀληθινός, ή, -όν: *real, verdadero* (28)
354. Γαλιλαία, -ας, ἡ: *Galilea* (61)
355. Δαυίδ: *David* (59)
356. ἤδη: *ahora, ya* (61)
357. θρόνος, -ου, ὁ: *trono* (62)
358. Ἰερουσαλήμ, ἡ: *Jerusalén* (77)
359. Ἰσραήλ, ὁ: *Israel* (55)
360. Ἰωάννης, -ου: *Juan* (135)
361. Μωϋσῆς, -έως: *Moisés* (80)
362. Πιλᾶτος, -ου: *Pilato* (55)
363. πρεσβύτερος, -α, -ον: *anciano, viejo* (66)
364. φαρισαῖος, -ου, ὁ: *fariseo* (98)
365. χρόνος, -ου, ὁ: *tiempo* (54)
366. ὧδε: *aquí* (61)

III. FORMAS DEL PARTICIPIO PRESENTE

Este es el tipo de participio más frecuente en el NT. Al igual que los verbos en tiempo presente, este se integra con el tema de presente más las desinencias de participio. Las desinencias de masculino y neutro siguen la tercera declinación, mientras que las del femenino siguen la primera declinación alternando en singular α/η. Además, nuevamente las voces media y pasiva comparten las formas de las desinencias.

A. El participio presente del verbo εἰμί. Estudie el cuadro a continuación que presenta el ejemplo en los tres géneros del participio presente activo del verbo εἰμί.

	Singular			Plural		
	Masc.	Fem.	Neut.	Masc.	Fem.	Neut.
Nom.	ὤν	οὖσα	ὄν	ὄντες	οὖσαι	ὄντα
Gen.	ὄντος	οὔσης	ὄντος	ὄντων	οὐσῶν	ὄντων
Dat.	ὄντι	οὔσῃ	ὄντι	οὖσι(ν)	οὔσαις	οὖσι(ν)
Ac.	ὄντα	οὖσαν	ὄν	ὄντας	οὔσας	ὄντα

NOTA. Las formas del participio del verbo εἰμί son iguales a las desinencias del participio presente, voz activa. Por lo mismo, memorice este participio. De esa manera, será más fácil reconocer las formas de todos los demás participios activos.

B. El participio presente activo. Estudie el cuadro a continuación que presenta el ejemplo en los tres géneros del participio presente activo del verbo ἀκούω.

		ἀκούω, escuchar; raíz: ἀκου-		
		Masc.	Fem.	Neut.
Singular	Nom.	ἀκούων	ἀκούουσα	ἀκοῦον
	Gen.	ἀκούοντος	ἀκουούσης	ἀκούοντος
	Dat.	ἀκούοντι	ἀκουούσῃ	ἀκούοντι
	Ac.	ἀκούοντα	ἀκούουσαν	ἀκοῦον
Plural	Nom.	ἀκούοντες	ἀκούουσαι	ἀκούοντα
	Gen.	ἀκουόντων	ἀκουουσῶν	ἀκουόντων
	Dat.	ἀκούουσι(ν)	ἀκουούσαις	ἀκούουσι(ν)
	Ac.	ἀκούοντας	ἀκουούσας	ἀκούοντα

NOTA. (1) El masculino y el neutro siguen la tercera declinación en sus desinencias y usan el conectivo –οντ-, (2) el femenino por su parte tiene el conectivo -ουσ- y desinencias de la primera declinación, (3) en el caso del participio de los verbos contractos, la vocal de la desinencia se contraerá al juntarse con el tema verbal y se distinguirá fácilmente por el acento circunflejo sobre la vocal de la unión.

C. El participio presente medio/pasivo. Estudie el cuadro a continuación que presenta el ejemplo en los tres géneros del participio, voces media y pasiva, del verbo ἀκούω.

		ἀκούω, escuchar; raíz: ἀκου-		
		Masc.	Fem.	Neut.
Singular	Nom.	ἀκουόμενος	ἀκουομένη	ἀκουόμενον
	Gen.	ἀκουομένου	ἀκουομένης	ἀκουομένου
	Dat.	ἀκουομένῳ	ἀκουομένῃ	ἀκουομένῳ
	Ac.	ἀκουόμενον	ἀκουομένην	ἀκουόμενον
Plural	Nom.	ἀκουόμενοι	ἀκουόμεναι	ἀκουόμενα
	Gen.	ἀκουομένων	ἀκουομένων	ἀκουομένων
	Dat.	ἀκουομένοις	ἀκουομέναις	ἀκουομένοις
	Ac.	ἀκουομένους	ἀκουομένας	ἀκουόμενα

Puede ver que en todos los ejemplos el conectivo -μεν- une el tema verbal con la desinencia. Las desinencias masculinas y neutras siguen la segunda declinación y las femeninas, la primera.

IV. TRADUCCIÓN Y PRINCIPALES USOS DEL PARTICIPIO

Como ya mencionáramos arriba, el participio griego es muy versátil. Se usa como adjetivo o verbo. Aunque presentamos a continuación ambos usos, en esta lección nos centraremos en las funciones adjetivales. La siguiente lección la ocuparemos para ver sus funciones adverbiales.

A. Función adjetival. En su función adjetival se usa como sustantivo (adjetivo sustantivado) o adjetivo. Puede ir con o sin artículo. Ahora bien, un participio precedido de artículo siempre será adjetival.

1. **Como sustantivo** normalmente irá con artículo (artículo + participio). Al igual que cualquier otro sustantivo, puede funcionar en distintos lugares de una oración. El caso del participio será un indicador clave de la función y de cómo traducirlo. Cuando funciona sustantivadamente, se traduce como una

oración adjetival subordinada "el, la, los, las + que + verbo conjugado". Vea los siguientes ejemplos:

Como sujeto:

(1Jn 2:10) ὁ ἀγαπῶν τὸν ἀδελφὸν αὐτοῦ ἐν τῷ φωτὶ μένει. *El que ama a su hermano permanece en la luz.*

(Jn 11:25) ὁ πιστεύων εἰς ἐμὲ κἂν ἀποθανῃ ζήσεται. *El que cree en mí, aunque esté muerto vivirá.*

Como objeto directo:

(2Ti 2:19) ἔγνω κύριος τοὺς ὄντας αὐτοῦ. *El Señor conoce a los que son suyos.*

(1Ti 5:20) τοὺς ἁμαρτάνοντας ἐνώπιον πάντων ἔλεγχε, ἵνα καὶ οἱ λοιποὶ φόβον ἔχωσιν. *A los que pecan, delante de todos repréndelos, para que también los demás tengan temor.*

2. **Como adjetivo.** También como adjetivo puede calificar a un sustantivo tanto en función atributiva (normalmente) como en función predicativa (pocas veces). El **uso atributivo** del participio es muy frecuente. En este caso, el participio señalará o describirá a un sustantivo, pronombre o frase sustantivada. Siempre concordará en género, caso y número con el sustantivo, pronombre o frase sustantivada que modifique. Se traduce "sustantivo/pronombre/frase + que + verbo conjugado". Vea los siguientes ejemplos de función atributiva:

(Jn 5:35) ἐκεῖνος ἦν ὁ λύχνος ὁ καιόμενος καὶ φαίνων. *Aquel era la lámpara que ardía y brillaba.*

Aquí los participios funcionan adjetivalmente algo así como "la lámpara ardiente y brillante".

(Mt 6:4) καὶ ὁ πατήρ σου ὁ βλέπων ἐν τῷ κρυπτῷ ἀποδώσει σοι. *Y tu padre que mira en lo oculto te recompensará.*

Aquí el participio califica al padre, algo así como "tu padre vidente".

Muy de vez en cuando, el participio también funciona en **posición predicativa**. Cuando es así, el adjetivo no tendrá artículo. Puede ir o no acompañado de verbos copulativos. Usualmente se traducen como un adjetivo o participio. Vea los siguientes ejemplos:

(Heb 4:12) ζῶν ... ὁ λόγος τοῦ θεοῦ. *La palabra de Dios es viva/viviente.*

(Mt 21:9) εὐλογημένος ὁ ἐρχόμενος ἐν ὀνόματι κυρίου. *Bendito es el que viene en el nombre del Señor.*

En este ejemplo hay dos participios. El primero, εὐλογημένος es predicativo; el segundo, ἐρχόμενος es sustantival.

NOTA. Es posible que observe en una oración un artículo que parece estar suelto (no acompañado inmediatamente con un sustantivo o participio). Cuando sucede esto, es muy posible que haya varias palabras entre el artículo y el sustantivo o el participio al cual pertenecen. Por ejemplo:

(Jn 9:40) ἤκουσαν ἐκ τῶν φαρισαίων ταῦτα οἱ μετ' αὐτοῦ ὄντες καὶ εἶπον αὐτῷ. Μὴ καὶ ἡμεῖς τυφλοί ἐσμεν; *Oyeron de entre los fariseos estas cosas, los que estaban junto a él, y le dijeron: "¿Acaso también nosotros somos ciegos?".*

Aquí el artículo οἱ se conecta con el participio ὄντες, se refiere a los fariseos.

B. Función verbal. Esta es la función más rica en significados y aportes exegéticos. **Veremos más detalles de este uso en la siguiente lección**. Con todo y eso, estudiar con más calma y profundidad esta función será tarea de un curso de griego avanzado. Por el momento, damos algunos esbozos que le ayudarán a comenzar a sumergirse en la traducción de participios. En su función verbal, el participio actúa normalmente como modificador adverbial de verbos finitos. Incluso en ocasiones opera como un verbo finito. Muchas versiones en español suelen traducir este tipo de participio como gerundios, ocultando así las implicaciones exegéticas. En este curso y los de griego avanzado insistiremos en traducir explícitamente la función adverbial. Vea el siguiente ejemplo:

(Ef 5:18-19) πληροῦσθε ἐν πνεύματι, λαλοῦντες ἑαυτοῖς ἐν ψαλμοῖς καὶ ὕμνοις καὶ ᾠδαῖς πνευματικαῖς. *Sed llenos en/por el Espíritu, expresando entre vosotros salmos, himnos y cánticos espirituales...*

Aquí, "expresando" ¿se refiere al resultado de la llenura, a un medio para ser lleno, una razón? Dependiendo de lo que el análisis exegético del pasaje nos indique traduciremos "sed llenos ... con el resultado de expresar salmos..." o "sed llenos ... por medio de expresar salmos..." o "sed llenos ... por causa de cantar salmos...", etc. La mayoría de eruditos coinciden en que los participios de los vv.19-20 expresan el resultado de la llenura. Por lo mismo, en este caso sería mejor traducir "sed llenos ... con el resultado de expresar salmos...".

C. El tiempo verbal y el tiempo cronológico en participios. Como ya mencionáramos en lecciones anteriores, el tiempo verbal griego no está vinculado directamente al tiempo cronológico. Comunica, más bien, el aspecto verbal. Los tiempos presente y perfecto comunican aspecto imperfectivo. El aoristo comunica el aspecto perfectivo. El tiempo futuro (muy escaso en participios) es aspectualmente indefinido.

Otros detalles del contexto nos indicarán el referente temporal. Esto es muy marcado en los participios. El tiempo cronológico de los participios con función verbal está totalmente definido por su relación con el verbo principal de la oración que modifican, en particular con su tiempo verbal. Así, se observa una tendencia (aunque hay sus excepciones) de que cuando un participio adverbial se ubica antes del verbo principal suele expresar una acción o estado previo a la de este. Por otro lado, cuando se ubica después del verbo al que modifica suele reflejar una acción o estado simultáneo o posterior a la de este.[1] Como puede ver, para una traducción adecuada, se hace imprescindible prestar suma atención al tiempo cronológico asociado al verbo principal.

Además, el participio con función verbal concordará en género, caso y número con el sujeto de la oración, o en casos oblicuos (genitivo, acusativo y dativo) con el del sustantivo, pronombre o frase sustantivada que realiza la acción (o estado) del participio.

Vea los siguientes ejemplos:

(Mt 1:19) Ἰωσὴφ δὲ ὁ ἀνὴρ αὐτῆς, δίκαιος ὢν καὶ μὴ θέλων αὐτὴν δειγματίσαι, ἐβουλήθη λάθρᾳ ἀπολῦσαι αὐτήν. *Pero José, su esposo, debido a que era justo y no quería exponerla a vergüenza pública, quiso dejarla secretamente.*

(1Co 9:19) ἐλεύθερος γὰρ ὢν ἐκ πάντων πᾶσιν ἐμαυτὸν ἐδούλωσα, ἵνα τοὺς πλείονας κερδήσω. *Porque, aunque soy libre de todos, me he hecho esclavo de todos, para salvar a muchos.*

En el caso de participios con función adjetival/sustantiva, estos usualmente describen una característica que el autor desea presentar aspectualmente perfectiva o imperfectiva. No están vinculados directamente a lo cronológico. De todos modos, el contexto nos guiará hacia el tiempo cronológico más adecuado para traducirlo.

Vea el siguiente ejemplo:

(Jn 1:29) Ἴδε ὁ ἀμνὸς τοῦ θεοῦ ὁ αἴρων τὴν ἁμαρτίαν τοῦ κόσμου. *"He aquí, el cordero de Dios que quita el pecado del mundo".*

Aquí el participio αἴρων describe la cualidad de Jesús de quitar los pecados, el quitador de pecados. En la perspectiva de Juan el Bautista se podría entender como "el que está a punto de quitar los pecados"; desde el punto de vista de Juan el evangelista, "el que ahora quita el pecado del mundo, debido a su muerte y resurrección como el cordero de Dios".

1. Para decidir el tiempo cronológico de un participio en relación con el verbo principal, varios factores deben tomarse en cuenta. Entre ellos, cabe destacar el significado y tiempo verbal tanto del participio como del verbo principal. Vea más detalles en Wallace y Steffen, 479-483.

V. COLOCAR CÓDIGOS A LOS PARTICIPIOS

Como se mencionó al inicio de este capítulo, un participio tendrá tiempo y voz (su lado verbal) y género, número y caso (su lado adjetival). En el capítulo 4, aprendimos a colocarle el TVMPN (tiempo, voz, modo, persona, número) a cada verbo. Será muy necesario también colocarle su código correspondiente a los participios. Este código seguirá el patrón de **PtcTVGNC (participio, tiempo, voz, género, número, caso)**. Como los códigos de los participios son un poco más largos, necesita practicar su identificación para sentir confianza en su análisis. Es muy importante poder reconocer todas las partes de un participio. Por lo mismo, es indispensable identificarlos correctamente para obtener una buena traducción.

Siga el patrón de los siguientes ejemplos:

ἀκούων = Ptc P A M S N (Participio Presente Activo Masculino Singular Nominativo)

ἀκουόμενος = Ptc P M/P M S N (Participio Presente Medio/Pasivo Masculino Singular Nominativo)

ἀκούουσης = Ptc P A F S G (Participio Presente Activo Femenino Singular Genitivo)

VI. ACTIVIDADES DE APRENDIZAJE

Día 1

1. Vuelva a leer detenidamente todo el capítulo 23.

2. Agregue a sus tarjetas de vocabulario las nuevas palabras de esta lección. Este vocabulario incluye algunos nombres formales que serán fáciles de aprender. No olvide que parte de su estudio incluye repasar el vocabulario anterior.

3. Si no lo hizo anteriormente, prepare una hoja con todas las formas del verbo εἰμί que hemos estudiado hasta ahora. Añada a la hoja las formas del participio presente de este verbo.

4. Identifique qué tipo de palabra es cada una de las que aparece en el cuadro siguiente. Tal como muestra el primer ejemplo en el cuadro. Para ello, escoja las designaciones:

a. verbo	d. preposición	g. adjetivo	j. infinitivo
b. sustantivo	e. conjunción	h. adverbio	
c. participio	f. pronombre	i. negativo	

1.__b__ ἄνθρωπων	8.______ ἀγάπητος	15.______ γινώσκῃ
2.______ ὑμεῖς	9.______ ἀκούοντες	16.______ γινώσκειν
3.______ ἵνα	10.______ λυομένη	17.______ γνώσις
4.______ ἀπεθάνομεν	11.______ μαθητής	18.______ πίστις
5.______ ἐν	12.______ ἀγαθός	19.______ πιστεύων
6.______ οὐκ	13.______ πιστός	20.______ ἔγω
7.______ σε	14.______ λυούσῃ	21.______ περί

Día 2

1. Repase de nuevo toda la información que presenta este capítulo.

2. El siguiente cuadro presenta 10 participios. Complete la información que hace falta.

PARTICIPIOS EN TIEMPO PRESENTE					
Forma léxica	Participio	Voz	Género	Caso	Número
	μένων				
	ἀκούοντες				
	ἐγείροντι				
	λύοντα				
	διδασκόμενῳ				
	δεχόμενος				
	λέγοντα				
	διωκόμενοι				
	πορευόμενοις				
	λαμβάνοντας				

3. Coloque todas las formas verbales del texto bíblico en el cuadro que sigue. Está subrayado el participio. Inclúyalo en su análisis en la tabla. Llene los cuadros primero y luego escriba la traducción de la cita en una hoja aparte.

(Jn 1:12) ὅσοι δὲ ἔλαβον αὐτόν, ἔδωκεν (*él dio*) αὐτοῖς ἐξουσίαν τέκνα θεοῦ γενέσθαι, τοῖς <u>πιστεύουσιν</u> εἰς τὸ ὄνομα αὐτοῦ.

Forma léxica	Verbo	T V M P N	Traducción
δίδωμι	ἔδωκεν	A A I 3 S	él dio

Día 3

1. Prepare tarjetas de repaso de las declinaciones de voces activa y media/ pasiva del participio presente.

2. Ubique todas las formas verbales en el siguiente versículo. Subráyelas y luego páselas al cuadro. Si alguna forma se repite, anótela una sola vez en el cuadro e indique entre paréntesis las veces que se repite. ¿Cuáles son los participios? Llene los cuadros primero y luego escriba la traducción de la cita en en una hoja aparte.

(Jn 3:16-18) Οὕτως γὰρ ἠγάπησεν ὁ θεὸς τὸν κόσμον, ὥστε τὸν υἱὸν τὸν μονογενῆ (μονογενής, -ές: *único*) ἔδωκεν, ἵνα πᾶς ὁ πιστεύων εἰς αὐτόν μὴ ἀπόληται ἀλλ' ἔχῃ ζωὴν αἰώνιον. οὐ γὰρ ἀπέστειλεν ὁ θεὸς τὸν υἱὸν εἰς τὸν κόσμον ἵνα κρίνῃ τὸν κόσμον, ἀλλ' σωθῇ ὁ κόσμος δι' αὐτοῦ. ὁ πιστεύων εἰς αὐτὸν οὐ κρίνεται. ὁ δὲ μὴ πιστεύων ἤδη κέκριται, ὅτι μὴ πεπίστευκεν εἰς τὸ ὄνομα τοῦ μονογενοῦς υἱοῦ τοῦ θεοῦ.

Forma léxica	Verbo	T V M P N	Traducción
δίδωμι	ἔδωκεν	A A I 3 S	él dio
ἀπόλλυμι	ἀπόληται	A A I 3 S	se pierda

Día 4

1. Prepare tarjetas de repaso de las declinaciones de las voces activa y media/pasiva del participio presente.

2. Traduzca las siguientes citas siguiendo el mismo procedimiento anterior. Haga cuanto pueda sin consultar su Biblia.

(Jn 17:20) Οὐ περὶ τούτων δὲ ἐρωτῶ μόνον, ἀλλὰ καὶ περὶ τῶν πιστευόντων διὰ τοῦ λόγου αὐτῶν εἰς ἐμέ.

Forma léxica	Verbo	T V M P N	Traducción

(Hch 5:11) καὶ ἐγένετο φόβος μέγας ἐφ' ὅλην τὴν ἐκκλησίαν καὶ ἐπὶ πάντας τοὺς ἀκούοντας ταῦτα.

Forma léxica	Verbo	T V M P N	Traducción

(Ro 3:22) δικαιοσύνη δὲ θεοῦ διὰ πίστεως Ἰησοῦ Χριστοῦ εἰς πάντας τοὺς πιστεύοντας. οὐ γάρ ἐστιν διαστολή (distinción).

Forma léxica	Verbo	T V M P N	Traducción

Día 5

1. Revise toda la información de este capítulo.

2. Como premio personal para sus logros de este capítulo, a continuación se presenta la cita muy conocida de Juan 15:1-5, en la cual encontrará un poco de todo lo que hemos estudiado hasta aquí. Subraye todas las formas verbales, anótelas en la tabla y analícelas. Luego traduzca la cita sin consultar su

Biblia. Algunas palabras nuevas para ayudarle con esta traducción: ἄμπελος: *vid*; γεωργός: *labrador*; κλῆμα, τό: *rama* y dos palabras relacionadas: el verbo καθαίρω: *limpiar* y el adjetivo καθαρός: *limpio*. ¡Diviértase y goce con haber llegado hasta este punto de su estudio! Si necesita más ayuda con el vocabulario, consulte la lista de Vocabulario Acumulado en el Apéndice del libro o en un léxico.

(Jn 15:1-5) Ἐγώ εἰμι ἡ ἄμπελος ἡ ἀληθινὴ καὶ ὁ πατήρ μου ὁ γεωργός ἐστιν. πᾶν κλῆμα ἐν ἐμοὶ μη φέρον καρπὸν αἴρει αὐτό, καὶ πᾶν τὸ καρπὸν φέρον καθαίρει αὐτὸ ἵνα καρπὸν πλείονα φέρῃ. ἤδη ὑμεῖν καθαροί ἐστε διὰ τὸν λόγον ὃν λελάληκα ὑμῖν· μείνατε ἐν ἐμοί, κἀγὼ ἐν ὑμῖν. καθῶς τὸ κλῆμα οὐ δύναται καρπὸν φέρειν ἀφ' ἑαυτοῦ ἐὰν μὴ μένῃ ἐν τῇ ἀμπέλῳ, οὕτως οὐδὲ ὑμεῖς ἐὰν μὴ ἐν ἐμοὶ μένητε. ἐγώ εἰμι ἡ ἄμπελος, ὑμεῖς τὰ κλήματα. ὁ μένων ἐν ἐμοὶ κἀγὼ ἐν αὐτῷ οὗτως φέρει καρπὸν πολύν, ὅτι χωρὶς ἐμοῦ οὐ δύνασθε ποιεῖν οὐδέν.

Forma léxica	Verbo	T V M P N	Traducción

3. Revise todo su trabajo de este ejercicio para confirmar que no contiene errores.

CAPÍTULO 24

(Participios: aoristo primero, su uso adverbial y el genitivo absoluto)

I. INTRODUCCIÓN. ¿Cómo le va con el dominio del participio? Recuerde que el buen aprendizaje de cada tema nuevo del griego requiere repaso repetido para dominarlo bien. Y recuerde también que un buen dominio del tema de los participios de cierta manera amarra todos los temas mayores de la gramática griega.

Como observamos en el capítulo 23, en su construcción, los participios tienen características adjetivales y también verbales. Por esta razón pueden funcionar de manera adjetival o atributiva y también de manera adverbial. En el capítulo mencionado introdujimos el tema del participio de tiempo presente. Además, observamos usos adjetivales de los participios. En este capítulo estudiaremos la construcción del participio en aoristo primero y los usos adverbiales que puede tener cualquier participio.

II. NUEVO VOCABULARIO

VOCABULARIO 24
367. γενέα, -ᾶς, ἡ: *generación* (43)
368. διό: *por esta razón* (53)
369. ἔμπροσθεν: *delante de, ante* (48)
370. ἑτοιμάζω: *preparar, hacer preparativos* (41)
371. κρατέω: *prevalecer, dominar* (53)
372. μαρτυρέω: *dar testimonio* (76)
373. μαρτυρία, -ας, ἡ: *testimonio* (43)
374. μαρτύς, -υρος, ὁ: *testigo* (35)
375. παιδίον, τό: *niño; infante* (52)
376. πρό: *delante de, por, a favor de* (47)
377. πρόσωπον, -ου, τό: *cara, rostro* (76)
378. συναγωγή, -ῆς, ἡ: *sinagoga, congregación* (61)
379. τοιοῦτος, -αύτη, -οῦτον: *tal, de tal clase* (56)
380. φόβος, -ου, ὁ: *miedo, temor* (47)
381. φυλακή, -ῆς, ἡ: *prisión, cárcel* (46)

III. EL PARTICIPIO ADVERBIAL

En el capítulo 23 estudiamos la función adjetival del participio e hicimos algunos ejercicios de práctica. En este capítulo es necesario estudiar otra función importante del participio: el adverbial.

El participio, cuando desempeña su función adverbial, puede traducirse como gerundio, o muchísimo mejor, usando los adverbios: "cuando", "mientras", "si"; o las conjunciones: "porque", "aunque", "para que", "ya que" más la forma verbal del participio. El contexto y el significado de los verbos ayudarán a entender qué traducción es mejor.

Hay ocho opciones de maneras posibles en que un participio adverbial puede modificar otro verbo: (1) temporal ("antes", "mientras", "después de"); (2) modo o manera; (3) medios ("por medio de"); (4) causa ("puesto que", "por causa de", "porque"); (5) condición ("si"); (6) concesión ("aunque"); (7) propósito ("para"); o (8) resultado. Las mejores traducciones hacen un intento de escoger una de estas opciones y expresarla dentro de la traducción. Vea los ejemplos siguientes de participios con función adverbial:

<u>βλέποντες</u> τὸν Ἰησοῦν οἱ μαθῆται διδόασιν αὐτοῦ τὴν δόξην.

- *<u>Cuando ven</u> los discípulos a Jesús, le dan la gloria.*
- *<u>Viendo</u> a Jesús, los discípulos le dan la gloria.*

(Mt 13:13) διὰ τοῦτο ἐν παραβολαῖς αὐτοῖς λαλῶ, ὅτι <u>βλέποντες</u> οὐ βλέπουσιν καὶ <u>ἀκούοντες</u> οὐκ ἀκούουσιν οὐδὲ συνίουσιν.

- *Por esta razón, hablo a ellos en parábolas, porque <u>viendo</u> no ven, y <u>oyendo</u> no oyen ni entienden.*
- *Por esta razón, hablo a ellos en parábolas, porque <u>aunque ven</u>, no ven, y <u>aunque oyen</u>, no oyen ni entienden.*

IV. PARTICIPIO AORISTO PRIMERO

Aunque el aoristo primero y el segundo comunican la misma idea en cuanto al aspecto verbal, así como vimos en el indicativo, las formas del participio también cambian. Esta variación se observa tanto en voz activa como en voz media. Al igual que en los modos verbales y en infinitivo, el aoristo pasivo tiene su propio patrón. En este capítulo estudiaremos la forma del participio del aoristo primero y en el capítulo 25 veremos la forma del participio del aoristo segundo.

La raíz del aoristo participio se forma de manera similar a otros aoristos. Al igual que el subjuntivo y el imperativo, el participio no usa aumento. Este es solo característica del modo indicativo.

A. El participio aoristo primero. En capítulo 23 usted estudió cómo se entienden los tiempos distintos de los participios. Para repetir: en el caso del **aoristo**, se comunica el aspecto perfectivo. El autor presenta la acción o estado visto como **completo**. El tiempo verbal no está asociado directamente al tiempo cronológico. Recuerde que el tiempo cronológico de un participio adverbial estará principalmente determinado por el tiempo cronológico del verbo principal.

Estudie los paradigmas del participio aoristo primero en voces activa y media. A continuación se presentan ejemplos con el verbo λύω.

1. El participio aoristo primero activo:

		AORISTO PRIMERO ACTIVO		
		Masc.	Fem.	Neut.
Singular	Nom.	λύσας	λύσασα	λῦσαν
	Gen.	λύσαντος	λυσάσης	λύσαντος
	Dat.	λύσαντι	λυσάσῃ	λύσαντι
	Ac.	λύσαντα	λύσασαν	λῦσαν
Plural	Nom.	λύσαντες	λύσασαι	λύσαντα
	Gen.	λυσάντων	λυσασῶν	λυσάντων
	Dat.	λύσασι(ν)	λυσάσαις	λύσασι(ν)
	Ac.	λύσαντας	λυσάσας	λύσαντα

Note que el conectivo es -σαντ-. Masculino y neutro siguen la tercera declinación, y el femenino la primera declinación alternando α/η.

Ejemplos:

(Mt 19:22) ἀκούσας δὲ ὁ νεανίσκος τὸν λόγον ἀπῆλθεν λυπούμενος. *Mas habiendo oído (luego de oír, por causa de haber oído) la palabra, el joven se fue triste.*

(Ef 1:13) ἐν ᾧ καὶ ὑμεῖς ἀκούσαντες τὸν λόγον τῆς ἀληθείας, τὸ εὐαγγέλιον τῆς σωτηρίας ὑμῶν, ἐν ᾧ καὶ πιστεύσαντες ἐσφραγίσθητε τῷ πνεύματι τῆς ἐπαγγελίας τῷ ἁγίῳ. *En quien también vosotros habiendo oído (luego de haber oído, puesto que habéis oído) la palabra de la verdad, el evangelio de vuestra salvación, en quien también habiendo creído (luego de haber creído, puesto que habéis creído) fuisteis sellados con/por el Espíritu Santo de la promesa.*

NOTA. Observe cómo puede cambiar la interpretación de un pasaje por la manera en que entendemos el participio. En los ejemplos anteriores, el gerundio compuesto (habiendo oído, etc.) comunica la idea de manera o modo de realizar la acción verbal. La frase "luego de + infinitivo" comunica una idea temporal. Por último, la frase "puesto que + perfecto compuesto" comunica razón.

2. El participio aoristo primero medio:

		AORISTO MEDIO PRIMERO		
		Masc.	Fem.	Neut.
Singular	Nom.	λυσάμενος	λυσαμένη	λυσάμενον
	Gen.	λυσαμένου	λυσαμένης	λυσαμένου
	Dat.	λυσαμένῳ	λυσαμένῃ	λυσαμένῳ
	Ac.	λυσάμενον	λυσαμένην	λυσάμενον
Plural	Nom.	λυσάμενοι	λυσάμεναι	λυσάμενα
	Gen.	λυσαμένων	λυσαμένων	λυσαμένων
	Dat.	λυσαμένοις	λυσαμέναις	λυσαμένοις
	Ac.	λυσαμένους	λυσαμένας	λυσάμενα

Note que el conectivo es -σαμεν-. Masculino y neutro siguen la segunda declinación, y el femenino la primera declinación en η.

Ejemplos:

(Hch 21:7) καὶ ἀσπασάμενοι τοὺς ἀδελφοὺς ἐμείναμεν ἡμέραν μίαν παρ᾽ αὐτοῖς. *Y saludando (habiendo saludado, después de saludar) a los hermanos, permanecimos un día con ellos.*

(Hch 6:6) οὓς ἔστησαν ἐνώπιον τῶν ἀποστόλων, καὶ προσευξάμενοι ἐπέθηκαν αὐτοῖς τὰς χεῖρας. *Los cuales presentaron delante de los apóstoles, y habiendo orado (al orar, para orar), impusieron sus manos sobre ellos.*

B. El participio aoristo pasivo. Este se forma con el tema de aoristo pasivo. Observará en la mayor parte de estos la "θ" característica de la voz pasiva.

		AORISTO PASIVO		
		Masc.	Fem.	Neut.
Singular	Nom.	λυθείς	λυθεῖσα	λυθέν
	Gen.	λυθέντος	λυθείσης	λυθέντος
	Dat.	λυθέντι	λυθείσῃ	λυθέντι
	Acus.	λυθέντα	λυθεῖσαν	λυθέν

Plural	Nom.	λυθέντες	λυθεῖσα	λυθέντα
	Gen.	λυθέντων	λυθεισῶν	λυθέντων
	Dat.	λυθεῖσι	λυθείσαις	λυθεῖσι
	Acus.	λυθέντας	λυθείσας	λυθέντα

Note que el conectivo para masculino y neutro es -θεντ- y para femenino es -θεισ-. Algunos aoristos pasivos omiten la θ. Masculino y neutro siguen la tercera declinación, y el femenino la primera declinación alternando α/η.

Ejemplo:

(Mt 3:16) βαπτισθεὶς δὲ ὁ Ἰησοῦς εὐθὺς ἀνέβη ἀπὸ τοῦ ὕδατος· *Siendo bautizado (habiendo sido bautizado, luego de ser bautizado), Jesús subió del agua inmediatamente.*

V. EL GENITIVO ABSOLUTO

Un uso especial del participio adverbial es el de dar trasfondo a una acción. Equivale más o menos al uso del gerundio compuesto en español. El participio absoluto constituye casi siempre una oración subordinada temporal (90% de los casos). Se usa básicamente en caso genitivo, puede estar casi en cualquier tiempo verbal, aunque principalmente estará en presente o aoristo. Se construye con:

1. Un sustantivo o pronombre como sujeto, en genitivo (siempre será distinto al sujeto del verbo principal).
2. El participio aparece sin artículo, en genitivo.
3. Toda la construcción estará usualmente al inicio de la oración, antes del verbo.

Ejemplos:

(Mt 2:19) Τελευτήσαντος δὲ τοῦ Ἡρῴδου ἰδοὺ ἄγγελος κυρίου φαίνεται κατ᾽ ὄναρ τῷ Ἰωσὴφ ἐν Αἰγύπτῳ. *Cuando murió/habiendo muerto Herodes, he aquí que un ángel del Señor se apareció en sueño a José en Egipto.*

NOTA. El sujeto del participio es "Herodes", mientras que el de "apareció" es "un ángel". Esto es normal en los genitivos absolutos. El sujeto del participio es diferente al del verbo principal. Lo podemos hacer más claro en la traducción al colocar una coma entre la frase del genitivo y la oración principal.

(Jn 2:3) καὶ ὑστερήσαντος οἴνου λέγει ἡ μήτηρ τοῦ Ἰησοῦ πρὸς αὐτόν· οἶνον οὐκ ἔχουσιν. *Y cuando faltó/habiendo faltado/puesto que faltó el vino, dice la madre de Jesús a él: "No tienen vino".*

(Mt 18:25) μὴ ἔχοντος δὲ αὐτοῦ ἀποδοῦναι ἐκέλευσεν αὐτὸν ὁ κύριος πραθῆναι. *Y como/puesto que él no tenía para pagar, el señor mandó que fuera vendido.*

VI. ACTIVIDADES DE APRENDIZAJE

Día 1

1. Vuelva a estudiar detenidamente todo el capítulo 24.

2. Agregue a sus tarjetas de vocabulario las nuevas palabras de este capítulo. No olvide que parte de su estudio incluye repasar el vocabulario anterior.

3. Prepare tarjetas de estudio de las formas de las tres voces del participio aoristo.

Día 2

1. Coloque el código parcial correcto a los siguientes participios siguiendo el primer ejemplo. Este análisis no incluye por el momento género, caso ni número:

a. P A Ptc. c. P M/D Ptc. e. A M Ptc. g. A P Ptc.
b. P M/P Ptc. d. A A Ptc. f. A M/D Ptc. h. A P/D Ptc.

1. __a__ λύων	8. ______ ἀκουόμενους	15. ______ λέγουσα
2. ______ βαπτισθεὶς	9. ______ ἀκούοντες	16. ______ βλέπων
3. ______ ἀκούσαντες	10. ______ λυομένη	17. ______ λυσαμενων
4. ______ λυσάσῃ	11. ______ μαρτυροῦν	18. ______ λαλοῦντες
5. ______ λυσαμένην	12. ______ ἀσπασάμενου	19. ______ πιστεύων
6. ______ ὄντι	13. ______ δικαιωθέντες	20. ______ λυθεῖσαν
7. ______ ἐρχομένου	14. ______ λυούσῃ	21. ______ ὄντος

3. Sin consultar su Biblia, traduzca las siguientes citas bíblicas en una hoja aparte. No olvide subrayar todas las formas verbales y colocar un código a cada una antes de traducir.

(Mt 28:19-20) πορευθέντες οὖν μαθητεύσατε πάντα τὰ ἔθνη, βαπτίζοντες αὐτοὺς εἰς τὸ ὄνομα τοῦ πατρὸς καὶ τοῦ υἱοῦ καὶ τοῦ ἁγίου πνεύματος, διδάσκοντες αὐτοὺς τηρεῖν πάντα ὅσα ἐνετειλάμην (ἐντέλλομαι: *mandar, ordenar*) ὑμῖν.

Basado en lo traducido, conteste las siguientes preguntas:

1. ¿Cuál es la orden de Jesús? ________________________________

2. ¿Cuándo debe hacerse? ______________________________

3. ¿Cómo debe hacerse? ______________________________

Día 3

Sin consultar su Biblia, traduzca las siguientes citas bíblicas en una hoja aparte. No olvide subrayar los verbos y colocar un código a cada verbo antes de traducir.

(Mt 8:1) Καταβάντος δὲ αὐτοῦ ἀπὸ τοῦ ὄρους ἠκολούθησαν αὐτῷ ὄχλοι (*multitudes*) πολλοί.

(Hch 3:13) ὁ θεὸς Ἀβραὰμ καὶ ὁ θεὸς Ἰσαὰκ καὶ ὁ θεὸς Ἰακώβ, ὁ θεὸς τῶν πατέρων ἡμῶν, ἐδόξασεν τὸν παῖδα αὐτοῦ Ἰησοῦν ὃν ὑμεῖς μὲν παρεδώκατε (*entregasteis*) καὶ ἠρνήσασθε (ἀρνέομαι: *repudiar*) κατὰ πρόσωπον Πιλάτου, κρίναντος ἐκείνου ἀπολύειν·

Días 4 y 5

1. Revise toda la información de este capítulo.

2. Usted está avanzando rápidamente hacia la conclusión de su estudio elemental de la gramática griega. Lo que es importante ahora es aprender a leer con comprensión no solamente citas cortas aisladas, sino además pasajes un poco más largos. También necesita aprender a consultar un léxico en momentos de duda. Pero, al mismo tiempo, ¡es emocionante comenzar a descubrir en uno mismo la emoción de poder tratar personalmente con un texto de la Biblia!

Su tarea es para los próximos dos días. Lea las instrucciones para Día 4 y Día 5 antes de comenzar.

Día 4. Sin consultar un léxico, un interlineal o una traducción formal del texto bíblico, identifique todas las palabras de vocabulario y todos los códigos verbales que pueda en el texto siguiente. (Tal vez sería bueno traer a la par de su tarea una hoja en blanco para hacer apuntes de vocabulario y códigos verbales para pasarlos finalmente a la hoja del ejercicio.) Use la tabla provista para apuntar los verbos que encontró juntamente con sus códigos.

Día 5. Para palabras de vocabulario y códigos que no encontró ayer, use un léxico y/o el Vocabulario Acumulado del Apéndice del texto (no un interlineal o una traducción formal del texto). Luego intente una traducción de la cita en una hoja aparte.

¡Diviértase, goce y dé gracias a Dios por lo que ya puede hacer con su estudio del griego!

(Jn 1:29-34) Τῇ ἐπαύριον βλέπει τὸν ᾿Ιησοῦν ἐρχόμενον πρὸς αὐτὸν καὶ λέγει, Ἴδε ὁ ἀμνὸς τοῦ θεοῦ ὁ αἴρων τὸν ἁμαρτίαν τοῦ κόσμου. οὗτός ἐστιν ὑπὲρ οὗ ἐγὼ εἶπον,᾿Οπίσω μου ἔρχεται ἀνὴρ ὃς ἔμπροσθέν μου γέγονεν, ὅτι πρῶτός μου ἦν. κἀγὼ οὐκ ᾔδειν αὐτὸν, ἀλλ᾿ ἵνα φανερωθῇ τῷ᾿Ισραὴλ διὰ τοῦτο ἦλθον ἐγὼ ἐν ὕδατι βαπτίζων. Καὶ ἐμαρτύρησεν ᾿Ιωάννης λέγων ὅτι Τεθέαμαι τὸ πνεῦμα καταβαῖνον ὡς περιστερὰν ἐξ οὐρανοῦ καὶ ἔμεινεν ἐπ᾿ αὐτόν. κἀγὼ οὐκ ᾔδειν αὐτόν, ἀλλ᾿ ὁ πέμψας με βαπτίζειν ἐν ὕδατι ἐκεῖνός μοι εἶπεν, ᾿Εφ᾿ ὃν αν ἴδῃς τὸ πνεῦμα καταβαῖνον καὶ μένον ἐπ᾿ αὐτόν, οὗ τός ἐστιν ὁ βαπτίζων ἐν πνεύματι ἁγίῳ. κἀγὼ ἑώρακα καὶ μεμαρτύρηκα ὅτι οὗτός ἐστιν ὁ υἱὸς τοῦ θεοῦ.

Forma léxica	Verbo	T V M P N	Traducción

Forma léxica	Verbo	T V M P N	Traducción

2. ¿Quiere un poco más?

a. Tomando en cuenta su estudio, lea en voz alta el texto griego, ahora con mayor comprensión.

b. ¿Cuántos participios encontró? ______________________

c. ¿Cuáles eran adjetivales? Resáltelos con amarillo.

d. ¿Cuáles eran adverbiales? Resáltelos con otro color.

3. Revise todo su trabajo de este ejercicio para confirmar que no contiene errores.

CAPÍTULO 25

(Participios: aoristo segundo, futuro y la construcción perifrástica)

I. INTRODUCCIÓN. En los dos capítulos anteriores comenzamos nuestro estudio de los participios griegos. Es muy importante aprender bien las terminaciones de estos para poder diferenciarlos inmediatamente de las terminaciones regulares de los verbos. Este capítulo se centra mayormente en el participio del aoristo segundo y el uso perifrástico. Cerraremos el estudio de los participios en el capítulo 26 al ver la forma y traducción de ellos en el tiempo perfecto.

II. NUEVO VOCABULARIO

VOCABULARIO 25
382. ἀγρός, -ου, ὁ: *campo, terreno* (36)
383. ἅπτω: *encender, tocar* (39)
384. ἐπιθυμία, -ας, ἡ: *deseo, anhelo, pasión* (38)
385. εὐθέως: *enseguida, inmediatamente* (33)
386. εὐχαριστέω: *dar gracias* (38)
387. θηρίον, -ου, τό: *animal, fiera* (45)
388. καλῶς: *rectamente, correctamente* (37)
389. κλαίω: *llorar, lamentarse* (40)
390. ὅμοιος, -α, -ον: *semejante, parecido, igual* (45)
391. ὀργή, -ης, ἡ: *enojo, ira, cólera, venganza* (36)
392. πρόβατον, -ου, τό: *oveja* (37)
393. πάντοτε: *siempre* (41)
394. σήμερον: *hoy* (41)
395. χωρίς: *sin, por aparte, solo* (41)

III. PARTICIPIO AORISTO SEGUNDO

En el capítulo anterior volvimos a mencionar que, aunque el aoristo primero y el segundo presentan formas distintas en el indicativo, comunican el mismo aspecto verbal. Lo mismo se observa en las desinencias del participio. El participio del aoristo primero y el del segundo también difieren en su forma. En el capítulo 24 estudiamos el participio aoristo primero y en este capítulo estudiaremos el participio aoristo segundo.

En el caso del participio aoristo segundo, este se forma con el tema del aoristo segundo y las desinencias del participio presente, tanto para la voz activa como media. Vea la siguiente tabla y compárela con la tabla del participio presente activo en el capítulo 23.

A. El participio aoristo segundo activo

		AORISTO SEGUNDO ACTIVO		
		Masc.	Fem.	Neut.
Singular	Nom.	λαβών	λαβοῦσα	λαβόν
	Gen.	λαβόντος	λαβούσης	λαβόντος
	Dat.	λαβόντι	λαβούσῃ	λαβόντι
	Ac.	λαβόντα	λαβοῦσαν	λαβόν
Plural	Nom.	λαβόντες	λαβοῦσαι	λαβόντα
	Gen.	λαβόντων	λαβουσῶν	λαβόντων
	Dat.	λαβοῦσι(ν)	λαβούσαις	λαβοῦσι(ν)
	Ac.	λαβόντας	λαβούσας	λαβόντα

Ejemplos:

(Mt 21:39) καὶ λαβόντες αὐτὸν ἐξέβαλον ἔξω τοῦ ἀμπελῶνος καὶ ἀπέκτειναν.

- *Y tomándolo, lo echaron fuera de la viña y lo mataron.*
- *Y habiéndolo tomado, lo echaron fuera de la viña y lo mataron.*
- *Y luego de tomarlo, lo echaron fuera de la viña y lo mataron (de las tres, esta es la mejor traducción).*

(Hch 1:8) ἀλλὰ λήμψεσθε δύναμιν ἐπελθόντος τοῦ ἁγίου πνεύματος ἐφ' ὑμας.

- *Pero recibiréis poder cuando venga el Espíritu Santo sobre vosotros.*
- *Pero recibiréis poder al venir el Espíritu Santo sobre vosotros.*

NOTA. El participio aquí es un genitivo absoluto.

(Mr 5:2) καὶ ἐξελθόντος αὐτοῦ ἐκ τοῦ πλοίου εὐθὺς ὑπήντησεν αὐτῷ ἐκ τῶν μνημείων ἄνθρωπος ἐν πνεύματι ἀκαθάρτῳ. *Y después que él salió de la barca, enseguida vino a su encuentro, de entre los sepulcros, un hombre con un espíritu inmundo.*

B. El participio aoristo segundo medio

		AORISTO SEGUNDO MEDIO		
		Masc.	Fem.	Neut.
Singular	Nom.	γενόμενος	γενόμενη	γενόμενον
	Gen.	γενόμενου	γενόμενης	γενόμενου
	Dat.	γενόμενῳ	γενόμενῃ	γενόμενῳ
	Ac.	γενόμενον	γενόμενην	γενόμενον
Plural	Nom.	γενόμενοι	γενόμεναι	γενόμενα
	Gen.	γενόμενων	γενόμενων	γενόμενων
	Dat.	γενόμενοις	γενόμεναις	γενόμενοις
	Ac.	γενόμενους	γενόμενας	γενόμενα

Ejemplo:

(Mt 14:23) καὶ ἀπολύσας τοὺς ὄχλους ἀνέβη εἰς τὸ ὄρος κατ᾽ ἰδίαν προσεύξασθαι. ὀψίας δὲ γενομένης μόνος ἦν ἐκεῖ.

- *Y despidiendo (habiendo despedido) a las multitudes, subió al monte para orar a solas y, llegada la noche, estaba solo allí.*
- *Y luego de despedir a las multitudes subió al monte para orar a solas; y cuando llegó la noche estaba solo allí.*

("κατ᾽ἰδίαν" es un modismo que quiere decir "a solas")

NOTA. El segundo participio, γενομένης, es un genitivo absoluto.

IV. PARTICIPIO FUTURO

El participio futuro aparece con poca frecuencia en el NT.[1] Se forma sobre la raíz del futuro y añade las desinencias del participio presente:

Voz activa: λύσων (-οντος, -οντι, etc.), λύσουσα (-ουσης, -ουσῃ, etc.), λῦσον (-οντος, -οντι, etc.)

Voz media: λυσόμενος (-ομένου, -ομένῳ, etc.), λυσομένη (-ομένης, -ομένῃ, etc.), λυσόμενον (-ομένου, -ομένῳ, etc.)

Voz pasiva: λυθησόμενος (-ομένου, -ομένῳ, etc.), λυθησομένη (-ομένης, -ομένῃ, etc.), λυθησόμενον (-ομένου, -ομένῳ, etc.)

Ejemplo:

(1P 3:13) Καὶ τίς ὁ κακώσων ὑμᾶς ἐὰν τοῦ ἀγαθοῦ ζηλωταὶ γένησθε;
¿Y quién es el que os hará daño si vosotros seguís el bien?

1. El participio futuro aparece nueve veces en el NT: Mt 27:49; Jn 6:64; Hch 8:27; 22:5; 24:11, 17; Ro 8:34; Heb 13:17; 1P 3:13.

V. LA CONSTRUCCIÓN PERIFRÁSTICA

Un uso especial del participio adverbial es la combinación de este con verbos copulativos para formar una idea verbal (principalmente εἰμί; en unas pocas ocasiones también γίνομαι y ὑπάρχω). Esta se conoce como construcción perifrástica. Es una manera redundante de decir algo que puede expresarse con un verbo conjugado. Un ejemplo sería decir εἰμὶ διδάσκων en vez de simplemente διδάσκω. En esta combinación, el verbo copulativo informa del modo, persona y número. El participio comunica el aspecto verbal, el género y la voz. Usualmente el participio estará en tiempo presente o perfecto. En la época del NT, esta construcción comunicaba el mismo énfasis que su forma finita equivalente.

Ejemplos:

(Mt 7:29) ἦν γὰρ διδάσκων αὐτοὺς ὡς ἐξουσίαν ἔχων. *Porque les enseñaba como quien tiene autoridad.*

(Mt 9:22) ἦν γὰρ ἔχων κτήματα πολλά. *Porque tenía muchos bienes.*

(2Co 6:14) μὴ γίνεσθε ἑτεροζυγοῦντες ἀπίστοις. *No os unáis en yugo desigual con los incrédulos.*

(Mr 10:32) Ἦσαν δὲ ἐν τῇ ὁδῷ ἀναβαίνοντες εἰς Ἱεροσόλυμα, καὶ ἦν προάγων αὐτοὺς ὁ Ἰησοῦς. *Y subían por el camino a Jerusalén, y Jesús iba delante de ellos.*

VI. ACTIVIDADES DE APRENDIZAJE

Día 1

1. Vuelva a leer y estudiar detenidamente todo el capítulo 25.

2. Agregue a sus tarjetas de vocabulario las palabras nuevas de este capítulo. No olvide que parte de su estudio incluye repasar el vocabulario anterior.

3. Prepare tarjetas de estudio para las formas del participio aoristo segundo.

Día 2

1. Vuelva a repasar el vocabulario del capítulo 25.

2. En una hoja aparte escriba el desarrollo del participio del verbo ἐσθίω en tiempo presente y aoristo. (¿Qué clase de aoristo tiene este verbo?)

3. A continuación encontrará una cita bíblica para traducir. Subraye primero todas las formas verbales y colóquelas en el cuadro que sigue. Llene el cuadro primero y luego escriba la traducción de la cita en una hoja aparte. (Si lo desea, puede consultar un léxico, pero no consulte el texto en su Biblia).

(Mt 18:31) ἰδόντες οὖν οἱ σύνδουλοι αὐτοῦ τὰ γενόμενα ἐλυπήθησαν σφόδρα (*mucho*) καὶ ἐλθόντες διεσάφησαν (διασαφέω: *comunicar*) τῷ κυρίῳ ἑαυτῶν πάντα τὰ γενόμενα.

Verbo	Forma léxica	TVMPN	Traducción

Día 3

1. Vuelva a repasar las distintas declinaciones del participio en el capítulo 24 y compárelas con lo que encuentra en el capítulo 25. Conteste las siguientes preguntas:

- ¿Qué similitudes encuentra entre las declinaciones? ____________________

____

- ¿Qué diferencias encuentra entre las declinaciones? ____________________

____

2. A continuación encontrará dos citas bíblicas para traducir. Subraye primero todas las formas verbales y colóquelas en los cuadros correspondientes. Llene el cuadro primero y luego escriba la traducción de la cita en en una hoja aparte. Si lo desea, puede consultar un léxico, pero no consulte el texto en su Biblia.

(Mt 2:8) ἐπὰν (*cuando, tan pronto como*) δὲ εὕρητε, ἀπαγγείλατέ μοι ὅπως κἀγὼ ἐλθὼν προσκυνήσω αὐτῷ.

Verbo	Forma léxica	TVMPN	Traducción

¿Es el participio en este versículo adjetival o adverbial? ____________________

(Mt 13:20) ὁ δὲ ἐπὶ τὰ πετρώδη (*lugar rocoso*) σπαρείς, οὗτός ἐστιν ὁ τὸν λόγον ἀκούων καὶ εὐθὺς μετὰ χαρᾶς λαμβάνων αὐτόν.

Verbo	Forma léxica	TVMPN	Traducción

¿Cuáles participios hay en este versículo? ___________________

¿Son adjetivales o adverbiales? ___________________

¿Cómo lo sabe?___________________

Día 4

1. Vuelva a repasar las distintas declinaciones del participio en los capítulos 24 y 25.

2. Le toca ahora traducir las dos citas bíblicas siguientes. Subraye primero todas las formas verbales y colóquelas en el cuadro que sigue. Llene el cuadro primero y luego escriba la traducción de la cita en una hoja aparte. Si desea, puede consultar un léxico, pero no consulte el texto en su Biblia.

(Mt 11:18) ἦλθεν γὰρ Ἰωάννης μήτε ἐσθίων μήτε πίνων, καὶ λέγουσιν, Δαιμόνιον ἔχει.

Verbo	Forma léxica	TVMPN	Traducción

¿Cuántos participios encontró? __________

¿Son adverbiales o adjetivales? ___________________

(Col 1:3-4) Εὐχαριστοῦμεν (εὐχαριστέω: *agradecer*) τῷ θεῷ πατρὶ τοῦ Κυρῖου ἡμῶν Ἰησοῦ Χριστοῦ πάντοτε περὶ ὑμῶν προσευχόμενοι, ἀκούσαντες τὴν πίστιν ὑμῶν ἐν Χριστῷ Ἰησοῦ καὶ τὴν ἀγάπην ἣν ἔχετε εἰς πάντας τοὺς ἁγίους.

Verbo	Forma léxica	TVMPN	Traducción

¿Cuántos participios encontró? ____________________

¿Son adverbiales o adjetivales? ____________________

Día 5

1. Al final del capítulo 25 se encuentra la descripción con ejemplos de la construcción perifrástica. A continuación explique en sus propias palabras la definición de este uso del participio.

____

____

2. Traduzca las siguientes citas en las cuales aparece el uso de la construcción perifrástica. No olvide identificar el código de todas las formas verbales. Subraye o resalte todas las veces que aparece una construcción perifrástica.

(Lc 13:10) Ἦν δὲ διδάσκων ἐν μιᾷ τῶν συναγωγῶν ἐν τοῖς σάββασιν.

(Mt 18:20) οὗ γάρ εἰσιν δύο ἢ τρεῖς συνηγμένοι εἰς τὸ ἐμὸν ὄνομα, ἐκεῖ εἰμι ἐν μέσῳ αὐτῶν

3. A continuación encontrará una cita bíblica para traducir. Subraye primero todas las formas verbales y colóquelas en el cuadro que sigue. Llene el cuadro primero y luego escriba la traducción de la cita en una hoja aparte. Si lo desea, puede consultar un léxico, pero no consulte el texto en su Biblia.

(Mr 15:24) καὶ σταυροῦσιν αὐτὸν καὶ διαμερίζονται (διαμερίζω: *dividir, repartir*) τὰ ἱμάτια αὐτοῦ βάλλοντες κλῆρον (*suerte*) ἐπ᾽ αὐτὰ τίς τί ἄρῃ.

Verbo	Forma léxica	TVMPN	Traducción

3. Revise toda su tarea para este capítulo, incluyendo las hojas que elaboró aparte del verbo ἐσθίω.

VOCABULARIO ACUMULADO LECCIONES 21-25

(un total de 81 palabras)

Hasta ahora ha aprendido 394 palabras desde el vocabulario 1. Estas aparecen 119.054 veces, lo que equivale al 86.17% del texto del NT. Siga repasando. Su esfuerzo tendrá sus frutos a largo plazo.

Verbos	
ἀγοράζω: *comprar* (30)	κλαίω: *llorar, lamentares* (40)
ἅπτω: *encender, tocar* (39)	κρατέω: *prevalecer, dominar* (53)
ἀρνέομαι: *negar* (33)	μαρτυρέω: *dar testimonio* (76)
βλασφεμέω: *blasfemar* (34)	μετανοέω: *arrepentirse* (34)
διακονέω: *servir* (37)	νικάω: *vencer* (28)
δοξάζω: *glorificar* (61)	οἶδα: *saber, conocer* (318)
ἐλπίζω: *esperar* (31)	πάσχω: *padecer* (40)
ἐπιστρέφω: *volver, regresar* (36)	πειράζω: *tentar* (39)
ἑτοιμάζω: *preparar, hacer preparativos* (41)	περισσεύω: *abundar, sobrar* (39)
	πίπτω: *caer* (90)
εὐχαριστέω: *dar gracias* (38)	πράσσω: *hacer, practicar* (39)
καυχάομαι: *jactarse, gloriarse* (36)	ὑποτάσσω: *someter, sujetar* (38)
	φυλάσσω: *guardar, cuidar* (31)
Sustantivos comunes	
ἀγρός, -ου, ὁ: *campo, terreno* (36)	πρεσβύτερος, -α, -ον: *anciano, viejo* (60)
γενέα, -ᾶς, ἡ: *generación* (43)	
ἐπιτυμία, -ας, ἡ: *deseo, anhelo, pasión* (38)	πρόβατον, ου, τό: *oveja* (37)
	πρόσωπον, -ου, τό: *cara, rostro* (76)
θηρίον, -ου, τό: *animal, fiera* (45)	
θρόνος, -ου, ὁ: *trono* (62)	συναγωγή, -ῆς, ἡ: *sinagoga, congregación* (62)
μαρτυρία, -ας, ἡ: *testimonio* (43)	
μαρτύς, -υρος, ὁ: *testigo (35)*	φαρισαῖος, -ου, ὁ: *fariseo* (98)
ὀργή, -ης, ἡ: *enojo, ira, cólera, venganza* (36)	φόβος, -ου, ὁ: *miedo, temor* (47)
	φυλακή, -ῆς, ἡ: *prisión, cárcel* (46)
παιδίον, τό: *niño, infante* (52)	χρόνος, -ου, ὁ: *tiempo* (54)

Sustantivos propios	
Ἀβραάμ, ὁ: *Abraham* (73)	Ἰσραήλ, ὁ: *Israel* (55)
Γαλιλαία, -ας, ἡ: *Galilea* (61)	Ἰωάννης, -ου, ὁ: *Juan* (135)
Δαυίδ, ὁ: *David* (59)	Μωϋσῆς, -εως, ὁ: *Moisés* (59)
Ἰερουσαλήμ, ἡ: *Jerusalén* (77)	Πιλᾶτος, -ου, ὁ: *Pilato* (55)
Adjetivos	
ἀληθινός, -ή, -όν: *real, verdadero* (28)	μικρός, -ά, -όν: *pequeño* (46)
ἐλάχιστος, -η, -ον: *el más pequeño, el menor* (14)	ὅμοιος, -α, -ον: *semejante, parecido, igual* (45)
	πλείων: *mayor, más grande* (55)
ἰσχυρός, -α, -όν: *fuerte* (59)	σοφός, -ή, -όν: *sabio* (20)
κρείσσων: *mejor* (19)	τοιοῦτος, -αύτη, -οῦτον: *tal, de tal clase* (56)
μᾶλλον: *más, más bien, antes* (82)	
μείζων: *más grande, mayor* (38)	
Adverbios	
ἄνωθεν: *de arriba, otra vez* (13)	κάτω: *abajo* (11)
ἔμπροσθεν: *por delante, ante* (48)*	ὀπίσω: *atrás, detrás* (35)*
εὐθέως: *enseguida, inmediatamente* (33)	πάντοτε: *siempre* (41)
	σήμερον: *hoy* (41)
ἤδη: *ahora, ya* (61)	τάχεως: *pronto, presto* (11)
ἐγγύς: *cerca* (31)	χωρίς: *por aparte, aparte, sin, sin relación con* (41)*
καλῶς: *rectamente, correctamente* (37)	ὧδε: *aquí* (61)
Conjunción	
διό: *por esta razón* (53)	
Preposición	
πρό: *delante de, por, a favor de* (47)	
Pronombres	
ἀλλήλων: *unos a otros* (100)	ἡμέτερος, -α, -ον: *nuestro* (7)
ἑαυτου, -ῆς, -οῦ: *de sí mismo* (319)	σεαυτοῦ, -ῆς, -οῦ: *de ti mismo* (43)
ἐμαυτοῦ, -ῆς, -οῦ: *de mí miso* (37)	σός, -ή, -όν: *tuyo* (25)
ἐμός, -ή, -όν: *mío* (76)	ὑμέτερος, -α, -ον: *vuestro* (11)

* Estos adverbios funcionan también de vez en cuando como preposiciones. Cuando lo hacen de esa manera reciben el nombre de “preposiciones impropias”.

CAPÍTULO 26

(Participios: perfecto, construcción pleonástica)

I. INTRODUCCIÓN. En esta lección completamos nuestra introducción al estudio de los participios. Algunos estudiosos de la gramática griega opinan que el que domina bien el concepto de los participios griegos en realidad ha dominado bien la esencia de este idioma. Así que trabajemos con fuerza. Al completar esta lección usted comenzará a vislumbrar nuevas herramientas de la exégesis del Nuevo Testamento.

II. NUEVO VOCABULARIO

VOCABULARIO 26
396. ἀναγινώσκω: *leer* (32)
397. ἀπαγγέλλω: *declarar, anunciar* (46)
398. ἄρτι: *ahora, inmediatamente* (35)
399. διάβολος, ὁ: *diablo* (37)
400. διδαχή, -ῆς, ἡ: *doctrina, enseñanza* (30)
401. ἐχθρός, -ά, -όν: *enemigo, aborrecido* (32)
402. θύρα, -ας, ἡ: *puerta, entrada* (39)
403. μέλος, -ους, τό: *miembro, parte del cuerpo* (34)
404. παραγίνομαι: *venir, presentarse* (37)
405. σύν: *con, en compañía de* (128)
406. σωτήρ, -ῆρος, ὁ: *salvador* (24)
407. σωτηρία, -ας, ἡ: *salvación* (45)

III. LA CONSTRUCCIÓN PLEONÁSTICA

Un pleonasmo es una redundancia (p. ej., subir para arriba). En el griego bíblico, en especial en los Evangelios, es común encontrarnos con construcciones verbales pleonásticas. Esto ocurre cuando un verbo que lleva la idea de pensar o hablar es acompañado por un participio que también lleva el mismo sentido. Muchas veces las versiones en español preservan el pleonasmo, pero podría prescindirse de su traducción. Vea los siguientes ejemplos:

(Mt 11:25) Ἐν ἐκείνῳ τῷ καιρῷ ἀποκριθεὶς ὁ Ἰησοῦς εἶπεν· ἐξομολογοῦμαί σοι, πάτερ. *En aquel tiempo Jesús [respondiendo] dijo: "Te alabo, Padre...".*

(Lc 12:17) καὶ διελογίζετο ἐν ἑαυτῷ λέγων· τί ποιήσω, ὅτι οὐκ ἔχω ποῦ συνάξω τοὺς καρπούς μου; *Y se puso a pensar [diciendo]: "¿Qué voy a hacer? No tengo dónde almacenar mi cosecha".*

(Mr 9:5) καὶ ἀποκριθεὶς ὁ Πέτρος λέγει τῷ Ἰησοῦ· ῥαββί, καλόν ἐστιν ἡμᾶς ὧδε εἶναι. *Y Pedro [respondiendo] dice a Jesús: "Rabí, bueno es que nosotros estemos aquí".*

IV. PARTICIPIO PERFECTO

Hasta ahora hemos estudiado la mayor parte de las formas de los participios. En la voz activa, de manera similar al modo indicativo, el participio perfecto se forma con el tema con reduplicación más la κ y las desinencias del participio perfecto. Como era de esperarse, los mismos fenómenos explicados en el capítulo 22 sobre la reduplicación en el indicativo se dan con los distintos tipos de raíces en el participio. Vea el siguiente cuadro que ilustra cómo se forma el participio perfecto en voz activa:

reduplicación	**+**	**tema perfecto activo**	**+ κ +**	**terminaciones del perfecto**
λε	+	λυ	+ κ +	ως

A. El participio perfecto activo

		PERFECTO ACTIVO		
		Masc.	Fem.	Neut.
Singular	Nom.	λελυκώς	λελυκυῖα	λελυκός
	Gen.	λελυκότος	λελυκυΐας	λελυκότος
	Dat.	λελυκότι	λελυκυίᾳ	λελυκότι
	Ac.	λελυκότα	λελυκυῖαν	λελυκός
Plural	Nom.	λελυκότες	λελυκυῖαι	λελυκότα
	Gen.	λελυκότων	λελυκυιῶν	λελυκότων
	Dat.	λελυκόσι(ν)	λελυκυίαις	λελυκόσι(ν)
	Ac.	λελυκότας	λελυκυίας	λελυκότα

Puede notar que el conectivo de masculino y neutro es -κοτ- y el del femenino -κυι-. El masculino y el neutro siguen la tercera declinación y el femenino, la primera.

B. El participio perfecto medio y pasivo. En el caso de las voces media y pasiva, el participio se forma con la reduplicación, el tema y las desinencias de participio sin la presencia de la κ. También, en el participio las voces media y pasiva comparten las mismas desinencias. Vea el siguiente cuadro:

reduplicación + tema perfecto medio/pasivo + terminaciones de perfecto
λε + λυ + μένος

		PERFECTO MEDIO/PASIVO		
		Masc.	Fem.	Neut.
Singular	Nom.	λελυμένος	λελυμένη	λελυμένον
	Gen.	λελυμένου	λελυμένης	λελυμένου
	Dat.	λελυμένῳ	λελυμένῃ	λελυμένῳ
	Ac.	λελυμένον	λελυμένην	λελυμένον
Plural	Nom.	λελυμένοι	λελυμέναι	λελυμένα
	Gen.	λελυμένων	λελυμένων	λελυμένων
	Dat.	λελυμένοις	λελυμέναις	λελυμένοις
	Ac.	λελυμένους	λελυμένας	λελυμένα

Como puede ver, el conectivo para todas las voces es -μεν-. El masculino y el neutro siguen la segunda declinación y el femenino la primera.

Ejemplo:

(Jn 5:10) ἔλεγον οὖν οἱ Ἰουδαῖοι τῷ τεθεραπευμένῳ· σάββατόν ἐστιν, καὶ οὐκ ἔξεστίν σοι ἆραι τὸν κράβαττόν σου. *Por eso los judíos decían al que fue/había sido sanado: "Es día de reposo, y no te es lícito cargar tu camilla".*

NOTA. El verbo θεραπεύω (*sanar, curar*) está como participio perfecto pasivo con el artículo porque es participio sustantivado. Se nota la reduplicación, τε-. El uso del perfecto aquí pareciera enfatizar el resultado o condición del acto previo de sanar. El tiempo perfecto no siempre se usa para enfatizar un resultado de un acto previo, pero aquí ese parece ser el caso.

(Jn 8:31) ἔλεγεν οὖν ὁ Ἰησοῦς πρὸς τοὺς πεπιστευκότας αὐτῷ Ἰουδαίους· ἐὰν ὑμεῖς μείνητε ἐν τῷ λόγῳ τῷ ἐμῷ, ἀληθῶς μαθηταί μού ἐστε. *Así que, Jesús decía a los judíos que habían creído en él: "Si vosotros permanecéis en mi palabra, verdaderamente sois mis discípulos".*

NOTA. En griego, πεπιστευκότας es un participio perfecto en la primera posición adjetival, pero en la traducción en español la acción del participio ocurre antes del verbo imperfecto. Por tanto, se traduce con el pretérito pluscuamperfecto en español.

(Jn 16:24) ἕως ἄρτι οὐκ ᾐτήσατε οὐδὲν ἐν τῷ ὀνόματί μου· αἰτεῖτε καὶ λήμψεσθε, ἵνα ἡ χαρὰ ὑμῶν ᾖ πεπληρωμένη. *Hasta ahora no habéis pedido nada en mi nombre; pedid y recibiréis, para que vuestro gozo sea cumplido.*

NOTA. El participio puede ser un adjetivo predicativo, "completo", o un participio perifrástico, "sea cumplido".

(Mt 16:19) δώσω σοι τὰς κλεῖδας τῆς βασιλείας τῶν οὐρανῶν, καὶ ὃ ἐὰν δήσῃς ἐπὶ τῆς γῆς ἔσται δεδεμένον ἐν τοῖς οὐρανοῖς, καὶ ὃ ἐὰν λύσῃς ἐπὶ τῆς γῆς ἔσται λελυμένον ἐν τοῖς οὐρανοῖς. *Te daré las llaves del reino de los cielos; y lo que ates en la tierra quedará atado en el cielo, y todo lo que desates en la tierra quedará desatado en el cielo.*

NOTA. Las palabras δήσῃς y δεδεμένον vienen de δέω (atar, confinar). Aquí hay, además, dos construcciones perifrásticas. Veamos otra manera de traducir estas dos construcciones perifrásticas: ἔσται δεδεμένον y ἔσται λελυμένον, "habrá sido atado" y "habrá sido desatado". Por el uso del participio perfecto se podría inferir que la acción celestial es previa a la acción humana, en este caso en el momento de atar o desatar. En ese sentido, quien tendría la autoridad final de atar y desatar no es el discípulo sino el Señor.

V. ACTIVIDADES DE APRENDIZAJE

Día 1

1. Vuelva a leer y estudiar detenidamente todo el capítulo 26.

2. Agregue a sus tarjetas de vocabulario las palabras nuevas de este capítulo. Si tiene duda de la categoría de alguna palabra, consulte la lista acumulada en el apéndice. No olvide que parte de su estudio incluye repasar el vocabulario anterior.

3. Prepare tarjetas de estudio para las formas del participio del tiempo perfecto.

Día 2

1. Vuelva a repasar el vocabulario del capítulo 26.

2. Vuelva a leer el capítulo 26. Explique lo que es una construcción pleonástica.

---

3. A continuación encontrará dos citas bíblicas para traducir. Subraye primero todas las formas verbales y colóquelas en el cuadro que sigue. Llene el cuadro primero y luego escriba la traducción de la cita en una hoja aparte. Después conteste las preguntas que siguen (Si lo desea, puede consultar un léxico, pero no consulte el texto en su Biblia).

(Mt 10:30) ὑμῶν δὲ καὶ αἱ τρίχες τῆς κεφαλῆς πᾶσαι ἠριθμημέναι (ἀριθμέω: contar) εἰσίν.

Verbo	Forma léxica	Código verbal	Traducción

¿Qué uso tiene el participio en esta cita? ____________________

¿Por qué pareciera no tener reduplicación el participio? __________
____

(Mt 13:3) καὶ ἐλάλησεν αὐτοῖς πολλὰ ἐν παραβολαῖς λέγων, Ἰδοὺ ἐξῆλθεν ὁ σπείρων τοῦ σπείρειν.

Verbo	Forma léxica	Código verbal	Traducción

¿Qué uso del participio es el primero? ____________________

¿Qué uso del participio es el segundo? ____________________

Día 3

1. Vuelva a repasar el vocabulario del capítulo 26.

2. A continuación encontrará dos citas bíblicas para traducir. Subraye primero todas las formas verbales y colóquelas en el cuadro que sigue. Llene el cuadro primero y luego escriba la traducción de la cita una hoja aparte. Luego conteste las preguntas que siguen. (Si lo desea, puede consultar un léxico, pero no consulte el texto en su Biblia).

(Jn 4:45) ὅτε οὖν ἦλθεν εἰς τὴν Γαλιλαίαν, ἐδέξαντο αὐτὸν οἱ Γαλιλαῖοι πάντα ἑωρακότες ὅσα ἐποίησεν ἐν Ἱεροσολύμοις ἐν τῇ ἑορτῇ, καὶ αὐτοὶ γὰρ ἦλθον εἰς τὴν ἑορτήν.

Verbo	Forma léxica	Código verbal	Traducción

El participio perfecto también tiene un uso adjetival o adverbial como los otros participios. En esta cita, ¿el participio es adjetival o adverbial? _______

____

(Jn 12:37) Τοσαῦτα δὲ αὐτοῦ σημεῖα πεποιηκότος ἔμπροσθεν αὐτῶν οὐκ ἐπίστευον εἰς αὐτόν.

Verbo	Forma léxica	Código verbal	Traducción

¿Cómo se llama la construcción del participio en esta cita? __________

Día 4

1. Tome unos minutos para volver a repasar los capítulos 24 y 25. Ahora, compare el desarrollo de las declinaciones en esos capítulos con lo que observa en el capítulo 26. Anote en sus tarjetas lo que estas declinaciones tienen en común y dónde difieren.

2. A continuación encontrará una lista de tiempos verbales. Identifique la letra del tiempo verbal correcto de los participios que aparecen en la segunda sección.

a. presente activo
b. presente medio/pasivo
c. aoristo 1° activo
d. aoristo 1° medio
e. aoristo pasivo
f. perfecto activo
g. perfecto medio/pasivo
h. aoristo 2° activo
i. aoristo 2° medio

1.__c__ λυσάμενον	10.______ λύσασα	19.______ λυθείς
2.______ λαβοῦσα	11.______ λελυμένας	20.______ ἀκουομένους

3.______ λυθεῖσα	12.______ ἀκούσας	21.______ λυσαμένους
4.______ ἀκούων	13.______ λελυκότων	22.______ λαβοῦσι
5.______ λυσαμένων	14.______ λύσαντι	23.______ λαβόντα
6. ______ ὄντος	15.______ λυσαμέναις	24.______ ἀκουομένῃ
7.______ λυθέντας	16.______ λυσάντων	25.______ λελυκότι
8.______ ἀκουομένου	17.______ γενόμενῳ	26.______ γενόμενα
9.______ γενόμενην	18.______ λελυκυίας	27.______ λελυμένον

Día 5

1. Repase una vez más toda la información del capítulo 26.

2. En una hoja aparte haga una lista de todas las formas de participio que ha estudiado en los capítulos del 24 al 26.

3. A continuación encontrará dos citas bíblicas para traducir. Subraye primero todas las formas verbales y colóquelas en el cuadro que sigue. Llene el cuadro primero y luego escriba la traducción de la cita en una hoja aparte. Después conteste las preguntas que siguen. (Si lo desea, puede consultar un léxico, pero no consulte el texto en su Biblia).

(Jn 1:24-25) Καὶ ἀπεσταλμένοι ἦσαν ἐκ τῶν φαρισαίων. καὶ ἠρώτησαν αὐτὸν καὶ εἶπαν αὐτῷ· τί οὖν βαπτίζεις εἰ σὺ οὐκ εἶ ὁ χριστὸς οὐδὲ Ἠλίας οὐδὲ ὁ προφήτης;

Verbo	Forma léxica	Código verbal	Traducción

¿Cuál es el uso del participio en esta cita? ______________________

(Jn 3:6-8) τὸ γεγεννημένον ἐκ τῆς σαρκὸς σάρξ ἐστιν, καὶ τὸ γεγεννημένον ἐκ τοῦ πνεύματος πνεῦμά ἐστιν. μὴ θαυμάσῃς ὅτι εἶπον σοι, Δεῖ ὑμᾶς γεννηθῆναι ἄνωθεν. τὸ πνεῦμα ὅπου θέλει πνεῖ καὶ τὴν φωνὴν αὐτοῦ ἀκούεις. ἀλλ' οὐκ οἶδας ποθεν ἔρχεται καὶ ποῦ ὑπάγει· οὕτως ἐστὶν πᾶς ὁ γεγεννημένος ἐκ τοῦ πνεύματος. (Si la forma de un verbo o participio aparece más de una vez, solamente tiene que colocar su código una vez, y señalar en la tabla junto al verbo el número de veces que aparece)

Verbo	Forma léxica	Código verbal	Traducción

¿Qué uso(s) tienen los participios en esta cita? ____________________

____

4. Revise todo su trabajo de esta tarea.

CAPÍTULO 27

(Verbos: terminados en -μι; indicativo)

I. INTRODUCCIÓN. Falta poco para llegar a la meta de completar nuestro estudio inicial de la gramática griega. Sin embargo, aún nos quedan algunos detalles importantes por observar.

En esta y la próxima lección estudiaremos un grupo pequeño pero importante de verbos griegos cuya terminación del presente indicativo no es -ω sino -μι. Aunque son pocos, son muy frecuentes en el NT. De hecho, ya aprendimos uno de ellos en el capítulo 8, el verbo εἰμί.

II. NUEVO VOCABULARIO

En este vocabulario ordenamos las palabras de acuerdo al verbo base. Así como pasa con verbos como ἔρχομαι, estos suelen formar verbos compuestos. Hay cuatro verbos con esta terminación, que llamaremos básicos, de los cuales derivan la mayoría de este tipo: ἀφίημι, δίδωμι, ἵστημι y τίθημι.

VOCABULARIO 27
Categoría ἵημι: (enviar)
408. ἀφίημι: *dejar, permitir, perdonar* (143)
409. συνίημι: *entender* (26)
Categoría δίδωμι:
410. ἀποδίδωμι: *pagar, devolver* (48)
411. δίδωμι: *dar, conceder* (415)
412. παραδίδωμι: *entregar, confiar* (119)
Categoría ἵστημι:
413. ἀνίστημι: *levantar, resucitar* (108)
414. ἵστημι: *colocar, estar* (154)
415. παρίστημι: *estar presente* (41)
Categoría τίθημι:
416. ἐπιτίθημι: *imponer, poner sobre* (39)
417. τίθημι: *poner, colocar* (100)
418. παρατίθημι: *confiar, encomendar* (19)
419. φημί: *decir* (66)

Otras palabras:	
420. ὅπου: *donde* (82)	422. ὥστε: *así que, de tal manera* (84)
421. ναί: sí, así es (34)	

III. PATRONES FUNDAMENTALES

Estos verbos se caracterizan por tener una raíz corta. En el **tiempo presente** esta raíz es precedida por una reduplicación en ι y sucedida con la terminación verbal. Por ejemplo, δί-δω-μι "dar", ἵ-στη-μι "estar". En **futuro activo** la raíz corta va sucedida por σ y las desinencias correspondientes. La mayoría de estos forma su **aoristo activo** con la raíz corta sucedida por κ más las desinencias correspondientes. Esto podría causar confusión con el **perfecto activo**, que también usa κ. La diferencia está en que este usa la reduplicación en ϵ. Observe con atención la tabla siguiente que presenta las principales formas fundamentales.

Pres. Act.	Fut. Act.	Aor. Act.	Perf. Act.	Perf. M/P	Aor. Pas.
ἀφίημι	ἀφήσω	ἀφῆκα	---	ἀφέωμαι	ἀφέθην
δίδωμι	δώσω	ἔδωκα	δέδωκα	δέδομαι	ἐδόθην
ἵστημι	στήσω	ἔστησα, ἔστην	ἕστηκα	ἕσταμαι	ἐστάθην
τίθημι	θήσω	ἔθηκα	τέθεικα	τέθειμαι	ἐτέθην

IV. EL PRESENTE INDICATIVO

Estudie las siguientes conjugaciones del verbo δίδωμι:

Voz Activa		Voces Media y Pasiva	
δίδωμι, *doy*	δίδομεν, *damos*	δίδομαι, *me doy*	διδόμεθα, *nos damos*
δίδως, *das*	δίδοτε, *dais*	δίδοσαι, *te das*	δίδοσθε, *os dais*
δίδωσιν, *da*	διδόασιν, *dan*	δίδοται, *se da*	δίδονται, *se dan*
Infinitivo: δίδοναι, *dar*		Infinitivo: δίδοσθαι, *darse*	

Notará que hay un cambio en la vocal temática ω/o entre el singular y el plural. La raíz del verbo es -δο-, cuya vocal breve llega a ser ω por alargamiento formativo.

Ejemplo con los verbos ἀφίημι y δίδωμι:

(Jn 14:27) Εἰρήνην ἀφίημι ὑμῖν, εἰρήνην τὴν ἐμὴν δίδωμι ὑμῖν· οὐ καθὼς ὁ κόσμος δίδωσιν ἐγὼ δίδωμι ὑμῖν. *(La) paz os dejo, mi paz os doy, no como el mundo (la) da yo (la) doy a vosotros.*

Ejemplo con el verbo τίθημι:

(Jn 10:11)᾽Εγώ εἰμι ὁ ποιμὴν ὁ καλός. ὁ ποιμὴν ὁ καλὸς τὴν ψυχὴν αὐτοῦ τίθησιν ὑπὲρ τῶν προβάτων. *Yo soy el buen pastor. El buen pastor pone su vida por las ovejas.*

V. EL IMPERFECTO INDICATIVO

Las formas de imperfecto seguirán un patrón similar a la de los verbos regulares: usará aumento y la raíz del presente más las terminaciones de imperfecto. Estas terminaciones son levemente diferentes a las de los verbos regulares debido a las contracciones vocálicas en el singular y la ausencia de vocal temática en el plural.

Estudie las siguientes conjugaciones del verbo δίδωμι:

Voz Activa	
ἐδίδουν, *daba*	ἐδίδομεν, *dábamos*
ἐδίδους, *dabas*	ἐδίδοτε, *dabais*
ἐδίδου, *daba*	ἐδίδοσαν, *daban*
Voces Media y Pasiva	
ἐδίδομην, *me daba*	ἐδιδόμεθα, *nos dábamos*
ἐδίδοσο, *te dabas*	ἐδίδοσθε, *os dabais*
ἐδίδοτο, *se daba*	ἐδίδοντο, *se daban*

NOTA. En el NT solo ocurre el imperfecto de estos verbos en 91 oportunidades, básicamente en voz activa.

Ejemplo con el verbo δίδωμι:

(Jn 19:3) καὶ ἤρχοντο πρὸς αὐτὸν καὶ ἔλεγον· χαῖρε ὁ βασιλεὺς τῶν ᾽Ιουδαίων· καὶ ἐδίδοσαν αὐτῷ ῥαπίσματα. *Y venían a él y le decían: "Salve rey de los judíos", y le daban bofetadas.*

Ejemplo con el verbo ἀποδίδωμι:

(Hch 4:33) καὶ δυνάμει μεγάλῃ ἀπεδίδουν τὸ μαρτύριον οἱ ἀπόστολοι τῆς ἀναστάσεως τοῦ κυρίου᾽Ιησοῦ, χάρις τε μεγάλη ἦν ἐπὶ πάντας αὐτούς.

Y con gran poder daban testimonio los apóstoles de la resurrección del Señor Jesús, y gran gracia había/era sobre todos ellos.

VI. EL FUTURO INDICATIVO

El futuro, igual que en aoristo, toma una raíz corta. La raíz corta de estos verbos es: de δίδωμι (δω-); de τίθημι (θη-); de ἵστημι (στη-); de ἀφίημι (ἀφη-). Así que el tiempo futuro agrega una σ a esta raíz y las terminaciones del tiempo presente.

Estudie la siguiente conjugación en tiempo futuro del verbo δίδωμι:

Voz Activa	
δώσω, *daré*	δώσομεν, *daremos*
δώσεις, *darás*	δώσετε, *dareis*
δώσει, *dará*	δώσουσιν, *darán*
Voz Media	
δώσομαι, *me daré*	δωσόμεθα, *nos daremos*
δώσῃ, *te darás*	δώσεσθε, *os daréis*
δώσεται, *se dará*	δώσονται, *se darán*
Voz Pasiva	
δοθήσομαι, *seré dado*	δοθησόμεθα, *seremos dados*
δοθήσῃ, *serás dado*	δοθήσεσθε, *seréis dados*
δοθήσεται, *será dado*	δοθήσονται, *serán dados*

Ejemplos con el verbo δίδωμι:

(Mt 4:9) καὶ εἶπεν αὐτῷ· ταῦτά σοι πάντα δώσω, ἐὰν πεσὼν προσκυνήσῃς μοι. *Y dijo a él: "Todas estas cosas te daré, si te inclinares y me adorases".*

(Lc 11:29b) Ἡ γενεὰ αὕτη γενεὰ πονηρά ἐστιν· σημεῖον ζητεῖ, καὶ σημεῖον οὐ δοθήσεται αὐτῇ εἰ μὴ τὸ σημεῖον Ἰωνᾶ. *Esta generación es una generación perversa. Busca una señal, pero una señal no se le será dada sino/excepto la señal de Jonás.*

Ejemplo con el verbo ἀφίημι:

(Mt 6:14) Ἐὰν γὰρ ἀφῆτε (subjuntivo de ἀφίημι, vea capítulo 28) τοῖς ἀνθρώποις τὰ παραπτώματα αὐτῶν, ἀφήσει καὶ ὑμῖν ὁ πατὴρ ὑμῶν ὁ οὐράνιος. *Porque si perdonaseis a los hombres sus transgresiones, también os perdonará vuestro Padre celestial.*

VII. EL AORISTO INDICATIVO

Por lo general el aoristo activo de los verbos en -μι se forma con la raíz corta y en vez de σ usa κ y las terminaciones en α.

Estudie la siguiente conjugación en tiempo aoristo del verbo δίδωμι:

Voz Activa		Voz Media	
ἔδωκα, *di*	ἐδώκαμεν, *dimos*	ἔδομην, *me di*	ἐδόμεθα, *nos dimos*
ἔδωκας, *diste*	ἐδώκατε, *disteis*	ἔδου, *te diste*	ἔδοσθε, *os disteis*
ἔδωκε(ν), *dio*	ἔδωκαν, *dieron*	ἔδοτο, *se dio*	ἔδοντο, *se dieron*
Infinitivo: δοῦναι, *dar*		Infinitivo: No aparece en el NT	

Observaciones:

(1) El infinitivo pasivo de δίδωμι es δοθῆναι (ejemplo Mr 5:43).

(2) El aoristo activo de ἀφίημι es ἀφῆκα.

(3) El verbo ἵστημι forma un aoristo primero con σ con un sentido transitivo: parar, detener, poner. Además forma un aoristo segundo con sentido intransitivo: pararse, detenerse, ponerse, estar, existir. Usará la κ para el perfecto. Solo aparece en tercera persona en el NT.

Sentido **transitivo** de ἵστημι (toma objeto directo)	
ἔστησα, *puse**	ἐστήσαμεν, *pusimos**
ἔστησας, *pusiste**	ἐστήσατε, *pusisteis**
ἔστησε(ν), *puso*	ἔστησαν, *pusieron*

Sentido **intransitivo** de ἵστημι (no toma objeto directo)	
ἔστην, *puse**	ἐστήμεν, *pusimos**
ἔστης, *pusiste**	ἐστήτε, *pusisteis**
ἔστη, *puso*	ἔστησαν, *pusieron*

Nota: las formas con asterisco (*) no aparecen en el NT.

Ejemplo con el verbo δίδωμι:

(Mt 21:23) Ἐν ποίᾳ ἐξουσίᾳ ταῦτα ποιεῖς; καὶ τίς σοι ἔδωκεν τὴν ἐξουσίαν ταύτην; *¿Con qué autoridad haces estas cosas? ¿Y quién te dio esta autoridad?*

Ejemplo con el verbo ἵστημι:

(Mt 4:5) Τότε παραλαμβάνει αὐτὸν ὁ διάβολος εἰς τὴν ἁγίαν πόλιν καὶ ἔστησεν αὐτὸν ἐπὶ τὸ πτερύγιον τοῦ ἱεροῦ. *Entonces el diablo lo llevó a la santa ciudad y lo puso sobre el pináculo del templo.*

Ejemplo con el verbo ἀφίημι:

(Mt 6:12) καὶ ἄφες (aoristo imperativo de ἀφίημι, vea capítulo 28) ἡμῖν τὰ ὀφειλήματα ἡμῶν, ὡς καὶ ἡμεῖς ἀφήκαμεν τοῖς ὀφειλέταις ἡμων. *Y perdónanos nuestras ofensas como nosotros también hemos perdonado/perdonamos a los que nos ofenden.*

VIII. EL PERFECTO INDICATIVO

El perfecto de los verbos -μι reduplica la consonante y usa la κ y terminaciones del perfecto que ya estudiamos. En total, en el NT aparecen 92 formas del perfecto de estos verbos. Las más frecuentes son las de los verbos δίδωμι y ἵστημι.

Estudie las siguientes formas del perfecto de δίδωμι que aparecen en el NT;

Voz Activa	Voz Pasiva
δέδωκα, *he dado*	-
δέδωκας, *has dado*	-
δέδωκεν, *ha dado*	δέδοται, *ha sido dado*

Observaciones:

(1) El perfecto de ἵστημι es ἕστηκα

(2) El perfecto de τίθημι es τέθεικα.

(3) En total, aparecen solo 14 formas medias o pasivas de estos verbos. Si encuentra algún verbo del cual sospecha que es uno de los verbos en -μι y no puede descifrar su código verbal, consulte un léxico.

Ejemplo con el verbo δίδωμι:

(Mr 4:11) καὶ ἔλεγεν αὐτοῖς· ὑμῖν τὸ μυστήριον δέδοται τῆς βασιλείας τοῦ θεοῦ· ἐκείνοις δὲ τοῖς ἔξω ἐν παραβολαῖς τὰ πάντα γίνεται. *Y decía a ellos: "A vosotros ha sido dado el misterio del reino de Dios, pero a aquellos los de afuera, por parábolas son (explicadas) todas las cosas".*

Ejemplo con el verbo ἵστημι:

(Lc 8:20) ἀπηγγέλη δὲ αὐτῷ· ἡ μήτηρ σου καὶ οἱ ἀδελφοί σου ἑστήκασιν ἔξω ἰδεῖν θέλοντες σε. *Y se le anunció: "Tu madre y tus hermanos están fuera pues quieren verte".*

Aquí el verbo ἵστημι está en perfecto activo indicativo tercera plural. Usualmente se usa este perfecto con sentido presente.

IX. ACTIVIDADES DE APRENDIZAJE

Día 1

1. Vuelva a leer y estudiar detenidamente todo el capítulo 27.

2. Agregue a sus tarjetas de vocabulario las palabras nuevas de este capítulo. No olvide que parte de su estudio incluye repasar el vocabulario anterior.

3. Como repaso, revise los capítulos 23 al 26. Luego escriba una definición de los siguientes términos:

- El genitivo absoluto: ______________________________
____
- Un participio adjetival: ______________________________
____
- Un participio adverbial: ______________________________
____

4. En el siguiente cuadro indique los códigos verbales correspondientes a las distintas formas del verbo δίδωμι.

Forma	Código verbal	Traducción
δίδωσι		
δέδωκεν		
ἐδίδους		
δέδωκας		
ἐδώκαμεν		
ἔδωκαν		
δώσετε		
διδόασιν		
δώσω		
δεδώκαμεν		

Día 2

1. Revise de nuevo el vocabulario del capítulo 27.

2. A continuación encontrará una cita bíblica para traducir. Subraye primero todas las formas verbales y colóquelas en el cuadro que sigue. Llene el cuadro primero y luego escriba la traducción de la cita en una hoja aparte. Si lo desea, puede consultar un léxico, pero no consulte el texto en su Biblia.

(Lc 4:6) καὶ εἶπεν αὐτῷ ὁ διάβολος· σοὶ δώσω τὴν ἐξουσίαν ταύτην ἅπασαν καὶ τὴν δόξαν αὐτῶν, ὅτι ἐμοὶ παραδέδοται καὶ ᾧ ἐὰν θέλω δίδωμι αὐτήν·

Verbo	Forma léxica	Código verbal	Traducción

¿Qué clase de verbo es παραδέδοται? ____________________

3. En el siguiente cuadro identifique las formas léxicas, códigos verbales y traducciones correspondientes a distintos verbos de -μί.

Verbo	Forma léxica	Código verbal	Traducción
ἀφῆτε			
δοθῆναι			
ἔστησεν			
ἑστήκασιν			
παραδέδοται			
ἀφήσει			
τεθείκατε			
δίδωσιν			
τίθησιν			
δωθήσεται			

Día 3

1. A continuación encontrará tres citas bíblicas para traducir. Subraye primero todas las formas verbales y colóquelas en el cuadro que sigue. Llene el cuadro primero y luego escriba la traducción de la cita en una hoja aparte. Si lo desea, puede consultar un léxico, pero no consulte el texto en su Biblia.

(Jn 17:22-23) κἀγὼ τὴν δόξαν ἣν δέδωκας μοι δέδοκα αὐτοῖς, ἵνα ὦσιν ἓν καθῶς ἡμεῖς ἕν. ἐγὼ ἐν αὐτοῖς καὶ σὺ ἐν ἐμοί, ἵνα ὦσιν τετελιωμένοι (τελειόω: *completar*) εἰς ἕν, ἵνα γινώσκῃ ὁ κόσμος ὅτι σύ με ἀπέστειλας καὶ ἠγάπησας αὐτοὺς καθῶς ἐμὲ ἠγάπησας.

Verbo	Forma léxica	Código verbal	Traducción

(Jn 11:34) καὶ εἶπεν· που τεθείκατε αὐτόν; λέγουσιν αὐτῷ· κύριε, ἔρχου καὶ ἴδε.

Verbo	Forma léxica	Código verbal	Traducción

¿Qué género, caso y número es la palabra κύριε? ________________

(Jn 1:26) ἀπεκρίθη αὐτοῦς ὁ Ἰωάννης λέγων· ἐγω βαπτίζω ἐν ὕδατι· μέσος ὑμῶν ἕστηκεν ὅν ὑμεῖς οὐκ οἴδατε.

Verbo	Forma léxica	Código verbal	Traducción

¿Qué clase de construcción es la frase ἀπεκρίθη αὐτοῦς ὁ Ἰωάννης λέγων?

Días 4 y 5

1. Vuelva a leer el capítulo 27 y repasar el vocabulario.

2. A continuación encontrará cuatro citas bíblicas para traducir. Subraye primero todas las formas verbales y colóquelas en el cuadro que sigue. Llene el cuadro primero y luego escriba la traducción de la cita en una hoja aparte. Si lo desea, puede consultar un léxico, pero no consulte el texto en su Biblia.

(Jn 6:32) εἶπεν οὖν αὐτοῦς ὁ Ἰησοῦς· ἀμὴν ἀμὴν λέγω ὑμῖν, οὐ Μωϋσῆς δέδωκεν ὑμῖν τὸν ἄρτον ἐκ τοῦ οὐρανοῦ, ἀλλ᾽ ὁ πατήρ μου δίδωσιν ὑμῖν τὸν ἄρτον ἐκ τοῦ οὐρανοῦ τὸν ἀληθινόν.

Verbo	Forma léxica	Código verbal	Traducción

(Jn 3:35-36) ὁ πατὴρ ἀγαπᾷ τὸν υἱὸν καὶ πάντα δέδωκεν ἐν τῇ χειρὶ αὐτοῦ. ὁ πιστεύων εἰς τὸν υἱὸν ἔχει ζωὴν αἰώνιον· ὁ δε ἀπειθῶν τῷ υἱῷ οὐκ ὄψεται ζωήν, ἀλλ᾽ ἡ ὀργὴ τοῦ θεοῦ μένει ἐπ᾽ αὐτόν.

Verbo	Forma léxica	Código verbal	Traducción

(Jn 7:19-21) Οὐ Μωϋσῆς δέδωκεν ὑμῖν τὸν νόμον; καὶ οὐδεὶς ἐξ ὑμῶν ποιεῖ τὸν νόμον. τί με ζητεῖτε ἀποκτεῖναι; ἀπεκρίθη ὁ ὄχλος, Δαιμόνιον ἔχεις· τίς σε ζητεῖ ἀποκτεῖναι; ἀπεκρίθη Ἰησοῦς καὶ εἶπεν αὐτοῖς· Ἓν ἔργον ἐποίησα καὶ πάντες θαυμάζετε. (Cuando se repite la misma forma verbal solamente tiene que ponerla una vez en el cuadro e indicar la cantidad de veces que aparece.)

Verbo	Forma léxica	Código verbal	Traducción

¿Cuales son los verbos/verboides de -μι en esta cita? ___________________

____

¿Qué clase de construcción es ἀπεκρίθη Ἰησοῦς καὶ εἶπεν? ___________

____

(Jn 19:41) ἦν δὲ ἐν τῷ τόπῳ ὅπου ἐσταυρώθη κῆπος, καὶ ἐν τῷ κήπῳ μνημεῖον καινὸν ἐν ᾧ οὐδέπω οὐδεὶς ἦν τεθειμένος. (κῆπος: *huerto*)

Verbo	Forma léxica	Código verbal	Traducción

3. Revise todas sus respuestas de los ejercicios para este capítulo.

CAPÍTULO 28

(Verbos: terminados en -μι; subjuntivo, imperativo y participios)

I. INTRODUCCIÓN. En la lección anterior comenzamos nuestro estudio de un grupo pequeño pero importante de verbos griegos cuya terminación del presente indicativo no es -ω sino -μι. Observamos la construcción de estos verbos en el modo indicativo juntamente con algunos ejemplos en textos bíblicos.

En esta lección estudiaremos la conjugación de estos verbos en los modos subjuntivo e imperativo y los participios presente y aoristo.

II. NUEVO VOCABULARIO

VOCABULARIO 28
423. ἀντί: *abajo de (gen.), con respecto a (ac.)* (473)
424. ἐνώπιον: *delante de, ante* (94)
425. ἐκεῖ: *allí, en ese lugar* (95)
426. ἔσχατος, -η, -ου: *final, postrero, último* (53)
427. ὅσος: *tanto, cuanto más* (109)
428. ὄχλος, -ου, ὁ: *gentío, multitud* (174)
429. παρά: *desde (gen.), al lado de, con (dat.), contra, en (ac.)* (194)
430. πῶς: *¿cómo?* (104)
431. σκανδαλίζω: *hacer caer* (29)
432. σκότος, -ους, τό: *oscuridad* (31)
433. ὑπάγω: *ir, apartarse* (79)

III. EL MODO SUBJUNTIVO

El modo subjuntivo de los verbos terminados en -μι se parece mucho al subjuntivo de los verbos en -ω. Observe a continuación el presente activo subjuntivo y el aoristo activo subjuntivo del verbo δίδωμι. Aparece con poca frecuencia en el NT el presente subjuntivo de estos verbos. El aoristo activo subjuntivo aparece unas 130 veces.

Presente Activo Subjuntivo	
Singular	Plural
διδῶ, *dé*	διδῶμεν, *demos*
διδῷς, *des*	διδῶτε, *deis*
διδῷ, *dé*	διδῶσι(ν), , *den*
Aoristo Activo Subjuntivo	
δῶ, *dé*	δῶμεν, *demos*
δῷς, *des*	δῶτε, *deis*
δῷ / δῴη, *dé*	δῶσιν, *den*

NOTA. Puede observar que la traducción en español no varía para el presente o el aoristo. Lo mismo pasa con las traducciones de imperativo. Como vimos, este fenómeno sucede con los demás verbos en subjuntivo griego. En español tenemos muy diversas maneras de expresar el subjuntivo. Aquí optamos por el presente subjuntivo por razones pedagógicas, pero podríamos traducir según lo requiera el contexto con las otras formas verbales del subjuntivo español.

Tal como sucede en indicativo, el presente usa el tema largo διδο- y el aoristo usa el tema corto δο-. Observe el ejemplo del aoristo activo subjuntivo con δίδωμι:

(Jn 1:22) εἶπαν οὖν αὐτῷ· τίς εἶ; ἵνα ἀπόκρισιν δῶμεν τοῖς πέμψασιν ἡμᾶς· τί λέγεις περὶ σεαυτοῦ; *Dijeron pues a él: "¿Quién eres?, para que demos una respuesta a los que nos enviaron. ¿Qué dices respecto de ti mismo?".*

IV. EL MODO IMPERATIVO

A. Presente activo imperativo. Aparece con poca frecuencia en el NT el presente imperativo de estos verbos. Observe a continuación el ejemplo del presente activo imperativo con el verbo δίδωμι.

Presente Activo Imperativo		
	Singular	Plural
2ª	δίδου, *des*	δίδοτε, *dad*
3ª	διδότο, *dé*	διδότωσαν, *den*

B. Aoristo activo imperativo. Aparece 109 veces en el NT. Observe en la siguiente tabla un resumen de los cuatro verbos de -μι que aparecen con más frecuencia.

verbo	singular	plural
δίδωμι	δός, *des*	δότε, *deis*
	δέτω, *dé*	δότωσαν, *den*
τίθημι	θές, *pon*	θέτε, *poned*
	θέτω, *ponga*	θέντων, *pongan*
ἵστημι	στῆθι, *estés*	στήτε, *estad*
	στήτω, *esté*	στάντων, *estén*
ἀφίημι	ἀφές, *deja*	ἀφέτέ, *dejad*
	ἀφέτω, *deje*	ἀφέντων, *dejen*

Ejemplo del aoristo activo imperativo con δίδωμι:

(Jn 4:7) ἔρχεται γυνὴ ἐκ τῆς Σαμαρείας ἀντλῆσαι ὕδωρ. λέγει αὐτῇ ὁ Ἰησοῦς· δός μοι πεῖν· *Viene una mujer de Samaria para sacar agua. Le dice Jesús: "Dame de beber (agua)".*

V. LOS PARTICIPIOS

El participio de los verbos -μι es similar al de los verbos ya estudiados. En el presente se forma con el tema largo y en el aoristo con el tema corto más las desinencias respectivas de participio. Observe a continuación las formas más comunes de los participios de los verbos -μι. El número en paréntesis representa las veces que aparece esa forma. En el caso de participios de otros verbos -μι, consulte un léxico.

1. El verbo ἀνίστημι: ἀναστάς (36), Aor. Act. Ptc. Nom. Masc. Sing. Este es el participio más frecuente de los verbos -μι.

2. El verbo τίθημι:

- En presente solamente aparece τίθεις (1), Pres. Act. Ptc. Nom. Masc. Sing. y τιθέντες (1), Pres. Act. Ptc. Nom. Masc. Pl.
- En aoristo aparece θείς (1), Aor. Act. Ptc. Nom. Masc. Sing., θέντος (2), Aor. Act. Ptc. Gen. Masc. Sing. y θέντες (1), Aor. Act. Ptc. Gen. Masc. Pl.

3. El verbo δίδωμι:

- En presente solamente aparecen participios masculinos: δίδους (5), Nom. Sing., διδόντα (2), Acus. Sing. y διδόντες (2), Nom. Pl.
- En aoristo activo aparecen en masculino: δούς (11), Nom. Sing., δόντος (2), Gen. Sing., δόντι (1), Dat. Sing. y δόντα (1), Acus. Sing.

- En aoristo pasivo aparecen: δοθεῖσης (3), Fem. Gen. Sing., y δοθεῖσαν (7), Fem. Acus. Sing.
- En perfecto pasivo aparecen: δεδομένην (1), Fem. Acus. Sing., y δεδομένον (4), Neut. Nom. Sing.

4. El verbo ἵστημι:

- No aparecen participios presentes.
- En aoristo aparece en masculino: στάς (2), Nom. Sing. y στάντος (1), Gen. Sing. En aoristo aparece en femenino: στᾶσα (1), Nom. Sing.
- En aoristo pasivo masculino aparece: στάθεις (6), Nom. Sing.
- En perfecto activo neutro aparecen: ἑστηκός (1) y ἑστηκότα (1), Acus. Sing., ἑστός, Nom. (1) y Acus. (1) Sing.
- En perfecto activo masculino aparecen: ἑστηκώς (4), Masc. Nom. Sing., ἑστηκότων (4), Masc. Gen. Pl.

Ejemplo con el participio de δίδωμι:

(Jn 3:27) ἀπεκρίθη Ἰωάννης καὶ εἶπεν· οὐ δύνατι ἄνθρωπος λαμβάνειν οὐδὲ ἓν ἐὰν μὴ ἦ̲ ̲δ̲ε̲δ̲ο̲μ̲έ̲ν̲ο̲ν̲ αὐτῷ ἐκ τοῦ οὐρανοῦ. *Respondió Juan y dijo: "No puede un hombre recibir ninguna cosa si no le hubiese sido dada del cielo".* [Observe aquí que el uso del participio es perifrástico.]

Ejemplo con el participio de ἵστημι:

(Jn 3:29) ὁ ἔχων τὴν νύμφην νυμφίος ἐστίν· ὁ δὲ φίλος τοῦ νυμφίου ὁ̲ ̲ἑ̲σ̲τ̲η̲κ̲ὼ̲ς̲ καὶ ἀκούων αὐτοῦ χαρᾷ χαίρει διὰ τὴν φωνὴν τοῦ νυμφίου. αὕτη οὖν ἡ χαρὰ ἡ ἐμὴ πεπλήρωται. *El que tiene la novia es el novio. El amigo del novio, el que está (con él) y lo oye con gozo, se goza por causa de la voz del novio. Pues este mi gozo ha sido completado/cumplido.*

VI. ACTIVIDADES DE APRENDIZAJE

Día 1

1. Vuelva a leer y estudiar detenidamente todo el capítulo 28.

2. Agregue a sus tarjetas de vocabulario las palabras nuevas de este capítulo. No olvide que parte de su estudio incluye repasar el vocabulario anterior.

4. En el siguiente cuadro indique los códigos verbales correspondientes a las distintas formas de los verbos que terminan en -μί (consulte los ejemplos en este capítulo y en el anterior).

Forma	Forma léxica	Código verbal	Traducción
δέτω			
δῷς			
δίδους			
θές			
στήτε			
ἀφέτω			
δός			
ἀναστάς			
τίθεις			
θέντες			

Día 2

1. Revise de nuevo el vocabulario del capítulo 28.

2. A continuación encontrará dos citas bíblicas para traducir. Subraye primero todas las formas verbales y colóquelas en el cuadro que sigue. Llene el cuadro primero y luego escriba la traducción de la cita en una hoja aparte. Si lo desea, puede consultar un léxico, pero no consulte el texto en su Biblia.

(Ro 6:13) μηδὲ παριστάνετε τὰ μέλη ὑμῶν ὅπλα (neutro plural de ὅπλον: instrumento) ἀδικίας τῇ ἁμαρτίᾳ, ἀλλὰ παραστήσατε ἑαυτοὺς τῷ θεῷ ὡσεὶ ἐκ νεκρῶν ζῶντας καὶ τὰ μέλη ὑμῶν ὅπλα δικαιοσυνής τῷ θεῷ.

Verbo	Forma léxica	Código verbal	Traducción

(Mt 4:22) οἱ δὲ εὐθέως ἀφέντες τὸ πλοῖον καὶ τὸν πατέρα αὐτῶν ἠκολούθησαν αὐτῷ.

Verbo	Forma léxica	Código verbal	Traducción

Día 3

1. Revise de nuevo el vocabulario y la información de los verbos -μι de los capítulos 27 y 28.

2. A continuación encontrará dos citas bíblicas para traducir. Subraye primero todas las formas verbales y colóquelas en el cuadro que sigue. Llene el cuadro primero y luego escriba la traducción de la cita en una hoja aparte. Si lo desea, puede consultar un léxico, pero no consulte el texto en su Biblia.

(Jn 5:21-23) ὥσπερ γὰρ ὁ πατὴρ ἐγείρει τοὺς νεκροὺς καὶ ζῳοποιεῖ, οὕτως καὶ ὁ υἱὸν οὓς θέλει ζῳοποιεῖ. οὐδὲ γὰρ ὁ πατὴρ κρίνει οὐδένα, ἀλλὰ τὴν κρίσιν πᾶσαν δέδωκεν τῷ υἱῷ, ἵνα πάντες τιμῶσιν τὸν υἱὸν καθὼς τιμῶσιν τὸν πατέρα. ὁ μὴ τιμῶν τὸν υἱὸν οὐ τιμᾷ τὸν πατέρα τὸν πέμψαντα αὐτόν.

Verbo	Forma léxica	Código verbal	Traducción

(Jn 6:54) ὁ τρώγων μου τὴν σάρκα καὶ πίνων μου τὸ αἷμα ἔχει ζωὴν αἰώνιον, κἀγὼ ἀναστήσω αὐτὸν τῇ ἐσχάτῃ ἡμέρᾳ. (τρώγω: *comer*; πίνω: *beber*)

Verbo	Forma léxica	Código verbal	Traducción

Día 4

1. Revise todas sus tarjetas del vocabulario de sustantivos.

2. A continuación encontrará dos citas bíblicas para traducir. Subraye primero todas las formas verbales y colóquelas en el cuadro que sigue. Llene el cuadro primero y luego escriba la traducción de la cita en una hoja aparte. Si lo desea, puede consultar un léxico, pero no consulte el texto en su Biblia.

(Jn 13:34) ἐντολὴν καινὴν δίδωμι ὑμῖν, ἵνα ἀγαπᾶτε ἀλλήλους, καθῶς ἠγάπησα ὑμᾶς ἵνα καὶ ὑμεῖς ἀγαπᾶτε ἀλλήλους.

Verbo	Forma léxica	Código verbal	Traducción

(Jn 15:13) μείζονα ταύτης ἀγάπην οὐδεὶς ἔχει, ἵνα τις τὴν ψυχὴν αὑτοῦ θῇ ὑπὲρ τῶν φίλων αὑτοῦ.

Verbo	Forma léxica	Código verbal	Traducción

Día 5

1. Revise todas sus tarjetas del vocabulario de verbos.

2. A continuación encontrará tres citas bíblicas para traducir. Subraye primero todas las formas verbales y colóquelas en el cuadro que sigue. Llene el cuadro primero y luego escriba la traducción de la cita en una hoja aparte. Si lo desea, puede consultar un léxico, pero no consulte el texto en su Biblia.

(Mt 4:5) τότε παραλαμβάνει αὐτὸν ὁ διάβολος εἰς τὸν ἁγίαν πόλιν καὶ ἔστησεν αὐτὸν ἐπὶ τὸ πτερύγιον τοῦ ἱεροῦ. (πτερύγιον: parte más arriba)

Verbo	Forma léxica	Código verbal	Traducción

(Jn 10:11) Ἐγώ εἰμι ὁ ποιμὴν ὁ καλός· ὁ ποιμὴν ὁ καλὸς τὴν ψυχὴν αὐτοῦ τίθησιν ὑπὲρ τῶν προβάτων. (ποιμήν: *pastor*; πρόβατον: *oveja*)

Verbo	Forma léxica	Código verbal	Traducción

(Jn 15:16) Οὐχ ὑμεῖς με ἐξελέξασθε (de ἐκλέγομαι: *escoger*), ἀλλ᾽ ἐγὼ ἐξελεξάμην ὑμᾶς καὶ ἔθηκα ὑμᾶς ἵνα ὑμεῖς ὑπάγητε καὶ καρπὸν φέρητε καὶ ὁ καρπὸς ὑμῶν μένῃ, ἵνα ὅ τι αν αἰτήσητε τὸν πατέρα ἐν τῷ ὀνόματί μου δῷ ὑμῖν.

Verbo	Forma léxica	Código verbal	Traducción

3. Revise todos sus ejercicios para este capítulo.

CAPÍTULO 29

(Oraciones condicionales)

I. INTRODUCCIÓN. En esta lección y la siguiente amarramos unos detalles importantes para su estudio elemental del griego. Tenemos todavía mucho por delante para pulir nuestro dominio del idioma. Sin embargo, usted ya tiene una muy buena base sobre la cual cimentar su estudio del texto bíblico.

En esta lección veremos las oraciones condicionales. El estudio de los distintos tipos de oraciones condicionales le ayudará entender algunos pasajes que sin el estudio del idioma original podrían prestarse a interpretaciones erróneas. Este capítulo es muy valioso y, a la vez, desafiante.

II. NUEVO VOCABULARIO

VOCABULARIO 29
434. ἄνεμος, -ου, ὁ: *viento* (31)
435. ἀπόλλυμι: *perder, destruir* (90)
436. βιβλίον, -ου, τό: *libro, pergamino* (34)
437. διαθήκη, -ης, ἡ: *pacto, testamento* (33)
438. διακονία, -ας, ἡ: *ministerio* (34)
439. διάκονος, -ου, ὁ: *servidor, ministro, ayudante* (29)
440. διδάσκαλος, -ου, ὁ: *maestro* (59)
441. εἴτε: *ya sea que ... o que* (45)
442. ἐπαγγελία, -ας, ἡ: *promesa* (52)
443. θυγάτηρ, θυγατρός, ἡ: *hija* (28)
444. ὀφείλω: *ser deudor de, deber* (35)
445. πάσχα, τό: *pascua* (29)

III. ORACIONES CONDICIONALES

Antes de ver en detalle las oraciones condicionales en griego, miremos cómo las construimos y usamos nosotros en español.[1] Verá bastante traslape tanto en estructura como en significación.

La oración condicional es un grupo de oraciones o período. El período condicional consta de una oración principal y una subordinada. A la oración principal se le denomina apódosis y a la subordinada, prótasis. La oración

1. Esta sección es una adaptación de la *NGLE*, 47.1-47.11.

subordinada usualmente comienza con la conjunción "si". "Si el Señor no edificare la casa, en vano trabajan los que la edifican", "si me amáis, guardad mis mandamientos".

Distinguimos tres formas principales: condición real, potencial e irreal. En cada una de ellas, quien escribe o habla escoge presentar una acción o estado como real, potencial o irreal, al menos para efectos de su discurso. La acción o estado puede corresponder a la forma en que se presenta la oración condicional. El asunto tiene que ver más con el efecto retórico que se desea lograr que con la realidad. Esto mismo se verá en las estructuras condicionales griegas.

Una oración **condicional real** comunica hechos o estados que se tienen por verdaderos o esperables. También introduce compromisos y promesas. En ese caso, los verbos de la prótasis van en indicativo presente o pasado. La apódosis también tendrá verbos en indicativo presente, pasado o futuro. "Si llueve a tiempo, hay buenas cosechas"; "Si la luz de la oficina está encendida, mi tía vino temprano"; "Si apruebas el curso, te doy un diploma".

Una oración **condicional potencial** presenta hechos o estados que pueden ocurrir. La prótasis usa pretérito imperfecto subjuntivo y la apódosis usa condicional o imperativo. "Si lloviese a tiempo, habría buenas cosechas"; "Si vinieras por acá, tráenos aquellos dulces".

Una oración **condicional irreal**, cuando es afirmativa muestra hechos o estados que no ocurrieron, y cuando es negativa afirma situaciones o estados que sí acaecieron. La prótasis se construye con el pretérito pluscuamperfecto subjuntivo. La apódosis usa verbos en condicional compuesto o pluscuamperfecto subjuntivo. "Si hubieses estado aquí, mi hermano no hubiese muerto"; "Si no hubiésemos venido ayer, no habríamos alcanzado a despedirnos".

En griego, ha habido debate en cuanto a cómo clasificar las oraciones condicionales.[2] Aquí usaremos el sistema clásico que las agrupa en cuatro clases: real, irreal, potencial e incierta. Las más comunes en el NT son la condición real y la potencial.

Para efectos de traducción se deben usar los equivalentes en español de las condiciones real, irreal y potencial mencionadas arriba.

A. Oración condicional de primera clase: condición simple, real. Se llama así a aquella oración condicional que expresa la realidad o certeza desde la perspectiva del emisor, al menos para el desarrollo de su argumento.

2. Una buena discusión del tema puede verse en Michael J. Thate, "Conditionality in John's Gospel: A Critique and Examination of Time and Reality as Classically Conceived in Conditional Constructions", *Journal of the Evangelical Theological Society* 50 (2007): 561-572.

Es decir, el que habla asume la prótasis como cierta, al menos para efectos de su enunciado.

Esta clase de oración condicional forma la prótasis con el condicional εἰ más el verbo en modo indicativo. La apódosis puede llevar cualquier modo o tiempo.

Ejemplo:

(Mt 4:3) Εἰ υἱὸς εἶ τοῦ θεοῦ, εἰπὲ ἵνα οἱ λίθοι οὗτοι ἄρτοι γένωνται. *Si eres hijo de Dios, di que estas piedras sean panes.*

Aquí Satanás no estaría poniendo en duda si Jesús es o no el Mesías. Más bien parte del hecho de que lo sería, por eso lo induce a demostrar su autoridad. Se podría parafrasear: "Puesto que eres hijo de Dios, di que estas piedras sean panes".

B. Oración condicional de segunda clase: condición contraria al hecho, irreal. Este tipo de condicional se asume, al menos en la mente del emisor, como contraria a la realidad. Se usan únicamente los tiempos pasados del indicativo tanto en la prótasis como en la apódosis. La prótasis es introducida por εἰ y la apódosis generalmente es introducida por ἄν (esta partícula no se traduce). Esta situación puede referirse al presente (usaría imperfecto tanto en la prótasis como en la apódosis) o al pasado (aoristo o pluscuamperfecto tanto en la prótasis como en la apódosis).

Ejemplo:

(1Jn 2:19) ἐξ ἡμῶν ἐξῆλθαν ἀλλ' οὐκ ἦσαν ἐξ ἡμῶν· εἰ γὰρ ἐξ ἡμῶν ἦσαν, μεμενήκεισαν ἂν μεθ' ἡμῶν· ἀλλ' ἵνα φανερωθῶσιν ὅτι οὐκ εἰσὶν πάντες ἐξ ἡμῶν. *De nosotros salieron pero no eran de nosotros, porque si de nosotros hubiesen sido* (lit., *eran*) *habrían permanecido* (Plusc. Act. Ind. 3 pl, μένω) *junto a nosotros pero para que fuesen manifestados* (Aor. Pas. Subj. 3 pl, φανερόω) *que no son todos de nosotros.*

A ojos de Juan, nunca fueron creyentes.

C. Oración condicional de tercera clase: condición futura más probable, potencial. Este tipo de condición es quizás la más frecuente en el NT. Expresa el deseo del emisor aunque él mismo no está seguro del resultado. Si se cumple la condición, se cumplirá la apódosis. Siempre se usa el subjuntivo en la prótasis. Esta es introducida con la partícula ἐάν; y en la apódosis se usará casi cualquier forma.

Ejemplos:

(Jn 11:10) ἐὰν δέ τις περιπατῇ ἐν τῇ νυκτί προσκόπτει, ὅτι τὸ φῶς οὐκ ἔστιν ἐν αὐτῷ. *Pero si alguno anduviese en la noche, tropezaría porque la luz no está en él.*

(1Jn 1:8) ἐὰν εἴπωμεν ὅτι ἁμαρτίαν οὐκ ἔχομεν, ἑαυτοὺς πλανῶμεν καὶ ἡ ἀλήθεια οὐκ ἔστιν ἐν ἡμῖν. *Si decimos que no tenemos pecado, a nosotros mismos engañamos* (Pres. Act. Ind. 1 pl, πλανάω) *y la verdad no está en nosotros.* Mejor: "Si dijésemos que no tenemos pecado, a nosotros mismos nos engañaríamos y la verdad no estaría en nosotros".

D. Oración condicional de cuarta clase: incierta, menos probable. La oración condicional de esta clase es muy rara en el NT. De hecho, no hay ningún ejemplo completo de estas oraciones. Es parecida a la potencial, pero comunica un mayor grado de incertidumbre. Se usa con el modo optativo que veremos en el último capítulo de este curso.

IV. ACTIVIDADES DE APRENDIZAJE

Día 1

1. Vuelva a leer y estudiar detenidamente todo el capítulo 29.

2. Agregue a sus tarjetas de vocabulario las palabras nuevas de este capítulo. No olvide que parte de su estudio incluye repasar el vocabulario anterior.

3. Ya que nos aproximamos al final del camino de este curso, vale la pena ahora hacer un pequeño repaso de algunos datos destacables del curso. Revise las distintas secciones del texto de este curso (puede consultar el índice del libro).

Escriba una definición de los siguientes modos verbales:

El modo indicativo: ______________________________

____

El modo subjuntivo: ______________________________

____

El modo imperativo: ______________________________

____

Explique la diferencia entre la conjugación (raíz y terminaciones) de verbos de aoristo primero y aoristo segundo. Dé un ejemplo con cada uno de un verbo en PAI1S y uno en AAI1S.

Aoristo primero: ______________________________

____

Aoristo segundo: ______________________________

____

Explique la diferencia entre un participio adjetival y uno adverbial.

Adjetival: ____

____

Adverbial: ____

____

Explique cuál es el uso principal de los siguientes casos de los sustantivos:

Nominativo: ____

Genitivo: ____

Dativo: ____

Acusativo: ____

Vocativo: ____

Día 2

1. Vuelva a leer y estudiar detenidamente todo el capítulo 29.

2. Según este capítulo, ¿cuáles son las tres formas principales de oraciones condicionales?

(1) ____

(2) ____

(3) ____

2. A continuación encontrará una cita bíblica para traducir. Subraye primero todas las formas verbales y colóquelas en el cuadro que sigue. Llene el cuadro primero y luego escriba la traducción de la cita en una hoja aparte. Si lo desea, puede consultar un léxico, pero no consulte el texto en su Biblia. Luego conteste las preguntas al final de la cita.

(Jn 4:10) ἀπεκρίθη ʼΙησους καὶ εἶπεν αὐτῇ· εἰ ᾔδεις τὴν δωρεὰν τοῦ θεοῦ καὶ τίς ἐστιν ὁ λέγων σοι· δός μοι πεῖν, σὺ αν ᾔτησας αὐτὸν καὶ ἔδωκεν αν σοι ὕδωρ ζῶν.

Verbo	Forma léxica	Código verbal	Traducción

¿Qué clase de oración condicional aparece en esta cita? ____________

¿Cuál es la prótasis? ¿Qué palabras de la oración le ayudan a saberlo? (Ponga mucha atención, pues esta prótasis es particularmente larga). ________

____

¿Cuál es la apódosis? ¿Qué palabras de la oración le ayudan a saberlo? ___

____

¿Qué implica esta clase de oración condicional? ______________

____

Día 3

1. Vuelva a estudiar detenidamente el vocabulario del capítulo 29.

2. A continuación encontrará dos citas bíblicas para traducir. Subraye primero todas las formas verbales y colóquelas en el cuadro que sigue. Llene el cuadro primero y luego escriba la traducción de la cita en una hoja aparte. Si lo desea, puede consultar un léxico, pero no consulte el texto en su Biblia. Luego conteste las preguntas al final de cada cita.

(1Co 15:13) εἰ δὲ ἀνάστασις νεκρῶν οὐκ ἔστιν, οὐδὲ Χριστὸς ἐγήγερται.

Verbo	Forma léxica	Código verbal	Traducción

Nota. Si no entiende el sentido de este versículo, consulte en su Biblia el contexto de la cita.

¿Qué clase de oración condicional aparece en esta cita? ____________

____

¿Cuál es la prótasis? ¿Qué palabras de la oración le ayudan a saberlo? ____

____

¿Cuál es la apódosis? ____________________

____

¿Qué implica esta clase de oración condicional? ____________

____

(1Co 2:8) εἰ γὰρ ἔγνωσαν, οὐκ ἂν τὸν κύριον τῆς δόξης ἐσταύρωσαν.

Verbo	Forma léxica	Código verbal	Traducción

¿Qué clase de oración condicional se presenta en esta cita? ____________

____

¿Cuál es la prótasis? ¿Qué palabras de la oración le ayudan a saberlo? ____

____

¿Cuál es la apódosis? ¿Qué palabras de la oración le ayudan a saberlo? ___

____

¿Qué implica esta clase de oración condicional? ____________

____

Día 4-5

1. Vuelva a estudiar detenidamente el tema principal y el vocabulario del capítulo 29.

2. A continuación encontrará tres citas bíblicas para traducir. Subraye primero todas las formas verbales y colóquelas en el cuadro que sigue. Llene el cuadro primero y luego escriba la traducción de la cita en una hoja aparte. Si lo desea, puede consultar un léxico, pero no consulte el texto en su Biblia. Luego conteste las preguntas al final de cada cita.

(1Ts 4:14) εἰ γὰρ πιστεύομεν ὅτι Ἰησοῦς ἀπέθανεν καὶ ἀνέστη, οὕτως καὶ ὁ θεὸς τοὺς κοιμηθέντας διὰ τοῦ Ἰησοῦ ἄξει σὺν αὐτῷ.

Verbo	Forma léxica	Código verbal	Traducción

¿Qué clase de oración aparece en esta cita? ____________________

¿Cuál es la prótasis? ¿Qué palabras de la oración le ayudan a saberlo? ____

____

¿Cuál es la apódosis? ¿Qué palabras de la oración le ayudan a saberlo?____

____

¿Qué implica esta clase de oración condicional? ________________

____

¿El participio κοιμηθέντας es adverbial o adjetival? ______________

(Mr 5:28) ἔλεγεν γὰρ ὅτι ἐὰν ἅψωμαι κἂν (καί + ἄν) τῶν ἱματίων αὐτου σωθήσομαι.

Verbo	Forma léxica	Código verbal	Traducción

¿Qué clase de oración condicional se presenta en esta cita?__________

¿Cuál es la prótasis? ¿Qué palabras de la oración le ayudan a saberlo? ____

____

¿Cuál es la apódosis? ¿Qué palabras de la oración le ayudan a saberlo?____

____

¿Qué implica esta clase de oración condicional? ____________________

____

(Jn 15:19) εἰ ἐκ τοῦ κόσμου ἦτε, ὁ κόσμος αν τὸ ἴδιον ἐφίλει.

Verbo	Forma léxica	Código verbal	Traducción

¿Qué clase de oración condicional se presenta en esta cita? __________

¿Cuál es la prótasis? ¿Qué palabras de la oración le ayudan a saberlo? ____

____

¿Cuál es la apódosis? ¿Qué palabras de la oración le ayudan a saberlo? ___

____

¿Qué implica esta clase de oración condicional? ____________________

____

3. Revise todo su trabajo de este ejercicio para confirmar que todo está en orden.

CAPÍTULO 30

(Verbos: presente y aoristo optativo)

I. INTRODUCCIÓN. Con esta lección hemos llegado a la meta de completar el estudio elemental del griego. ¡Muchas felicitaciones! Ya tiene una buena herramienta para comenzar a profundizar en su estudio personal de las Sagradas Escrituras. Aunque ahora tiene una buena base, le sugerimos que siga con los estudios avanzados de sintaxis y de exégesis, puliendo y afilando así esta herramienta tan valiosa para su vida personal y ministerial.

II. NUEVO VOCABULARIO

VOCABULARIO 30
446. ἁγιάζω: *apartar para Dios, consagrar* (28)
447. ἀδελφή, -ῆς, ἡ: *hermana* (34)
448. ἀκαθαρτός, -ον: *sucio, impuro* (31)
449. δυνατός, -ή, -όν: *posible, fuerte, capaz* (32)
450. ἥλιος, -ου, ὁ: *sol* (32)
451. καθαρίζω: *limpiar, purificar* (31)
452. καθαρός, -ά, -όν: *puro, limpio* (26)
453. οἶνος, -ου, ὁ: *vino* (34)
454. πειρασμός, -οῦ, ὁ: *prueba, tentación* (21)
455. πλῆθος, -ους, τό: *multitud, gran número* (31)
456. ποτήριον, -ου, τό: *copa* (31)
457. πτωχός, -ή, -όν: *pobre* (34)
458. ὑπομονή, -ῆς, ἡ: *perseverancia* (41)

III. EL MODO OPTATIVO

Además de los modos indicativo, subjuntivo e imperativo, existe un cuarto modo en griego llamado optativo. Los tres modos no indicativos (imperativo, subjuntivo y optativo) comunican la idea de proyección. Es decir, expresan de alguna manera un deseo, un anhelo de quien habla o escribe. Por eso pareciera que hablan del futuro. El modo optativo, al igual que el subjuntivo, comunica un grado de incertidumbre en lo afirmado. En el caso del optativo, esa incertidumbre es mayor.

Ya hacia la época del NT, este modo estaba en extinción. En el NT hay 68 ocurrencias de verbos en modo optativo.[1] Estos aparecen únicamente en los

1. En contraste, el indicativo aparece 15.610 veces, el subjuntivo 1827 y el imperativo 1625.

tiempos presente (23 veces) y aoristo (45 veces). De esos, 40 están en voz activa, 23 en voz media y 5 en voz pasiva. La forma más recurrente es la negación enfática μὴ γένοιτο (aoristo activo optativo 3 singular), *que no sea, de ninguna manera, en absoluto* (14 veces en Pablo y 1 en Lucas).

A modo de ilustración, para que pueda ver la conjugación completa, se presenta el cuadro de presente optativo activo y medio/pasivo, y aoristo medio con los verbos λύω y τίθημι. Están separados a propósito la raíz, el conectivo y la desinencia para que pueda apreciar la similitud con los otros modos verbales que ya conoce.

	Presente Optativo			
	λύω		τίθημι	
	Activo	Medio/Pasivo	Activo	Medio/Pasivo
Singular	λύ οι μι	λύ οι μην	τιθε ίη ν	τιθε ί μην
	λύ οι ς	λύ οι ο	τιθε ίη ς	τιθε ῖ ο
	λύ οι	λύ οι το	τιθε ίη	τιθε ῖ το
Plural	λύ οι μεν	λυ οί μεθα	τιθε ίη μεν	τιθε ί μεθα
	λύ οι τε	λύ οι σθε	τιθε ίη τε	τιθε ῖ σθε
	λύ οι εν	λύ οι ντο	τιθε ίη σαν	τιθε ῖ ντο

Estas formas usan los conectivos -οι- (verbos -ω) e -ιη- (verbos -μι) y desinencias secundarias.

En la tabla siguiente verá que el aoristo primero usa el conectivo -αι. Como en los demás modos, el aoristo segundo se forma con el tema de aoristo segundo más las desinencias del presente. En el caso de verbos -ω, usan el tema de aoristo, el conectivo -οι- y las desinencias del presente. Por su parte, los verbos -μι usan el conectivo -ει- más η como marca de optativo.

En el aoristo de voz pasiva, el optativo usa el tema de aoristo pasivo con el conectivo -θειη- y desinencias secundarias de voz activa.

	λύω		τίθημι	
	Aoristo 1º		**Aoristo 2º**	
	Activo	Medio	Activo	Medio
Singular	λύσαιμι	λύσαιμην	θείην	θείμην
	λύσαις	λύσαιο	θείης	θεῖο
	λύσαι	λύσαιτο	θείη	θεῖτο
Plural	λύσαιμεν	λυσαίμεθα	θείημεν	θείμεθα
	λύσαιτε	λύσαισθε	θείητε	θεῖσθε
	λύσαιν	λύσαιντο	θείησαν	θεῖντο

A continuación se presenta una serie de ejemplos del optativo.

A. Presente (voces activa y media)

(Lc 3:15) Προσδοκῶντος δὲ τοῦ λαοῦ καὶ διαλογιζομένων πάντων ἐν ταῖς καρδίαις αὐτῶν περὶ τοῦ Ἰωάννού μήποτε αὐτὸν εἴη ὁ Χριστός. *Mas estaba el pueblo a la expectativa y preguntándose todos en sus corazones acerca de Juan si acaso él seria el Cristo.*

(Lc 1:62) ἐνένευον δὲ τῷ πατρὶ αὐτοῦ τὸ τί ἂν θέλοι καλεῖσθαι αὐτό. *Y preguntaban por señas a su padre, cómo lo quería llamar.*

NOTA. El uso del optativo aquí es el verbo de la apódosis de la condicional de cuarta clase. El siguiente ejemplo también.

(Jn 13:24) νεύει οὖν τούτῳ Σίμων Πέτρος πυθέσθαι τίς ἂν εἴη περὶ οὗ λέγει. *Así que Simón Pedro hizo señas a este para que preguntara quién sería de quien hablaba.*

B. Aoristo primero (voces activa y media)

(Lc 6:11) αὐτοὶ δὲ ἐπλήσθησαν ἀνοίας καὶ διελάλουν πρὸς ἀλλήλους τί ἂν ποιήσαιεν τῷ Ἰησοῦ. *Mas ellos se llenaron de enojo y hablaron entre sí qué podrían hacer a Jesús.*

(Hch 26:29) ὁ δὲ Παῦλος, εὐξαίμην ἂν τῷ θεῷ καὶ ἐν ὀλίγῳ καὶ ἐν μεγάλῳ οὐ μόνον σὲ ἀλλὰ καὶ πάντας τοὺς ἀκούοντάς μου σήμερον γενέσθαι τοιούτους ὁποῖος καὶ ἐγώ εἰμι παρεκτὸς τῶν δεσμῶν τούτων. Y Pablo dijo: *"Quisiera Dios que, ya fuera en poco tiempo o en mucho, no sólo tú, sino también todos los que hoy me oyen, llegaran a ser tal como yo soy, a excepción de estas cadenas".*

C. Aoristo segundo (voces activa y media)

(Ro 6:15) Τί οὖν; ἁμαρτήσωμεν, ὅτι οὐκ ἐσμὲν ὑπὸ νόμον ἀλλὰ ὑπὸ χάριν; μὴ γένοιτο. *¿Entonces qué? ¿Pecaremos porque no estamos bajo la ley sino bajo la gracia? ¡Que nunca suceda!*

(Mr 11:14) καὶ ἀποκριθεὶς εἶπεν αὐτῇ· μηκέτι εἰς τὸν αἰῶνα ἐκ σοῦ μηδεὶς καρπὸν φάγοι. *Y dijo a ella (la higuera): "Nunca jamás coma nadie fruto de ti".*

D. Aoristo voz pasiva

(1Ts 5:23) Αὐτὸς δὲ ὁ θεὸς τῆς εἰρήνης ἁγιάσαι ὑμᾶς ὁλοτελεῖς, καὶ ὁλόκληρον ὑμῶν τὸ πνεῦμα καὶ ἡ ψυχὴ καὶ τὸ σῶμα ἀμέμπτως ἐν τῇ παρουσίᾳ τοῦ κυρίου ἡμῶν Ἰησοῦ Χριστοῦ τηρηθείη. *Y que el mismo Dios de paz santifique a vosotros completamente y que sean preservados irreprensibles vuestro espíritu y alma y cuerpo en/para la venida del Señor nuestro, Jesucristo.*

NOTA. El primer optativo es Aoristo Activo, 3ª singular y el segundo es Aoristo Pasivo, 3ª singular.

(1P 1:2) χάρις ὑμῖν καὶ εἰρήνη πληθυνθείη. *Gracia y paz os sean multiplicadas*.

IV. DOS USOS MAYORES DEL MODO OPTATIVO

A. La expresión de un deseo. El optativo se usa frecuentemente para expresar un deseo, ya sea una fórmula estereotipada (μὴ γένοιτο) o una petición gentil (generalmente con el aoristo).

Ejemplo:

(1Ts 5:23) Αὐτὸς δὲ ὁ θεὸς τῆς εἰρήνης ἁγιάσαι ὑμᾶς ὁλοτελεῖς... *Y el mismo Dios de paz os santifique completamente...*

B. Oración condicional de cuarta clase: incierta, menos probable. Antes de seguir, repase las tres clases de oraciones condicionales mencionadas en el capítulo 29.

Esta cuarta clase de oración condicional da la idea de incertidumbre en la mente del emisor. La prótasis es una condición hipotética y que tiene una ligera esperanza de realizarse. La construcción lleva εἰ con el optativo en la prótasis. No hay en el NT ningún ejemplo completo de esta clase de oración condicional. En este caso, se puede traducir la prótasis con algún pretérito subjuntivo.

Ejemplo:

(1P 3:14) ἀλλ' εἰ καὶ πάσχοιτε διὰ δικαιοσύνην, μακάριοι. *Pero incluso si padecieseis por causa de la justicia, benditos/dichosos (sois).*

Pareciera que Pedro tuviese sus reservas acerca de que la causa del sufrimiento de los hermanos fuese la justicia. A lo largo de la carta insiste en que es mejor sufrir por portarse bien. Aquí enfatiza que si sufren realmente por causa de Cristo debieran en tal caso considerarse dichosos.

(Hch 20:16) ἔσπευδεν γὰρ εἰ δυνατὸν εἴη αὐτῷ τὴν ἡμέραν τῆς πεντηκοστῆς γενέσθαι εἰς Ἱεροσόλυμα. *Porque se apresuraba, si le fuera posible, para pasar el día de Pentecostés en Jerusalén.*

¡Felicitaciones! Esta será su última tarea formal para este curso. Usted ha sido fiel y Dios le trajo a una feliz conclusión de varios meses de estudio intensivo.

V. ÚLTIMO JUEGO DE ACTIVIDADES DE APRENDIZAJE

Día 1

1. Vuelva a leer y estudiar detenidamente todo el capítulo 30.

2. Agregue a sus tarjetas de vocabulario las palabras nuevas de este capítulo. No olvide que parte de su estudio incluye repasar el vocabulario anterior.

3. Ya que se aproxima el final del curso, vale la pena ahora completar el repaso que comenzó en la tarea anterior de algunos datos destacables del curso. Revise las distintas secciones del texto de este curso (puede consultar el índice del libro).

¿Cuáles son los cuatro modos verbales del idioma griego? (Escriba sin abreviar).

1. ____________________ 3. ____________________

2. ____________________ 4. ____________________

¿Cuáles son los seis tiempos posibles para un verbo griego en indicativo? (Escriba sin abreviar).

1. ____________________ 4. ____________________

2. ____________________ 5. ____________________

3. ____________________ 6. ____________________

¿Cuáles son las cinco variables gramaticales (código) de un verbo griego? (Escriba sin abreviar). ____________________

____

¿Cuáles son las tres variables gramaticales básicas de un sustantivo griego? (Escriba sin abreviar). ____________________

____

Conteste las siguientes preguntas relacionadas con el modo optativo:

1) ¿Qué vocales conectivas caracterizan un verbo en modo optativo? ______

2) ¿Qué clase de oración condicional usa el modo optativo? ______

3) ¿Qué implica esta clase de oración condicional? ______

Día 2

1. Vuelva a estudiar el vocabulario del capítulo 30.

2. A continuación encontrará dos citas bíblicas para traducir. Subraye primero todas las formas verbales y colóquelas en el cuadro que sigue. Llene el cuadro primero y luego escriba la traducción de la cita en una hoja aparte. Si lo desea, puede consultar un léxico, pero no consulte el texto en su Biblia.

(Ro 6:1-2) Τί οὖν ἐροῦμεν; ἐπιμένωμεν τῇ ἁμαρτίᾳ, ἵνα ἡ χάρις πλεονάσῃ; μὴ γένοιτο.

Verbo	Forma léxica	Código verbal	Traducción

¿Qué implica el optativo en esta cita? ________________

(Heb 13:21) καταρτίσαι ὑμᾶς ἐν παντὶ ἀγαθῷ εἰς τὸ ποιῆσαι τὸ θέλημα αὐτοῦ.

Verbo	Forma léxica	Código verbal	Traducción

¿Qué implica el optativo en esta cita? ________________

Día 3

1. Repase el vocabulario y la información de los verbos -μι en los capítulos 8, 27 y 28.

2. Para un punto final de repaso y según el capítulo 7, ¿cuáles son los tres usos de los adjetivos?

1) ________________________

2) ________________________

3) ________________________

3. A continuación encontrará dos citas bíblicas para traducir. Subraye primero todas las formas verbales y colóquelas en el cuadro que sigue. Llene el cuadro primero y luego escriba la traducción de la cita en una hoja aparte. Si lo desea, puede consultar un léxico, pero no consulte el texto en su Biblia.

(Ro 15:5) ὁ δὲ θεὸς τῆς ὑπομονῆς καὶ τῆς παρακλήσεως δῴη ὑμῖν τὸ αὐτὸ φρονεῖν ἐν ἀλλήλοις κατὰ Χριστὸν Ἰησοῦν.

Verbo	Forma léxica	Código verbal	Traducción

¿Qué implica el optativo en esta cita? ________________________

(2Ti 4:16) Ἐν τῇ πρώτῃ μου ἀπολογίᾳ οὐδείς μοι παραγένετω, ἀλλὰ πάντες με ἐγκατέλιπον· μὴ αὐτοῖς λογισθείη.

Verbo	Forma léxica	Código verbal	Traducción

¿Qué implica el optativo en esta cita? ________________________

Días 4-5

Durante los últimos dos días de su tarea, traduzca el siguiente pasaje que contiene un poco de todo lo que aprendió durante este curso. En una hoja aparte elabore un cuadro (igual a los anteriores) de todas las formas verbales del pasaje. Haga todo lo posible para reconocer el vocabulario antes de consultar un léxico. Si no reconoce una palabra, busque en un léxico su significado. Luego escriba su traducción en una hoja aparte. Al terminar completamente su traducción, puede consultar el texto bíblico (RVR60, NVI o LBLA).

(1Jn 4:1-6) Ἀγαπητοί, μὴ παντὶ πνεύματι πιστεύετε ἀλλὰ δοκιμάζετε τὰ πνεύματα εἰ ἐκ τοῦ θεοῦ ἐστιν, ὅτι πολλοὶ ψευδοπροφῆται ἐξεληλύθασιν εἰς τὸν κόσμον. ἐν τούτῳ γινώσκετε τὸ πνεῦμα τοῦ θεοῦ· πᾶν πνεῦμα ὃ ὁμολογει Ἰησοῦν Χριστὸν ἐν σαρκὶ ἐληλυθότα ἐκ τοῦ θεοῦ ἐστιν, καὶ πᾶν πνεῦμα ὃ μὴ ὁμολογεῖ τὸν Ἰησοῦν ἐκ τοῦ θεοῦ οὐκ ἔστιν· καὶ τοῦτό ἐστιν τὸ τοῦ ἀντιχρίστου, ὃ ἀκηκόατε ὅτι ἔρχεται, καὶ νῦν ἐν τῷ κόσμῳ ἐστὶν ἤδη. ὑμεῖς ἐκ τοῦ θεοῦ ἐστε, τεκνία, καὶ νενικήκατε αὐτούς, ὅτι μείζων ἐστὶν ὁ ἐν ὑμῖν ἢ ὁ ἐν τῷ κόσμῳ. αὐτοὶ ἐκ τοῦ κόσμου εἰσίν, διὰ τοῦτο ἐκ τοῦ κόσμου λαλοῦσιν καὶ ὁ κόσμος αὐτῶν ἀκούει. ἡμεῖς ἐκ τοῦ θεοῦ ἐσμεν, ὁ γινώσκων τὸν θεὸν ἀκούει ἡμῶν, ὃς οὐκ ἔστιν ἐκ τοῦ θεοῦ οὐκ ἀκούει ἡμῶν. ἐκ τούτου γινώσκομεν τὸ πνεῦμα τῆς ἀληθείας καὶ τὸ πνεῦμα τῆς πλάνης.

2. ¿Cómo le fue? ¿Está contento con todo lo que aprendió durante este curso? Para comprobar hasta dónde ha llegado en su comprensión del idioma, regrese a revisar los primeros 3 capítulos del texto y también sus primeros 3 ejercicios de tarea. ¿Se sorprendió?

Ahora usted tiene por adelante el reto personal de pulir esta herramienta que Dios le ha dado y seguir avanzando en su estudio y comprensión del griego.

En el Apéndice 1 encontrará el documento "Hacia delante" que le ayudará a seguir con su conocimiento y estudio personal del Nuevo Testamento Griego.

APÉNDICE 1

HACIA DELANTE

¡FELICITACIONES! Usted acaba de completar su primer año de estudio de la gramática griega. Debe sentirse muy contento por todo lo que ha logrado. El primer día de clases no sabía el alfabeto griego, mientras que ahora puede traducir muchas porciones del Nuevo Testamento sin mayor ayuda de un léxico. Por cierto, todavía hay mucho que necesita aprender, pero ya tiene las bases.

Queremos dejarle algunas ideas de cómo usar lo que ha aprendido, darle una lista de algunos libros que vale la pena tener y, por último, darle una lista de libros para estudio avanzado.

PAUTAS PARA AGUDIZAR SU HABILIDAD DE TRADUCIR

Existen varios métodos para mejorar su conocimiento del griego del Nuevo Testamento. Lo que a nosotros nos ha resultado muy útil para mantener nuestro griego quizás le sirva a usted también:

1) Leer en voz alta el texto griego. Ayuda mucho poder tomar cualquier pasaje y leerlo en voz alta. Eso le ayudará a reforzar el vocabulario. Pero le dará además la habilidad de percibir juegos de sonidos o de palabras, que se pierden en la traducción.

2) Usarlo en ambientes donde otros leen en voz alta versiones en español. En el ambiente de seminario es más fácil. Si otros leen en español, usted puede seguir con la vista el mismo pasaje. Así va asociando palabras griegas con su traducción en español. También puede oír una versión en español de las muchas que hoy se pueden oír gratis en internet.

3) Traducir las porciones del NT que usará en sus predicaciones. Esta es una de las mejores formas de mantener su griego. Cada vez que le toque preparar una enseñanza o una predicación del NT use su texto griego. Prepare su propia traducción. Logrará mayor profundidad y asimilación del autor bíblico.

4) Enseñar a otros. Uno aprende más cuando enseña a otros. Tómese su tiempo para enseñarle a otras personas lo que ha aprendido. Verá cómo mejora su griego.

5) Oír el texto en griego. La tecnología nos permite hoy poder oír el texto griego en internet u otras plataformas electrónicas. Oiga y siga con su vista el texto. Eso le ayudará a fijar más las palabras en su mente.

6) Leer comentarios bíblicos más técnicos. Consultar obras técnicas, en especial cuando prepara sus enseñanzas o predicaciones le servirá para aprender nuevo vocabulario, refrescar palabras y formas menos frecuentes, etc.

¡No pierda lo que le costó tanto esfuerzo conseguir!

LIBROS DE CONSULTA

A continuación se le proporciona una lista de libros recomendados para ayudarle tanto en su traducción como en el estudio de palabras griegas. La lista se presenta en orden de prioridad o valor para su estudio.

1) *El Nuevo Testamento Griego con Diccionario* (5ª ed.). Stuttgart: Sociedades Bíblicas Unidas, 2014.

2) Wallace, Daniel y Daniel Steffen, *Gramática griega: Sintaxis del Nuevo Testamento.* Vol. 13 de Biblioteca Teológica Vida. Miami: Vida, 2011.

3) Zerwick, Max, *El griego del Nuevo Testamento.* Vol II de Instrumentos para el estudio de la Biblia. Navarra: Verbo Divino, 2000.

4) Strong, James, *Nueva Concordancia Strong Exhaustiva.* Miami: Caribe, 2002.

5) Petter, Hugo M., *La nueva concordancia greco-española del Nuevo Testamento con índices: Según el texto griego de Eberhard Nestle y la versión española de Cipriano de Valera.* El Paso: Mundo Hispano, 1980.

6) Instituto Superior Evangélico de Estudios Teológicos, *Clave Lingüística del Nuevo Testamento Griego.* Bogotá: Aurora, 1986.

LIBROS PARA EL ESTUDIO AVANZADO

Además de los mencionados arriba, a continuación se le proporciona una lista de libros recomendados para ayudarle a avanzar en su estudio del griego. La lista se presenta en orden de prioridad o valor para su estudio.

1) Fee, Gordon D., *Exégesis del Nuevo Testamento.* Miami: Vida, 1992 (en inglés tiene una versión más reciente, 2002). [Presenta una metodología para la exégesis del NT con aplicaciones para pastores.]

2) Hanna, Roberto, *Sintaxis exegética del Nuevo Testamento.* El Paso: Mundo Hispano, 1997. [Es un buen complemento para el libro de Wallace y Steffen.]

3) Mateos, Juan, et al., *Diccionario griego-español del Nuevo Testamento* (DGENT). Córdoba, El Almendro, 2000. [El proyecto comenzó en el año 2000. Van por el tomo 5. Es un análisis semántico exhaustivo de todas las palabras del Nuevo Testamento.]

4) Casanova Roberts, Humberto. *Introducción al griego del Nuevo Testamento,* Volumen I. Grand Rapids: Libros Desafío, 2001. [Es un buen complemento al libro de Wallace y Steffen. Presenta ejemplos de sintaxis desde el español antes de verlos en griego.]

ACTIVIDAD DE APRENDIZAJE PERMANENTE

1. Asignarse un programa regular de lectura del NT griego.
2. Desarrollar un programa regular de traducción del NT griego.
3. Determinar no predicar o dar un estudio bíblico del NT sin consultar primeramente el texto griego.
4. ¡Seguir aprendiendo!

APÉNDICE 2

ESCRIBIR CÓDIGOS VERBALES

El capítulo 2 del texto presenta la importancia de poder reconocer el TVMPN (código verbal) de cada verbo griego. A lo largo de los ejercicios le toca colocar un código a todos los verbos que encuentre en sus actividades de aprendizaje. Los cuadros a continuación usan la primera persona singular en indicativo para las distintas formas verbales y el infinitivo para ayudarle a aprender los códigos que debe usar. Es importante siempre llevar el mismo orden (tiempo, voz, modo, persona, número), ya que la misma letra podría significar algo distinto. Siga la misma nomenclatura al analizar las formas del subjuntivo (P A S 1 S), imperativo (P A Impv 1 S) y optativo (P A Opt 1 S). Cuando se encuentre formas deponentes agrégueles /D junto a la M de voz media o a la P de voz pasiva.

Presente indicativo	Ejemplo	TVMPN/Código
Presente activo indicativo 1ª persona singular	λύω	P A I 1 S
Presente medio o pasivo indicativo 1ª persona singular. (En este caso el contexto dirá si es voz media o pasiva. Al traducir es importante señalar la voz del verbo que refleja el texto.)	λύομαι	P M I 1 S P P I 1 S
Presente medio/deponente indicativo 1ª persona singular	ἔρχομαι	P M/D I 1 S
Los infinitivos		
Infinitivo presente activo Infinitivo presente medio o pasivo	λύειν λύεσθαι	Inf P A Inf P M/P

Imperfecto indicativo	Ejemplo	TVMPN/Código
Imperfecto activo indicativo 1ª persona singular	ἔλυον	I A I 1 S
Imperfecto medio o pasivo indicativo 1ª persona singular.	ἐλύομην	I M/P I 1 S I M/P I 1 S
El imperfecto no tiene infinitivos		
Imperfecto medio/deponente Indicativo 1ª persona singular	ἠρχόμην	P M/D I 1 S

Futuro indicativo	Ejemplo	TVMPN/Código
Futuro activo indicativo 1ª persona singular	λύσω	F A I 1 S
Futuro medio indicativo 1ª persona singular	λύσομαι	F M I 1 S
Futuro pasivo indicativo 1ª persona singular	λυθήσομαι	F P I 1 S

Aoristo indicativo	Ejemplo	TVMPN/Código
Aoristo activo indicativo 1ª persona singular	ἔλυσα	A A I 1 S
Aoristo medio indicativo 1ª persona singular	ἐλύσομην	A M I 1 S
Aoristo pasivo indicativo 1ª persona singular	ἐλύθην	A P I 1 S
Los infinitivos (no llevan aumento)		
Infinitivo aoristo activo	λύσαι	Inf A A
Infinitivo aoristo medio	λύσασθαι	Inf A M
Infinitivo aoristo pasivo	λυθῆναι	Inf A P

Perfecto indicativo	Ejemplo	TVMPN/Código
Perfecto activo indicativo 1ª persona singular	λέλυκα	Pf A I 1 S
Perfecto medio o pasivo indicativo 1ª persona singular	λέλυμαι	Pf M I 1 S Pf P I 1 S
Los infinitivos (sí llevan reduplicación)		
Infinitivo perfecto activo	λελύκεναι	Inf Pf A
Infinitivo perfecto medio	λέλυσθαι	Inf Pf M
Infinitivo perfecto pasivo	λέλυσθαι	Inf Pf P

Pluscuamperfecto indicativo	Ejemplo	TVMPN/Código
Pluscuamperfecto activo indicativo 1ª persona singular	λέλυκειν	PlsPf A I 1 S
Pluscuamperfecto medio o pasivo indicativo 1ª persona singular	λελύμην	PlsPf M I 1 S PlsPf P I 1 S

ESCRIBIR CÓDIGOS DE PARTICIPIOS

El participio griego tiene desinencias tanto verbales como adjetivales. Para poder traducir correctamente un participio dentro de su contexto es indispensable reconocer todas sus partes. Esto significa que usted también necesita colocarles su código a los participios. Un participio tendrá variaciones de tiempo (T), voz (V), género (G), caso (C) y número (N). Para distinguirlo mejor, también puede añadir las siglas "Ptc" al código.

Ejemplo: λύων es un participio. Su identificación es: participio presente activo masculino nominativo singular. Su código sería: Ptc P A M Nom S.

Los participios aparecen en los tiempos de presente, aoristo, futuro y perfecto. Al seguir los lineamientos para los códigos de los verbos mencionados arriba y las abreviaturas de los casos vistos a lo largo del texto, usted puede desarrollar su propio cuadro para los participios.

APÉNDICE 3

EL VERBO GRIEGO

Breve explicación de las variaciones en el sistema verbal griego

A continuación les presentamos una explicación breve de cada una de las variaciones morfológicas que tiene un verbo griego: Tiempo, Voz, Modo, Persona y Número.

Modo	Tiempo	Voz	Persona
El "modo" es el componente del verbo que presenta la acción verbal o su estado en referencia a su realidad o potencialidad.	El "tiempo" del verbo comunica el aspecto del estado o acción, tal como lo desea presentar el que escribe o habla.	Por medio de la "voz" se puede saber qué relación hay entre el sujeto y la acción o estado.	La "persona" del verbo indica quién es el sujeto gramatical de la acción o el estado verbal.
Indicativo. Cuando la acción es presentada como real por quien habla o escribe.	**Presente.** La acción o estado es vista en su desarrollo interno. En indicativo suele estar asociado a lo cronológico actual.	**Activa.** Cuando el sujeto realiza la acción.	**Primera.** Quien habla o escribe es el sujeto gramatical.
Subjuntivo. Cuando la acción es un deseo, una esperanza o una posibilidad en la mente del autor.	**Imperfecto.** La acción es vista en su desarrollo interno, pero más remoto que el presente. Solo aparece en indicativo, su referente cronológico normalmente es pasado.	**Pasiva.** Cuando al sujeto se le realiza la acción.	**Segunda.** El oyente o lector es el sujeto gramatical.
Imperativo. Cuando el autor expresa un fuerte deseo de que la acción o estado sea una realidad en su oyente o lector.	**Aoristo.** La acción o estado es vista "en una sola mirada ", sin enfocar su desarrollo. En indicativo suele describir una acción o estado en el pasado.	**Media.** Cuando el sujeto realiza y recibe la acción al mismo tiempo.	**Tercera.** Ni el que habla (o escribe) ni el que oye (o lee) es el sujeto, sino otro.

Modo	Tiempo	Voz	Persona
Optativo. El modo optativo es el modo de posibilidad. Suele dirigirse a la cognición, pero también puede emplearse para denotar algo de volición.	**Futuro.** Aspectualmente es vago. Pareciera indicar un fuerte deseo de lo que será realidad en un evento posterior al habla. Es ambiguo, pues en algunos contextos puede ser perfectivo y en otros, imperfectivo.		
Formas no modales.	**Perfecto.** Aspectualmente es imperfectivo, como el presente y el imperfecto, pero denota mayor cercanía a la acción o estado.	Algunos tiempos verbales usan la misma desinencia tanto para la voz pasiva como para la media.	***Número***
Infinitivo. Su uso es relativo a la función que desempeña en la oración.			Determina si el sujeto gramatical es uno o varios entes. Puede ser singular o plural.
Participio. Al igual que el infinitivo, su uso depende de la función que desempeña en la oración.	**Pluscuamperfecto.** En aspecto es idéntico al tiempo perfecto, pero cronológicamente es similar al imperfecto.		

FORMAS VERBALES APRENDIDAS EN ESTE LIBRO

Formas primarias en indicativo

Las siguientes formas verbales usan terminaciones primarias: Presente Activo, Presente Medio/Pasivo, Futuro Activo, Futuro Medio, Futuro Pasivo y Perfecto Medio/Pasivo.

Formas secundarias en indicativo

Las siguientes formas verbales usan terminaciones secundarias: Imperfecto Activo, Imperfecto Medio/Pasivo, Aoristo 1° y 2° Activo, Aoristo 1° y 2° Medio, Aoristo Pasivo, Perfecto Activo, Pluscuamperfecto Activo y Pluscuamperfecto Medio/Pasivo.

Resumen de desinencias de todas las formas verbales

Presente Indicativo			
Activo		**Medio-Pasivo**	
- ω	- ομεν	- ομαι	- ομεθα
- εις	- ετε	- ῃ	- εσθε
- ει	- ουσι(ν)	- εται	- ονται

Imperfecto Indicativo			
Activo		**Medio/Pasivo**	
- ον	- ομεν	- ομην	- όμεθα
- ες	- ετε	- ου	- εσθε
- ε(ν)	- ον	- ετο	- οντο

Indicativo									
Aoristo 1º				**Aoristo 2º**				**Aoristo**	
Activo		**Medio**		**Activo**		**Medio**		**Pasivo**	
- α	- αμεν	- αμην	- άμεθα	- ον	- ομεν	- ομην	- όμεθα	- ν	- μεν
- ας	- ατε	- ω	- ασθε	- ες	- ετε	- ου	- εσθε	- ς	- τε
- ε(ν)	- αν	- ατο	- αντο	- ε(ν)	- ον	- ετο	- οντο	-	- σαν

Futuro Indicativo					
Activo		**Medio**		**Pasivo**	
- ω	- ομεν	- ομαι	- όμεθα	- ομαι	- όμεθα
- εις	- ετε	- ῃ	- εσθε	- ῃ	- εσθε
- ει	- ουσι(ν)	- εται	- ονται	- εται	- ονται

Perfecto Indicativo			
Activo		Medio/Pasivo	
- α	- αμεν	- μαι	- μεθα
- ας	- ατε	- ται	- σθε
- ε(ν)	- ασι(ν)	- σαι	- νται

Pluscuamperfecto Indicativo			
Activo		Medio/Pasivo	
- ειν	- ειμεν	- μην	- μεθα
- εις	- ειτε	- σο	- σθε
- ει	- εισαν	- το	- ντο

Pluscuamperfecto Indicativo			
Activo		Medio/Pasivo	
- ειν	- ειμεν	- μην	- μεθα
- εις	- ειτε	- σο	- σθε
- ει	- εισαν	- το	- ντο

Infinitivo								
Presente		Perfecto		Aoristo 1º		Aoristo 2º		Aoristo
Activo	Medio/Pasivo	Activo	Medio/Pasivo	Activo	Medio	Activo	Medio	Pasivo
- ειν	- εσθαι	- εναι	- σθαι	- αι	- ασθαι	- εῖν	- εσθαι	- ναι

Subjuntivo									
Presente				Aoristo 1º y 2º				Aoristo	
Activo		Medio/Pasivo		Activo		Medio		Pasivo	
- ω	- ωμεν	- ωμαι	- ώμεθα	- ω	- ωμεν	- ωμαι	- ώμεθα	- ω	- ωμεν
- ῃς	- ητε	- ῃ	- ησθε	- ῃς	- ητε	- ῃ	- ησθε	- ῃς	- ητε
- ῃ	- ωσι(ν)	- ηται	- ωνται	- ῃ	- ωσι(ν)	- ηται	- ωνται	- ῃ	- ωσι(ν)

Presente Imperativo			
Activo		Medio/Pasivo	
- ε	- ετε	- ου	- εσθε
- ετω	- έτωσαν	- έσθω	- έσθωσαν

Imperativo									
Aoristo 1º				Aoristo 2º				Aoristo	
Activo		Medio		Activo		Medio		Pasivo	
- ον	- ατε	- αι	- ασθε	- ε	- ετε	- ου	- εσθε	- τι	- τε
- ατω	- άτωσαν	- άσθω	- άσθωσαν	- ετω	- έτωσαν	- έσθω	- έσθωσαν	- τω	- τωσαν

	Participio Presente											
	Activo						Medio/Pasivo					
	Singular			Plural			Singular			Plural		
	M	F	N	M	F	N	M	F	N	M	F	N
Nom.	ων	ουσα	ον	οντες	ουσαι	οντα	όμενος	όμενη	όμενον	όμενοι	όμεναι	όμενα
Gen.	οντος	ουσης	οντος	οντων	ουσῶν	οντων	όμενου	όμενης	όμενου	όμενων	όμενων	όμενων
Dat.	οντι	ουσῃ	οντι	ουσι(ν)	ουσαις	ουσι(ν)	όμενῳ	όμενῃ	όμενῳ	όμενοις	όμεναις	όμενοις
Ac.	οντα	ουσαν	ον	οντας	ουσας	οντα	όμενον	όμενην	όμενον	όμενους	όμενας	όμενα

	Participio Activo											
	Aoristo 1º						Aoristo 2º					
	Singular			Plural			Singular			Plural		
	M	F	N	M	F	N	M	F	N	M	F	N
Nom.	ας	ασα	αν	αντες	ασαι	αντα	ών	οῦσα	όν	όντες	οῦσαι	όντα
Gen.	αντος	άσης	αντος	αντων	ασῶν	άντων	όντος	ούσης	όντος	όντων	ουσῶν	όντων
Dat.	αντι	άσῃ	αντι	ασι(ν)	άσαις	ασι(ν)	όντι	ούσῃ	όντι	οῦσι(ν)	ούσαις	οῦσι(ν)
Ac.	αντα	άσαν	αν	αντας	άσας	αντα	όντα	οῦσαν	όν	όντας	ούσας	όντα

	Participio Medio											
	Aoristo 1º						Aoristo 2º					
	Singular			Plural			Singular			Plural		
	M	F	N	M	F	N	M	F	N	M	F	N
Nom.	άμενος	άμενη	άμενον	άμενοι	άμεναι	άμενα	όμενος	όμενη	όμενον	όμενοι	όμεναι	όμενα
Gen.	άμενου	άμενης	άμενου	άμενων	άμενων	άμενων	όμενου	όμενης	όμενου	όμενων	όμενων	όμενων
Dat.	άμενῳ	άμενῃ	άμενῳ	άμενοις	άμεναις	άμενοις	όμενῳ	όμενῃ	όμενῳ	όμενοις	όμεναις	όμενοις
Ac.	άμενον	άμενην	άμενον	άμενους	άμενας	άμενα	όμενον	όμενην	όμενον	όμενους	όμενας	όμενα

	Participio Perfecto											
	Activo						Medio/Pasivo					
	Singular			Plural			Singular			Plural		
	M	F	N	M	F	N	M	F	N	M	F	N
Nom.	κως	κυῖα	κος	κότες	κυῖαι	κότα	μένος	μένη	μένον	μένοι	μέναι	μένα
Gen.	κοτος	κυῖας	κοτος	κότων	κυιῶν	κότων	μένου	μένης	μένου	μένων	μένων	μένων
Dat.	κοτι	κυίᾳ	κοτι	κόσι(ν)	κυίαις	κόσι(ν)	μένῳ	μένῃ	μένῳ	μένοις	μέναις	μένοις
Ac.	κοτα	κυῖαν	κος	κότας	κυίας	κοτα	μένον	μένην	μένον	μένους	μένας	μένα

Participio Aoristo Pasivo						
	Singular			Plural		
	M	F	N	M	F	N
Nom.	είς	εῖσα	έν	έντες	εῖσαι	έντα
Gen.	έντος	είσης	έντος	έντων	εισῶν	έντων
Dat.	έντι	είσῃ	έντι	εῖσι(ν)	είσαις	εῖσι(ν)
Ac.	έντα	εῖσαν	έν	έντας	είσας	έντα

APÉNDICE 4

FORMAS FUNDAMENTALES DE LOS VERBOS

Presente	Aoristo	Futuro	Perfecto	Perfecto M/P	Aoristo Pasivo
ἀγαπάω	ἠγάπησα	ἀγαπήσω	ἠγάπηκα	ἠγάπημαι	ἠγάπηθην
ἁγιάζω	ἡγίασα	no	no	ἁγιάσμαι	ἡγιάσθη
ἀγοράζω	ἠγοράσα	no	no	no	ἠγοράσθη
ἄγω	ἤγαγον	ἄξω	no	no	ἔχθην
αἴρω	ἦρα	ἀρῶ	ἦρκα	ἦρμαι	ἤρθην
αἰτέω	ἤτεσα	αἰτήσω	ᾔτεκα	ἤπτεμαι	no
ἀκολουθέω	ἠκολούθησα	ἀκολουθήσω	ἠκολούθηκα	no	no
ἀκούω	ἤκουσα	ἀκούσω	ἀκήκοα	no	ἠκούσθην
ἁμαρτάνω	ἡμάρτησα ἥμαρτον	ἁμαρτήσω	ἡμάρτεκα	no	no
ἀναβαίνω	ἀνήβην	ἀναβήσομαι	ἀναβέβηκα	no	no
ἀναγινώσκω	ἀνέγνων	no	no	no	no
ἀνίστημι	ἀνέστησα	ἀναστήσω	no	no	no
ἀνοίγω	ἀνέωξα	no	no	no	ἀνεῴχθην
ἀπαγγέλλω	ἀπέγγειλα	ἀπαγγελῶ	no	no	ἀπηγγέλην
ἀπέρχομαι	ἀπῆλθον	ἀπελεύσομαι	ἀπελήλυθα	no	no

Presente	Aoristo	Futuro	Perfecto	Perfecto M/P	Aoristo Pasivo
ἀποδίδωμι	ἀπέδωκα	ἀποδώσω	ἀποδέδωκα	no	ἀπεδόθην
ἀποθνῄσκω	ἀπέθανον	ἀποθανοῦμαι	no	no	no
ἀποκρίνομαι	ἀπεκρίθην* ἀπεκρίναμην	ἀποκριθήσομαι	no	no	ἀπεκρίθην
ἀποκτείνω	ἀπέκτεινα	ἀποκτενῶ	no	no	ἀπεκτάνθην
ἀπόλλυμι	ἀπώλεσα	ἀπολέσω ἀπολῶ	ἀπόλωλα	no	no
ἀπολύω	ἀπέλυσα	ἀπολύσω	no	ἀπολέλυμαι	ἀπέλυθην
ἀποστέλλω	ἀπέστειλα	ἀποστελῶ	ἀπέσταλκα	ἀπέστελμαι	ἀπεστάλην
ἅπτω	ἥψομαι	no	no	no	no
ἀρνέομαι	ἠρνήσομην	ἀρνήσομαι	ἤρνημαι	no	no
ἄρχω	ἦρξα	ἄρξω	no	no	no
ἀσθενέω	ἠσθένησα	no	ἠσθένηκα	no	no
ἀσπάζομαι	ἠσπάσαμην	no	no	no	no
ἀφίημι	ἀφῆκα	ἀφήσω	no	ἀφέωμαι	ἀφέθην
βάλλω	ἔβαλον	βαλῶ	βέβληκα	βέβλημαι	ἐβλήθην
βαπτίζω	ἐβάπτισα	βαπτίσω	no	βεβάπτισμαι	ἐβάπτισθην
βλασφεμέω	ἐβλασφήμησα	βλασφήμεσω	no	no	no
βλέπω	ἔβλεψα	βλέψομαι	no	no	ἔβληπην

Presente	Aoristo	Futuro	Perfecto	Perfecto M/P	Aoristo Pasivo
βούλομαι	ἐβουλήθη	no	no	no	no
γεννάω	ἐγέννησα	γεννήσω	γεγέννηκα	γεγέννημαι	ἐγεννήθην
γίνομαι	ἐγένομην	γενήσομαι	γεγόνα γεγένημαι	γεγένημαι	ἐγενήθην
γινώσκω	ἔγνων	γνώσομαι	ἔγνωκα	ἔγνωσμαι	ἐγνώσθην
γράφω	ἔγραψα	γράψω	γέγραψα	γέγραμμαι	ἐγράφην
δεῖ	no	no	no	no	no
δέχομαι	ἐδεξάμην	δέξομαι	no	δέδεγμαι	ἐδέχθην
δέω	ἔδεσαν	δέσω	δέδεμαι	no	no
διακονέω	διηκονήσα	διακονήσω	no	no	no
διδάσκω	ἐδίδαξα	διδάξω	no	no	ἐδίδαχθην
δίδωμι	ἔδωκα	δώσω	δέδωκα	δέδομαι	ἐδόθην
διέρχομαι	διήλθον	διελεύσομαι	no	no	no
δικαιόω	εδικαισα	δικαιωσω	no	no	ἐδικαιώθη
διώκω	ἐδίωξα	διώξω	no	no	no
δοκέω	ἔδοξα	δόξω	δέδογμαι	no	ἐδόχθην
δοξάζω	ἐδόξασα	δοξάσω	no	δεδόξασμαι	ἐδοξάσθην
δύναμαι	ἐδυνήθην	δυνήσομαι	no	no	no

Presente	Aoristo	Futuro	Perfecto	Perfecto M/P	Aoristo Pasivo
ἐγγίζω	ἤγγίσα	ἐγγιῶ	ἤγγικεν	no	no
ἐγείρω	ἤγειρα	ἐγερῶ	ἐγήγερκα	ἐγήγερμαι	ἠγήρθην
εἰμί	no	ἔσομαι	no	no	no
εἰσέρχομαι	εἰσῆλθον	εἰσελεύσομαι	εἰσελήλυθα	no	no
ἐκβάλλω	ἐξέβαλον	ἐκβαλῶ	ἐκβέβληκα	ἐκβέβλημαι	ἐξεβλήθην
ἐλπίζω	ἠλπίσα	ἐλπιῶ	ἠλπίκα	no	no
ἐξέρχομαι	ἐξῆλθον	ἐξελεύσομαι	ἐξελήλυθα	no	no
ἔξεστιν	no	no	no	no	no
ἐπερωτάω	ἐπηρώτησα	ἐπερωτήσω	no	no	ἐπηρωτήθην
ἐπιγινώσκω	ἐπέγνωσα	ἐπιγνώσω	no	no	ἐπεγνώσθη
ἐπιστρέφω	ἐπέστρεψα	ἐπιστρέψω	no	no	ἐπεστράφη
ἐπιτίθημι	ἐπέθηκα ἐπέθην	ἐπιθήσω	no	no	no
ἐργάζομαι	ἐργάσαμην	no	no	no	no
ἔρχομαι	ἦλθον	ἐλεύσομαι	ἐλήλυθα	no	no
ἐρωτάω	ἠρώτησα	ἐρωτήσω	no	no	no
ἐσθίω	ἔφαγον	φάγομαι	no	no	no
ἑτοιμάζω	ἡτοίμασα	no	ἑτοίμακα	ἑτοίμαμαι	no

Presente	Aoristo	Futuro	Perfecto	Perfecto M/P	Aoristo Pasivo
εὐαγγελίζω	εὐηγγέλισα	εὐαγγελίσω εὐαγγελίσομαι	no	εὐηγγέλισμαι	εὐηγγελίσθην
εὐλογέω	εὐλόγησα	εὐλογήσω	εὐλόγηκα	no	no
εὑρίσκω	εὗρον	εὑρήσω	εὕρεκα	no	εὑρήθην
εὐχαριστέω	ηὐχαριστήσα	no	no	no	no
ἔχω	ἔσχον	ἕξω	ἔσχηκα	no	no
ζάω	ἔζησα	ζήσω	no	no	no
ζητέω	ἐζήτησα	ζητήσω	ἐζήτηκα	no	ζητήθην
θαυμάζω	ἐθαύμασα	no	no	no	ἐθαυμάσθη
θέλω	ἠθέλησα ἐθέλησα	θελήσω	no	no	ἠθελήθην
θεραπεύω	ἐθεραπεύσα	θεραπεύσω	no	no	ἐθεραπεύθη
θεωρέω	ἐθεώρησα	θεωρήσω	no	no	no
ἵστημι	ἔστησα ἔστην	στήσω	ἔστηκα	ἔσταμαι	ἐστάθην
καθαρίζω	ἐκαθαρίζα	καθαριῶ	no	no	ἐκαθαρίσθη
κάθημαι	no	καθήσομαι	no	no	no
καλέω	ἐκάλεσα	καλέσω	κέκληκα	κέκλημαι	ἐκλήθην
καταβαίνω	κατέβην	καταβήσομαι	καταβέβηκα	no	no

Presente	Aoristo	Futuro	Perfecto	Perfecto M/P	Aoristo Pasivo
κατοικέω	κατῴκησα	no	no	no	no
καυχάομαι	no	καυχήσομαι	κεκαύχημαι	no	no
κηρύσσω	ἐκήρυξα	κηρύξω	no	κεκήρυγμαι	ἐκήρυχθην
κλαίω	ἔκλαυσα	κλαύσω	no	no	no
κράζω	ἔκραξα ἐκέκραξα	κεκράξομαι κράξω	κέκραγα	no	no
κρατέω	ἐκρατήσα	κρατήσω	κεκράτηκα	κεκράτημαι	no
κρίνω	ἔκρινα	κρινῶ	κέκρικα	κέκριμαι	ἐκρίθην
λαλέω	ἐλάλησα	λαλήσω	λελάληκα	λελάλημαι	ἐλάληθην
λαμβάνω	ἔλαβον	λήμψομαι	εἴληφα	εἴλημμαι	ἐλήφθην
λέγω	εἶπον/εἶπα	ἐρῶ	εἴρηκα	εἴρημαι	ἐρρέθην
λογίζομαι	no	λογισθήσομαι* solo en voz pasiva	no	no	ἐλογίσθη
λύω	ἔλυσα	λύσω	no	λέλυμαι	ἔλυθην
μαρτυρέω	ἐμαρτύρησα	μαρτυρήσω	μεμαρτύρηκα	μεμαρτύρημαι	ἐμαρτύρηθην
μέλλω	ἐμέλλησα	μελλήσω	no	no	no
μένω	ἔμεινα	μένῶ	μεμένηκα	no	no
μετανοέω	μετενόησα	μετανοήσω	no	no	no
μισέω	ἐμίσησα	μισήσω	μεμίσηκα	no	no

Presente	Aoristo	Futuro	Perfecto	Perfecto M/P	Aoristo Pasivo
νικάω	ἐνίκησα	νικήσω	νενίκηκα	no	no
οἶδα usado como presente	εἰδήσω	no	οἶδα	no	no
ὁράω	εἶδα εἶδον	ὄψομαι	ἑώρακα	no	ὤφθην
ὀφείλω	no	no	no	no	no
παραγίνομαι	παρεγένομαι	no	no	no	no
παραδίδωμι	παρέδωκα	παραδώσω	παραδέδωκα	παραδέδομαι	παρεδόθην
παρακαλέω	παρεκάλεσα	παρακαλέσω	no	παρακέκλημαι	παρεκλήθην
παραλαμβάνω	παρέλαβον	παραλήμψομαι	no	no	παρελήφθην
παρατίθημι	παρέθηκα	παραθήσω	no	no	no
παρέρχομαι	παρῆλθον	παρελεύσομαι	no	no	no
παρίστημι παραστάνω	παρέστησα παρέστην	παραστήσω	παρέστηκα	no	no
πάσχω	ἔπαθον	no	πέπονθα	no	no
πείθω	ἔπεισα	πείσω	πέποιθα	πέπεισμαι	ἐπείσθην
πειράζω	ἐπείρασα	no	no	no	no
πέμπω	ἔπεμψα	πέμψω	no	no	ἐπέμφθη
περιπατέω	περιεπάτησα	περιπατήσω	no	no	περιεπατήθην

Presente	Aoristo	Futuro	Perfecto	Perfecto M/P	Aoristo Pasivo
περισσεύω	ἐπερίσσευσαν	περισσευθησομαι	no	no	no
πίνω	ἔπιον	πίομαι	πέπωκα	no	ἐπόθην
πίπτω	ἔπεσον ἔπεσα	πεσοῦμαι	πέπτωκα	no	no
πιστεύω	ἐπίστευσα	πιστεύσω	πεπίστευκα	πεπίστευμαι	ἐπιστεύθην
πληρόω	ἐπλήρωσα	πληρώσω	πεπλήρωκα	πεπλήρωμαι	ἐπληρώθην
ποιέω	ἐποίησα	ποιήσω	πεποίηκα	πεποίημαι	ἐποιήθην
πορεύομαι	ἐπορεύθην	πορεύσομαι	no	πεπόρευμαι	ἐπορεύθην
πράσσω	ἔπραξα	πράξω	πέπραχα	no	no
προσέρχομαι	προσῆλθον	προσελεύσομαι	προσελήλυθα	no	no
προσεύχομαι	προσηυξάμην	προσεύξομαι	no	no	no
προσκυνέω	προσεκύνησα	προσκυνήσομαι προσκυνήσω	no	no	no
προσφέρω	προσήνεγκα προσήνεγκον	no	προσενήνοχα	no	προσηνέχθην
σκανδαλίζω	ἐσκανδαλίσθην	σκανδαλισθήσομαι	no	no	no
σπείρω	ἐσπείρα	no	ἐσπάρμαι	ἔσπαρμαι	ἐσπάρην
σταυρόω	ἐσταύρωσα	σταύρωσω	no	ἐσταύρωμαι	ἐσταυρώθην
συνάγω	συνήγαγον	συνάξω	no	συνῆγμαι	συνήχθην

Presente	Aoristo	Futuro	Perfecto	Perfecto M/P	Aoristo Pasivo
συνίημι	σύνηκα	συνήσω	no	no	no
σώζω	ἔσωσα	σώσω	σέσωκα	σέσῳμαι	ἐσώθην
τηρέω	ἐτήρησα	τηρήσω	τετήρηκα	τετήρημαι	ἐτήρηθην
τίθημι	ἔθηκα	θήσω	τέθεικα	τέθειμαι	ἐτέθην
ὑπάγω	ὑπήγαγον	ὑπάξω	no	ὑπῆγμαι	ὑπήχθην
ὑπάρχω	no	ὑπάρξω	no	no	no
ὑποτάσσω	ὑπέταξα	ὑποταγήσομαι	no	ὑποτέτακμαι	ὑπητάγην
φανερόω	ἐφανέρωσα	φανερώσω	πεφανέρωκα	πεφανέρομαι	ἐφανέρωθην
φέρω	ἤνεγκα	οἴσω	ἐνήνοχα	ἐνήνεκμαι	ἠνέχθην
φημί	no	no	no	no	no
φοβέομαι	ἐφοβήθην	φοβηθήσομαι	no	no	no
φυλάσσω	ἐφυλαξα	φυλάξω	no	no	ἐφυλαξάμην
φωνέω	ἐφώνεσα	φωνέσω	no	no	ἐφωνήθην
χαίρω	ἐχάρην	χαρήσομαι	no	no	no

APÉNDICE 5

CUADROS DE DECLINACIÓN

Sustantivos, artículos, adjetivos, pronombres y participios usarán estas declinaciones.

PRIMERA DECLINACIÓN

SINGULAR					PLURAL		
	FEM.		MASC.		FEM.		MASC.
Caso	Art.	-η -α -α (σ,λ)	Art.	-ης -ας	Art.	Todos	Art.
Nom.	ἡ	-η -α -α	ὁ	-ης -ας	αἱ	-αι	οἱ
Gen.	τῆς	-ης -ης -ας	τοῦ	-ου -ου	τῶν	-ων	τῶν
Dat.	τῇ	-ῃ -ῃ -ᾳ	τῷ	-ῃ -ᾳ	ταῖς	-αις	τοῖς
Ac.	τήν	-ην -αν -αν	τόν	-ην -αν	τάς	-ας	τούς
Voc.	ἡ	-η -α -α	ὁ	-ης -ας	αἱ	-αι	οἱ

RECUERDE: unas pocas palabras de la primera declinación, como ὁ μαθητής, son masculinas. Aunque sus desinencias son similares a las del femenino, el artículo nos ayuda a identificarlas como masculinas.

SEGUNDA DECLINACIÓN

SINGULAR					PLURAL			
	MASC.		NEUT.		MASC.		NEUT.	
Caso	Art.		Art.		Art.		Art.	
Nom.	ὁ	-ος	τό	-ον	οἱ	-οι	τά	-α
Gen.	τοῦ	-ου	τοῦ	-ου	τῶν	-ων	τῶν	-ων
Dat.	τῷ	-ῳ	τῷ	-ῳ	τοῖς	-οις	τοῖς	-οις
Ac.	τόν	-ον	τό	-ον	τούς	-ους	τά	-α
Voc.	ὁ	-ε	τό	-ον	οἱ	-οι	τά	-α

RECUERDE: unas pocas palabras de la segunda declinación, como ἡ ὁδός, son femeninas. Aunque sus desinencias son iguales a las del masculino, el artículo nos ayuda a identificarlas como femeninas.

TERCERA DECLINACIÓN

Aunque hay gran variación dentro de la tercera declinación, resulta de gran ayuda memorizar las formas del pronombre τίς.

	SINGULAR		PLURAL	
	MASC. Y FEM.	NEUTRO	MASC. Y FEM.	NEUTRO
Nom.	τίς	τί	τίνες	τίνα
Gen.	τίνος	τίνος	τίνων	τίνων
Dat.	τίνι	τίνι	τίσι(ν)	τίσι(ν)
Ac.	τίνα	τί	τίνας	τίνα

FORMAS DE SUSTANTIVOS DE TERCERA DECLINACIÓN

	SINGULAR	PLURAL	SINGULAR	PLURAL
Nom.	ἡ τριήρης	αἱ τριήρεις	τὸ τεῖχος	τὰ τείχη
Gen.	τὴς τριήρους	τῶν τριηρῶν	τοῦ τείχους	τῶν τειχῶν
Dat.	τῇ τριήρει	ταῖς τριήρεσι	τῷ τείχει	τοῖς τείχεσι
Ac.	τὴν τριήρη	τὰς τριήρεις	τὸ τεῖχος	τὰ τείχη
Voc.	τριήρες	τριήρεις	τεῖχος	τείχη
Nom.	ἡ πόλις	αἱ πόλεις	ὁ βασιλεύς	οἱ βασιλεῖς
Gen.	τὴς πόλεως	τῶν πόλεων	τοῦ βασιλέως	τῶν βασιλέων
Dat.	τῇ πόλει	ταῖς πόλεσι	τῷ βασιλεῖ	τοῖς βασιλεῦσι
Ac.	τὴν πόλιν	τὰς πόλεις	τὸν βασιλέα	τοὺς βασιλεῖς
Voc.	πόλι	πόλεις	βασιλεῦ	βασιλεῖς
Nom.	ὁ πελέκυς	οἱ πελέκεις	τὸ ἄστυ	τά ἄστη
Gen.	τοῦ πελέκεως	τῶν πελέκεων	τοῦ ἄστεως	τῶν ἀστέων
Dat.	τῷ πελέκει	τοῖς πελεκεσι	τῷ ἄστει	τοῖς ἄστεσι
Ac.	τὸν πελέκυν	τοὺς πελέκεις	τὸ ἄστυ	τὰ ἄστη
Voc.	πελέκυ	πελέκεις	ἄστυ	ἄστη
Nom.	ὁ ἰχθύς	οἱ ἰχθύες	ἡ αἰδώς	αἱ αἰδοί
Gen.	τοῦ ἰχθύος	τῶν ἰχθύων	τὴς αἰδοῦς	τῶν αἰδῶν
Dat.	τῷ ἰχθύϊ	τοῖς ἰχθύσι	τῇ αἰδοῖ	ταῖς αἰδοῖς
Ac.	τὸν ἰχθύν	τοὺς ἰχθύας	τὴν αἰδώ	τὰς αἰδούς
Voc.	Ἰχθυ	ἰχθύες	αἰδοῖ	αἰδοί
Nom.	ἡ ἠχώ	αἱ ἠχοί	τὸ κέρας	τὰ κέρατα
Gen.	τὴς ἠχοῦς	τῶν ἠχῶν	τοῦ κέρατος	τῶν κεράτων
Dat.	τῇ ἠχοῖ	ταῖς ἠχοῖς	τῷ κέρατι	τοῖς κέρασι
Ac.	τὴν ἠχώ	τὰς ἠχοῦς	τὸ κέρας	τὰ κέρατα
Voc.	ἠχοῖ	ἠχοί	κέρας	κέρατα

Tomado de Wesley Perschbacher, *The New Analytical Greek Lexicon of the New Testament* (Masachussett: Hendrikson, 1996): xvii.

APÉNDICE 6

LA IMPORTANCIA DE LOS ACENTOS[1]

Existen algunas palabras griegas en las que es muy importante que el lector distinga entre sus acentos y signos de respiración. Estos acentos pueden ayudar a reconocer formas y palabras que de otra manera parecen idénticas. Las siguientes palabras parecen ser idénticas si uno ignora las letras mayúsculas o las señales diacríticas (acentos, respiraciones, etc.).

αἱ αἵ	artículo (femenino plural) pronombre relativo
ἀλλά ἄλλα	partícula (conjunción) neutro plural, nom. y acus. de ἄλλος
ἄρα ἆρα ἀρά, ἡ	partícula "por lo tanto" partícula inferencial (Lc 18:8; Hch 8:30; Gá 2:17) "maldición" (Ro 3:14)
αὐταί αὗται	femenino plural de αὐτός femenino plural de οὗτος
αὐτή αὕτη	femenino, nom. sing. de αὐτός femenino, nom. sing. de οὗτος
βάτος βάτος	"arbusto" "baño"
Γάζα γάζα	"Gaza" "tesoro"
δοῦλος ὁ δοῦλος, -η, -ον	"esclavo" "esclavizado"
δώῃ δῴη	aoristo subjuntivo de διδωμι aoristo optativo de διδωμι
εἰ εἶ	partícula que significa "si" en oraciones condicionales pres. act. ind. 2 sing. de εἰμί
εἰμί εἶμι	"yo soy" "yo iré"

1. Parte de esta información es una compilación de las listas mencionadas en los libros de William D. Mounce, *The Morphology of Biblical Greek* (Grand Rapids: Zondervan, 1994) pp. 61-64, y *The Analytical Lexicon to the Greek New Testament* (Grand Rapids: Zondervan, 1993) pp. 493-494. El resto viene de otras fuentes y de las observaciones personales de los autores de este texto.

εἰς εἷς	preposición "en, hacia" adjetivo masc. de εἷς, μία, ἕν (número "uno")
ἐκτός ἕκτος	adverbio "sin" "sexto"
ἐν ἕν	preposición "en" adjetivo neutro de εἷς, μία, ἕν (número "uno")
ἔξω ἕξω	adverbio "afuera" futuro act. ind. 1 sing. de ἔχω
εὐθύς εὐθύς	adverbio "inmediatamente" "derecho"
ἡ ἤ ἥ ᾗ ᾖ	artículo (femenino) partícula "o" pronombre relativo fem. nom. pronombre relativo fem. dativo pres. act. subj. 3 sing. de εἰμί
ἠλί Ἠλί	"mi Dios" "Elí"
ἥν ἦν ἤν	pronombre relativo fem. acus. sing. imperfecto act. ind. 3 sing. de εἰμί forma contracta de ἐάν
ἧς ἦς ᾖς	pronombre relativo fem. gen. imperfecto act. ind. 2 sing. de εἰμί presente act. subj. 2 sing. de εἰμί
ἦχος, ὁ ἤχος, τό	"sonido" y "fama" "sonido" y "ruido"
Κάρπος κάρπος	"Carpus" (la isla) "fruta"
μήν, ὁ μήν	"mes" partícula "ciertamente"
ὁ ὅ	artículo masc. sing. nom. sing. neut. del pronombre relativo ὅς
οἱ οἵ	artículo masc. nom. plural pronombre relativo masc. nom. plural
ὄν ὅν	presente act. ptc. neut. sing. de εἰμί masc. acus. sing. del pronombre relativo ὅς
οὐ οὗ	negativo "no" masc./neut. gen. sing. del pronombre relativo ὅς

πότε ποτέ	adverbio interrogativo "¿cuándo?" partícula enclítica que significa "una vez"
πού ποῦ	partícula enclítica que significa "en algún lugar" adverbio interrogativo "¿dónde?"
πυρρός Πυρρός	"rojo intenso", de πῦρ "fuego" "Pirro" (Hch 20:4)
πῶς πώς	partícula interrogativa "¿cómo?" partícula enclítica "como sea"
σμύρνα Σμύρνα	"mirra" "Esmirna"
Στάχυς στάχυς	"Estaquis" (Ro 16:9) "espiga de grano"
Στέφανος σέφανος	"Esteban" "corona"
σύνειμι σύνειμι	"estar con" "reunirse"
τίς τις	pronombre interrogativo masc. y fem. sing. pronombre indefinido masc. y fem. sing.
τύραννος, ὁ Τύραννος	"tirano" "Tiranno" (Hch 19:9)
φοῖνιξ, ὁ Φοίνιξ	"palmera" "Fénix"
ὦ ὦ ᾧ	interjección "¡Oh!" presente act. subj. 1 sing. de εἰμί masc./neut. dat. sing. del pronombre relativo ὅς
ὤν ὧν	presente act. ptc. de εἰμί masc./neut. gen. plural del pronombre relativo ὅς
κρινῶ κρίνω	futuro act. ind. 1 sing. de κρίνω presente act. ind. 1 sing. [verbo líquido]

APÉNDICE 7

VOCABULARIO ACUMULADO LECCIONES 1-30

(Un total de 457 palabras)

En estas 30 lecciones hemos hecho un gran esfuerzo por memorizar. Hemos logrado aprender 457 palabras. Estas aparecen 123.205 veces en el NT. Eso equivale a ser capaces de reconocer y traducir el 89,3% del texto del NT. Será su responsabilidad mantener fresco ese vocabulario y añadir nuevas palabras. El repaso constante y la práctica de traducción del griego al español le permitirán recordarlas mejor. En esta tabla hemos colocado a la derecha la lección en donde aparece cada palabra. El número entre paréntesis indica la cantidad de veces que aparece cada palabra.

VERBOS	Capítulo
ἀγαπάω: *amar* (143)	10
ἁγιάζω: *apartar para Dios, consagrar* (28)	30
ἀγοράζω: *comprar* (30)	22
ἄγω: *traer, ir, conducir* (67)	4
αἴρω: *tomar, quitar, recoger* (101)	5
αἰτέω: *pedir* (70)	14
ἀκολουθέω: *seguir* (90)	10
ἀκούω: *escuchar* (428)	2
ἁμαρτάνω: *pecar* (43)	12
ἀναβαίνω: *subir* (82)	5
ἀναγινώσκω: *leer (en voz alta)* (32)	26
ἀνίστημι: *levantar, resucitar* (108)	27
ἀνοίγω: *abrir* (77)	11
ἀπαγγέλλω: *declarar, anunciar* (45)	26
ἀπέρχομαι: *irse, abandonar* (117)	5
ἀποδίδωμι: *pagar, devolver* (48)	27
ἀποθνῃσκω: *morir* (111)	5
ἀποκρίνομαι: *responder* (231)	5
ἀποκτείνω: *matar* (74)	11
ἀπόλλυμι: *perder, destruir, matar* (90)	29
ἀπολύω: *despedir* (66)	5

VERBOS	Capítulo
ἀποστέλλω: *enviar* (132)	5
ἅπτω: *encender, tocar* (39)	25
ἀρνέομαι: *negar* (33)	22
ἄρχω: *gobernar* (86)	4
ἀσθενέω: *enfermarse* (33)	16
ἀσπάζομαι: *saludar* (59)	4
ἀφίημι: *dejar, permitir, perdonar* (143)	27
βάλλω: *arrojar, echar* (122)	2
βαπτίζω: *bautizar* (77)	4
βλασφεμέω: *blasfemar* (34)	22
βλέπω: *mirar* (133)	2
βούλομαι: *desear* (37)	16
γεννάω: *engendrar* (97)	10
γίνομαι: *ser, estar, llegar a ser o estar, haber* (669)	4, 8
γινώσκω: *conocer* (222)	2
γράφω: *escribir* (191)	2
δεῖ: *es necesario* (101) (impersonal)	16
δέχομαι: *recibir, aceptar* (56)	12
δέω: *atar, sujetar* (43)	12
διακονέω: *servir* (37)	22
διδάσκω: *enseñar* (97)	2
δίδωμι: *dar, conceder* (415)	27
διέρχομαι: *atravesar, cruzar* (43)	5
δικαιόω: *justificar* (39)	10
διώκω: *perseguir* (45)	12
δοκεῖ: *parece ser* (62) (impersonal)	16
δοκέω: *pensar, parecer* (62)	11
δοξάζω: *glorificar* (61)	22
δύναμαι: *poder, ser capaz de* (210)	4
ἐγγίζω: *acercarse* (42)	12
ἐγείρω: *levantar* (144)	4
εἰμί: *ser, estar* (2460)	8

VERBOS	Capítulo
εἰσέρχομαι: *entrar* (194)	5
ἐκβάλλω: *lanzar, arrojar* (81)	5
ἐλπίζω: *esperar* (31)	22
ἐξέρχομαι: *salir* (218)	5
ἔξεστιν: *es lícito* (28) (impersonal)	16
ἐπερωτάω: *preguntar* (56)	14
ἐπιγινώσκω: *conocer* (44)	5
ἐπιστρέφω: *volver, regresar* (36)	22
ἐπιτίθημι: *imponer, poner sobre* (39)	27
ἐργάζομαι: *trabajar* (41)	14
ἔρχομαι: *ir, llegar* (636)	4
ἐρωτάω: *preguntar* (63)	10
ἐσθίω: *comer* (158)	5
ἑτοιμάζω: *preparar, hacer preparativos* (40)	24
εὐαγγελίζω: *anunciar buenas nuevas* (54)	11
εὐλογέω: *bendecir* (42)	12
εὑρίσκω: *encontrar* (176)	5
εὐχαριστέω: *dar gracias* (38)	25
ἔχω: *tener* (708)	2
ζάω: *vivir* (140)	10
ζητέω: *buscar* (117)	10
θαυμάζω: *maravillarse, asombrarse* (43)	12
θέλω: *desear, querer* (208)	2
θεραπεύω: *curar, sanar* (43)	12
θεωρέω: *ver, mirar* (58)	14
ἵστημι: *colocar, estar* (154)	27
καθαρίζω: *limpiar, purificar* (31)	30
κάθημαι: *estar sentado, sentarse* (91)	4
καθίζω: *sentarse, convocar* (46)	12
καλέω: *llamar* (148)	10
καταβαίνω: *descender* (81)	5
κατοικέω: *vivir, habitar* (44)	14

VERBOS	Capítulo
καυχάομαι: *jactarse, gloriarse* (37)	22
κηρύσσω: *anunciar* (61)	4
κλαίω: *llorar, lamentarse* (40)	25
κράζω: *gritar* (56)	4
κρατέω: *prevalecer, dominar* (47)	24
κρίνω: *juzgar* (114)	2
λαλέω: *hablar, decir* (296)	10
λαμβάνω: *tomar, recibir* (260)	2
λέγω: *decir* (2354)	2
λογίζομαι: *calcular, pensar* (41)	14
λύω: *soltar, desatar* (42)	14
μαρτυρέω: *dar testimonio* (76)	24
μέλλω: *estar a punto de* (109)	4
μένω: *permanecer, quedar* (118)	5
μετανοέω: *arrepentirse* (34)	22
μισέω: *odiar* (40)	16
νικάω: *vencer* (28)	22
οἶδα: *saber, conocer* (318)	22
ὁράω: *ver* (454)	10
ὀφείλω: *ser deudor de, deber* (35)	29
παραγίνομαι: *venir, presentarse* (37)	26
παραδίδωμι: *entregar, confiar* (119)	27
παρακαλέω: *invocar, animar, exhortar* (109)	10
παραλαμβάνω: *tomar, recibir* (49)	5
παρατίθημι: *confiar, encomendar* (19)	27
παρέρχομαι: *pasar, perecer* (30)	17
παρίστημι: *estar presente* (41)	27
πάσχω: *padecer* (42)	22
πείθω: *persuadir* (52)	11
πειράζω: *tentar* (38)	22
πέμπω: *enviar* (79)	11
περιπατέω: *caminar, andar* (95)	10

VERBOS	Capítulo
περισσεύω: *abandonar, sobrar* (39)	22
πίνω: *beber* (73)	11
πίπτω: *caer* (90)	22
πιστεύω: *creer* (241)	2
πλανάω: *engañar* (39)	16
πληρόω: *llenar, cumplir* (86)	10
ποιέω: *hacer, poner* (568)	10
πορεύομαι: *ir* (154)	4
πράσσω: *hacer, practicar* (39)	22
προσέρχομαι: *venir o ir hacia, acercarse a* (86)	5
προσεύχομαι: *orar* (85)	5
προσκυνέω: *adorar* (60)	11
προσφέρω: *ofrecer* (47)	12
σκανδαλίζω: *hacer caer* (29)	28
σπείρω: *sembrar* (52)	11
σταυρόω: *crucificar* (46)	10
συνάγω: *reunir, congregar* (59)	5
συνίημι: *entender* (26)	27
σῴζω: *salvar* (106)	4
τηρέω: *observar, guardar* (70)	11
τίθημι: *poner, colocar* (100)	27
ὑπάγω: *ir, apartarse* (79)	28
ὑπάρχω: *vivir, existir* (60)	8
ὑποτάσσω: *someter, sujetar* (38)	22
φανερόω: *manifestar* (49)	10
φέρω: *llevar, producir* (66)	11
φημί: *decir* (66)	27
φοβέομαι: *temer* (95)	4
φυλάσσω: *guardar* (31)	22
φωνέω: *llamar* (43)	14
χαίρω: *alegrarse, gozar* (74)	11

SUSTANTIVOS COMUNES	Capítulo
ἀγάπη, ἡ: *amor* (116)	6
ἄγγελος, ὁ: *ángel, mensajero* (175)	3
ἀγρός, -ου, ὁ: *campo, terreno* (37)	25
ἀδελφή, -ῆς, ἡ: *hermana* (26)	30
ἀδελφός, ὁ: *hermano* (343)	3
αἷμα, -ατος, τό: *sangre* (97)	18
αἰών, αἰῶνος, ὁ: *era, eternidad* (122)	14
ἀλήθεια, ἡ: *verdad* (109)	6
ἁμαρτία, ἡ: *pecado* (173)	6
ἁμαρτωλός, ὁ: *pecador* (47)	14
ἀνάστασις, -εως, ἡ: *resurrección* (42)	19
ἄνεμος, -ου, ὁ: *viento* (31)	29
ἀνήρ, ἀνδρός, ὁ: *varón* (216)	18
ἄνθρωπος, ὁ: *hombre, ser humano* (550)	3
ἀπόστολος, ὁ: *apóstol, enviado* (80)	3
ἄρτος, ὁ: *pan, comida* (97)	3
ἀρχή, ἡ: *principio* (55)	6
ἀρχιερεύς, -εως, ὁ: *sumo sacerdote* (122)	19
ἄρχων, -οντος, ὁ: *príncipe* (37)	18
βασιλεία, ἡ: *reino* (162)	6
βασιλεύς, -εως, ὁ: *rey* (115)	19
βιβλίον, -ου, τό: *libro, pergamino* (34)	29
γενέα, -ᾶς, ἡ: *generación* (43)	24
γένος, -ους, τό: *nación, linaje* (21)	19
γῆ, ἡ: *tierra* (250)	6
γλῶσσα, ἡ: *lengua* (50)	6
γνῶσις, -εως, ἡ: *conocimiento* (29)	19
γραμματεύς, -εως, ὁ: *escriba* (63)	19
γραφή, ἡ: *escritura* (51)	6
γυνή, γυναικός, ἡ: *mujer* (215)	18
δαιμόνιον, τό: *demonio, espíritu malvado* (63)	3
διάβολος, ὁ: *diablo* (37)	26

SUSTANTIVOS COMUNES	Capítulo
διαθήκη, -ης, ἡ: *pacto, testamento* (33)	29
διακονία, -ας, ἡ: *ministerio* (34)	29
διάκονος, -ου, ὁ: *servidor, ministro, ayudante* (29)	29
διδάσκαλος, -ου, ὁ: *maestro* (59)	29
διδαχή, ἡ: *doctrina, enseñanza* (30)	26
δόξα, ἡ: *gloria* (166)	6
δοῦλος, ὁ: *siervo, esclavo* (124)	3
δύναμις, -εως, ἡ: *poder, milagro* (119)	19
ἔθνος, -ους, τό: *pueblo, nación* (162)	19
εἰρήνη, ἡ: *paz* (92)	6
ἐκκλησία, ἡ: *iglesia, asamblea* (114)	6
ἐλπίς, -ίδος, ἡ: *esperanza* (53)	18
ἐντολή, ἡ: *mandamiento* (67)	6
ἐξουσία, ἡ: *autoridad, poder* (102)	6
ἐπαγγελία, -ας, ἡ: *promesa* (52)	29
ἐπιθυμία, -ας, ἡ: *deseo, anhelo, pasión* (38)	25
ἔργον, τό: *obra* (169)	3
ἔρημος, ἡ: *desierto* (48)	6
ἔτος, -ους, τό: *año* (49)	19
εὐαγγέλιον, τό: *buena noticia, evangelio* (76)	3
ζωή, ἡ: *vida* (135)	6
ἥλιος, -ου, ὁ: *sol* (32)	30
ἡμέρα, ἡ: *día* (389)	6
θάλασσα, ἡ: *mar* (91)	6
θάνατος, ὁ: *muerte* (120)	9
θέλημα, -ατος, τό: *voluntad* (62)	18
θεός, ὁ: *Dios, dios* (1317)	3
θηρίον, -ου, τό: *animal, fiera* (46)	25
θλίψις, -εως, ἡ: *aflicción, tribulación* (45)	19
θρόνος, -ου, ὁ: *trono* (62)	23
θυγάτηρ, θυγατρός, ἡ: *hija* (28)	29
θύρα, -ας, ἡ: *puerta, entrada* (39)	26

SUSTANTIVOS COMUNES	Capítulo
ἱερεύς, -έως, ὁ: *sacerdote* (31)	19
ἱερόν, τό: *templo, recinto del templo* (71)	3
ἱμάτιον, τό: *vestido, manto* (60)	3
καιρός, ὁ: *tiempo* (85)	14
καρδία, ἡ: *corazón* (156)	6
καρπός, ὁ: *fruto, cosecha* (66)	12
κεφαλή, ἡ: *cabeza* (75)	6
κόσμος, ὁ: *mundo* (186)	3
κρίσις, -εως, ἡ: *juicio* (47)	19
κύριος, ὁ: *señor, Señor* (717)	3
λαός, ὁ: *pueblo* (142)	17
λίθος, ὁ: *piedra* (59)	12
λόγος, ὁ: *palabra* (330)	3
μαθητής, ὁ: *discípulo* (261)	6
μαρτυρία, -ας, ἡ: *testimonio* (37)	24
μαρτύς, -υρος, ὁ: *testigo* (35)	24
μέλος, -ους, τό: *miembro, parte del cuerpo* (34)	26
μήτηρ, μητρός, ἡ: *madre* (83)	18
μνημεῖον, τό: *sepulcro* (40)	17
ναός, ὁ: *templo* (45)	17
νόμος, ὁ: *ley* (194)	3
νύξ, νυκτός, ἡ: *noche* (61)	18
ὁδός, ἡ: *camino* (101)	6
οἰκία, ἡ: *casa* (93)	6
οἶκος, ὁ: *casa, familia* (114)	3
οἶνος, -ου, ὁ: *vino* (34)	30
ὄνομα, -ατος, τό: *nombre* (231)	18
ὀργή, -ης, ἡ: *enojo, ira, cólera, venganza* (36)	25
ὄρος, -ους, τό: *monte* (63)	19
οὐρανός, ὁ: *cielo* (273)	9
οὖς, ὠτός, τό: *oído, oreja* (37)	20
ὀφθαλμός, ὁ: *ojo* (100)	14

SUSTANTIVOS COMUNES	Capítulo
ὄχλος, -ου, ὁ: *gentío, multitud* (175)	28
παιδίον, τό: *niño, infante* (52)	24
παραβολή, ἡ: *parábola* (50)	6
παρουσία, ἡ: *presencia, venida* (24)	17
παρρησία, ἡ: *confianza, franqueza* (31)	17
πάσχα, τό: *pascua* (29)	29
πατήρ, πατρός, ὁ: *padre* (413)	18
πειρασμός, -οῦ, ὁ: *prueba, tentación* (21)	30
πίστις, πίστεως, ἡ: *fe, fidelidad* (243)	19
πλῆθος, -ους, τό: *multitud, gran número* (31)	30
πλοῖον, τό: *barca, nave, navío mercante* (68)	3
πνεῦμα, -ατος, τό: *espíritu, viento* (379)	18
πόλις, -εως, ἡ: *ciudad* (162)	19
ποτήριον, -ου, τό: *copa* (31)	30
πούς, ποδός, ὁ: *pie* (93)	18
πρόβατον, -ου, τό: *oveja* (37)	25
πρόσωπον, -ου, τό: *cara, rostro* (76)	24
προφητής, -ου, ὁ: *profeta* (144)	6
πῦρ, πυρός, τό: *fuego* (71)	18
ῥῆμα, -ατος, τό: *palabra, cosa* (68)	18
σάββατον, τό: *sábado, día de reposo* (68)	3
σάρξ, σαρκός, ἡ: *carne, cuerpo* (147)	18
σημεῖον, -ου, τό: *señal, milagro* (77)	3
σκότος, -ους, τό: *oscuridad* (31)	28
σοφία, ἡ: *sabiduría* (51)	17
σπέρμα, -ατος, τό: *simiente* (43)	18
στόμα, -ατος, τό: *boca* (78)	18
συναγωγή, -ῆς, ἡ: *sinagoga, congregación* (56)	24
σῶμα, -ατος, τό: *cuerpo* (142)	18
σωτερία, -ας, ἡ: *salvación* (45)	26
σωτήρ, -ῆρος, ὁ: *salvador* (24)	26
τέκνον, τό: *hijo, niño pequeño* (99)	3

SUSTANTIVOS COMUNES	Capítulo
τέλος, -ους, τό: *fin* (40)	19
τιμή, ἡ: *honor, respeto* (41)	14
τόπος, ὁ: *lugar* (94)	16
ὕδωρ, -ατος, τό: *agua* (76)	18
υἱός, ὁ: *hijo* (377)	3
ὑπομονή -ῆς, ἡ: *perseverancia* (32)	30
φαρισαῖος, -ου, ὁ: *fariseo* (98)	23
φόβος, -ου, ὁ: *miedo, temor* (48)	24
φυλακή, -ῆς, ἡ: *prisión, cárcel* (47)	24
φωνή, ἡ: *sonido, voz* (139)	6
φῶς, φωτός, τό: *luz* (73)	18
χαρά, ἡ: *gozo* (59)	6
χάρις, -ιτος, ἡ: *gracia* (155)	18
χείρ, χειρός, ἡ: *mano* (177)	18
χρεία, ἡ: *necesidad* (49)	17
χρόνος, -ου, ὁ: *tiempo* (54)	23
ψυχή, ἡ: *alma* (103)	6
ὥρα, ἡ: *hora* (106)	6

SUSTANTIVOS PROPIOS	Capítulo
Ἀβραάμ: *Abraham* (73)	23
Γαλιλαία, -ας, ἡ: *Galilea* (61)	23
Δαυίδ: *David* (59)	23
Ἰερουσαλήμ, ἡ: *Jerusalén* (77) alternativamente también Ἰεροσόλυμα, ἡ: *Jerusalén* (62)	23
Ἰησοῦς: *Jesús* (917)	9
Ἰσραήλ, ὁ: *Israel* (55)	23
Ἰωάννης, -ου: *Juan* (135)	23
Μωϋσῆς, -εως: *Moisés* (80)	23
Παῦλος: *Pablo* (158)	9
Πέτρος: *Pedro* (156)	9
Πιλᾶτος, -ου: *Pilato* (55)	23
Σίμων, -ώνος: *Simón* (75)	18
Χριστός, -οῦ, ὁ: *Cristo, Mesías* (529)	9

ADJETIVOS	Capítulo
ἀγαθός, -ή, -όν: *bueno* (102)	7
ἀγαπητός, -ή, -όν: *amado* (61)	7
ἅγιος, -η, -ον: *santo* (233)	7
αἰώνιος, -ος, -ον: *bueno* (71)	7
ἀκαθαρτός, -ον: *sucio, impuro* (31)	30
ἀληθής, -ες: *verdadero, honrado* (26)	20
ἀληθινός, -ή, -ον: *verdadero, auténtico* (28)	23
ἄλλος, -η, -ον: *otro* (155)	7
ἄξιος, -α, -ον: *digno* (41)	16
ἀσθενής, -ες: *débil, enfermo* (26)	20
δεξιός, -ιά, -ιόν: *derecho (opuesto de izquierdo)* (54)	20
δίκαιος, -α, -ον: *justo, recto* (79)	7
δυνατός, -ή, -όν: *posible, fuerte, capaz* (32)	30
ἕκαστος, -η, -ον: *cada uno, cada* (82)	17
ἐλάχιστος, -η, -ον: *el menor* (14)	21
ἔσχατος, -η, -ον: *último, postrero* (53)	28
ἕτερος, -α, -ον: *otro* (99)	16
ἐχθρός, -ά, -όν: *enemigo, aborrecido* (32)	26
ἴδιος, -η, -ον: *suyo propio* (114)	7
ἰουδαῖος, -αία, -αῖον: *judío* (195)	7
ἰσχυρός, -ά ,-όν: *fuerte* (29)	21
καθαρός, -ή, -όν: *puro, limpio* (26)	30
καινός, -ή, -όν: *nuevo* (50)	7
κακός, -ή, -όν: *malo* (50)	7
καλός, -ή, -όν: *bello, bueno* (100)	7
κρείσσων: *mejor* (19)	21
λοιπός, -ή, -όν: (adj.) *resto, otro;* (adv.) *finalmente, por último* (55)	20
μακάριος, -α, -ον: *bienaventurado, dichoso* (50)	16
μεγας, μεγάλη, μεγα: *grande* (194)	20
μείζων, -ον: *más grande* (48)	21
μέσος, -η, -ον: *medio, en medio* (58)	20

ADJETIVOS	Capítulo
μικρός, -ά, -ον: *pequeño* (46)	21
μόνος, -η, -ον: *solo* (114)	17
νεκρός, -ά, -όν: *muerto* (128)	9
νέος, -ά- όν: *joven nuevo* (24)	17
ὀλίγος, -η- ον: *poco, pequeño* (41)	17
ὅλος, -η, -ον: (adj.) *entero, completo;* (adv.) *completamente* (109)	7
ὅμοιος, -α, -ον: *semejante, parecido, igual* (45)	25
ὅσος, -η, -ον: *cuanto, tanto, cuanto más* (110)	28
πᾶς, πᾶσα, πᾶν: *todo* (1244)	15
πιστός, -ή, -όν: *bueno* (67)	7
πλείων, -ον: *mayor, más grande* (55)	21
πολύς, πολλή, πολλύ: *mucho* (416)	20
πονηρός, -ά, -όν: *malo, malvado* (78)	7
πρεσβύτερος, -α, -ον: *anciano* (66)	23
πτωχός, -ή, -όν: *pobre* (34)	30
πρῶτος,-η,-ον: *primero* (155)	15
σοφός, -ή, -όν: *sabio* (20)	21
τοιοῦτος, -αύτη, -οῦτον: *tal, de tal clase* (56)	24
τυφλός, -ή, όν: *ciego* (50)	7

ADJETIVOS NUMERALES	Capítulo
δεύτερος, -α, -ον: *segundo* (43)	15
δύο: *dos* (135)	15
δώδεκα: *doce* (75)	15
εἷς, μία, ἕν: *uno* (344)	15
ἑπτα: *siete* (88)	15
πέντε: *cinco* (36)	15
τέσσαρες, τέσσαρα: *cuatro* (30)	15
τρεῖς, τρία: *tres* (68)	15
τρίτος, -η, -ον: *tercero* (56)	15

ADVERBIOS	Capítulo
ἀμήν: *amén, ciertamente, de cierto, en verdad* (129)	9
ἄνωθεν: *de arriba, otra vez* (13)	21
ἄρτι: *ahora, hoy* (36)	26
ἐγγύς: *cerca* (31)	21
ἐκεῖ: *allí, en ese lugar* (105)	28
ἔμπροσθεν: *por delante, ante* (48)	24
ἔξω: (adv.) *afuera*; (prep.) *fuera de* (63)	15
ἔτι: *todavía, aún* (93)	20
εὐθέως: *enseguida, inmediatamente* (33)	25
εὐθύς: *enseguida, inmediatamente* (54)	16
ἕως: (adv.) *mientras*; (conj.) *hasta* (146)	17
ἤδη: *ahora, ya* (61)	23
καθώς: *como* (182)	16
καλῶς: *rectamente, correctamente* (37)	25
κάτω: *abajo, debajo* (11)	21
λοιπός, -ή, -όν: (adj.) *resto, otro;* (adv.) *finalmente, por último* (55)	20
μᾶλλον: *más, más bien, antes* (81)	21
μή: *no* (1042)	9
νῦν: *ahora* (147)	9
ὀπίσω: (prep. y adv.) *atrás, detrás* (35)	21
ὅπου: *donde* (82)	27
ὅπως: *para que, de esta manera* (208)	20
οὐ, οὐκ, οὐχ: *no* (1606)	9
οὗ: *donde* (54)	20
οὐδέ: *ni, tampoco* (143)	9
οὐκέτι: *ya no, no más* (47)	20
οὕτως: *así, de esta manera* (208)	9
πάλιν: *otra vez* (141)	9
πάντοτε: *siempre* (41)	25
σήμερον: *hoy* (41)	25
τάχεως: *pronto, presto* (15)	21
τότε: *entonces* (160)	17

ADVERBIOS	Capítulo
χωρίς: (adv.) *por aparte, solo*; (prep.) *sin, por aparte, solo* (41)	25
ὧδε: *aquí* (61)	23
ὡς: *como* (504)	8

ARTÍCULOS	Capítulo
ὁ, ἡ, τό: (artículos) (19870)	3

CONJUNCIONES	Capítulo
ἄρα: *pues, así que* (49)	20
γάρ: *porque, pues* (pospositiva) (1042)	7
διό: *por esta razón* (53)	24
ἕως: (adv.) *mientras*; (conj.) *hasta* (146)	17
ἵνα: *para que* (663) (con subj.)	16
κἀγώ: *y yo, también yo* (crasis) (84)	12
καί: *y* (9153)	4
ὅπως: *como, que* (53)	20
ὅταν: *cuando* (con subj.) (123)	16
ὅτι: *porque, que, : (dos puntos)* (1296)	8
ὥστε: *así que, de tal manera* (84)	27

PARTÍCULAS	Capítulo
ἀλλά, ἀλλ᾽: *pero, sino* (638)	8
δέ: *sino, pero* (pospositiva) (2792)	7
εἰ: *si* (condicional) (503)	8
εἴτε: *si, ya sea que ... o que* (65)	29
ἤ: *o* (343)	8
ἰδού: *he aquí* (200)	17
μέν: *ciertamente, por un lado* (179)	9
ναί: *sí, así es* (34)	27
οὖν: *pues, por tanto, con que* (499)	8
πῶς: *¿cómo?* (104)	28
ὥσπερ: *como, así como, al igual que* (36)	8

PREPOSICIONES	Capítulo
ἀντί: *abajo de (gen.); con respecto a (ac.)* (22)	28
ἀπό: *desde de, por causa de* (646)	11
διά: *desde de (gen.); por causa de (ac.)* (667)	14
εἰς: *hacia, en, para que* (1768)	12
ἐκ (ἐξ): *de, de entre, por causa de* (914)	14
ἐν: *en, a, entre* (2752)	12
ἐνώπιον: *delante de, ante* (94)	28
ἔξω: (prep.) *fuera de;* (adv.) *afuera* (63)	15
ἐπί: *en, sobre (gen.); en, con, junto a (dat.); en, sobre, contra, hasta (ac.)* (890)	14
κατά: *según, de acuerdo a (ac.); contra, por (gen.)* (473)	15
μετά: *con (gen.); después (ac.)* (469)	11
παρά: *desde (gen.); al lado de, con (dat.); contra, en (ac.)* (194)	28
περί: *acerca de, referente a (gen.); alrededor de, junto a (ac.)* (333)	17
πρό: *antes de, delante de, a favor de (gen.)* (47)	24
πρός: *a, para, a fin de (ac.); junto a, acerca de (dat.)* (700)	11
σύν: *con, en compañía de (dat.)* (128)	26
ὑπέρ: *a favor de, en lugar de (gen.); más allá de, más de (ac.)* (150)	12
ὑπό: *por, por medio de (gen.); abajo de, bajo (ac.)* (220)	4

PRONOMBRES	Capítulo
ἀλλήλωνν: *unos a otros* (100)	21
αὐτός, αὐτή, αὐτό: *él, ella, ello* (5595)	8
ἑαυτοῦ, -ῆς, -οῦ: *de sí mismo* (319)	21
ἐγώ: *yo* (1775)	8
ἐκεῖνος, -η, -ο: *aquel, aquella, aquello, ese, esa, eso* (265)	9
ἐμαυτοῦ, -ῆς, -οῦ: *de mí mismo* (37)	21

PRONOMBRES	Capítulo
ἐμός, -ή, -όν: *mío* (76)	21
ἡμέτερος, -α, -ον: *nuestro* (7)	21
μηδείς, μηδεμία, μηδέν: *nadie, ninguno* (90)	15
ὅς, ἥ, ὅ: *quien, e/la/lo que* (1365)	14
οὐδείς, οὐδεμία, οὐδέν: *nadie, ninguno* (234)	15
οὗτος, αὕτη, τοῦτο: *este, esta, esto* (1388)	9
σεαυτοῦ, -ῆς, -οῦ: *de ti mismo* (43)	21
σός, σή, σόν: *tuyo* (27)	21
σύ: *tú* (1069)	8
τις, τι: *quien, que* (526)	15
τίς, τί: *¿quién?, ¿qué?* (555)	15
ὑμέτερος, -α, -ον: *vuestro* (11)	21

APÉNDICE 8

LA TABLA DEL VERBO REGULAR λύω EL TEMA: *λυ

Las partes principales, temas verbales: λύω λύσω ἔλυσα λέλυκα λέλυμαι ἐλύθην								
	Presente: λύω				Futuro: λύσω		Aoristo: ἔλυσα	
	Pres act	Pres m/p	Impf act	Impf m/p	Fut act	Fut m	Aor act	Aor m
Indicativo	λύω	λύομαι	ἔλυον	ἐλυόμην	λύσω	λύσομαι	ἔλυσα	ἐλυσάμην
	λύεις	λύῃ	ἔλυες	ἐλύου	λύσεις	λύσῃ	ἔλυσας	ἐλύσω
	λύει	λύεται	ἔλυεν	ἐλύετο	λύσει	λύσεται	ἔλυσεν	ἐλὐσατο
	λύομεν	λυόμεθα	ἐλύομεν	ἐλυόμεθα	λύσομεν	λυσόμεθα	ἐλύσαμεν	ἐλυσἀμεθα
	λύετε	λύεσθε	ἐλύετε	ἐλύεσθε	λύσετε	λύσεσθε	ἐλὐσατε	ἐλύσασθε
	λύουσιν	λύονται	ἔλυον	ἐλύοντο	λύσουσιν	λύσονται	ἔλυσαν	ἐλὐσαντο
Subjuntivo	λύω	λύωμαι	λύσῃς λύσῃ λύσῃ λύσηται λύσωμεν λυσώμεθα λύσητε λύσησθε λύσωσιν λύσωνται				λύσω	λύσωμαι
	λύῃς	λύῃ						
	λύῃ	λύηται						
	λύωμεν	λυώμεθα						
	λύητε	λύησθε						
	λύωσιν	λύωνται						

Infinitivo	λυείν	λύεσθαι		(λύσειν)	(λύσεσθαι)	λῦσαι	λύσασθαι
Imperativo	λῦε	λύου	λυσάτω λυσάσθω λύσατε λύσασθε λυσάτωσαν λυσάσθωσαν			λῦσον	λῦσαι
	λυέτω	λυέσθω					
	λύετε	λύεσθε					
	λυέτωσαν	λυέσθωσαν					

Participio	PRESENTE ACTIVO			PRESENTE MEDIO/ PASIVO			AORISTO ACTIVO			AORISTO MEDIO		
	λύων	λύουσα	λῦον	λυόμενος	λυόμενη	λυόμενον	λύσας	λύσασα	λῦσαν	λυσάμενος	λυσαμένη	λυσάμενον
	λύοντος	λυούσης	λύοντος	λυομένου	λυομένης	λυομένου	λύσαντος	λυσάσης	λύσαντος	λυσαμένου	λυσαμένης	λυσαμένου
	λύοντι	λυούσῃ	λύοντι	λυομένῳ	λυομένῃ	λυομένῳ	λύσαντι	λυσάσῃ	λύσαντι	λυσαμένῳ	λυσαμένῃ	λυσαμένῳ
	λύοντα	λύουσαν	λῦον	λυόμενον	λυόμενην	λυόμενον	λύσαντα	λύσασαν	λῦσαν	λυσάμενον	λυσαμένην	λυσάμενον
	λύοντες	λύουσαι	λύοντα	λυόμενοι	λυόμεναι	λυόμενα	λύσαντες	λύσασαι	λύσαντα	λυσάμενοι	λυσάμεναι	λυσάμενα
	λυόντων	λυουσῶν	λυόντων	λυομένων	λυομένων	λυομένων	λυσάντων	λυσασῶν	λυσάντων	λυσαμένων	λυσαμένων	λυσαμένων
	λύουσιν	λυούσαις	λύουσιν	λυομένοις	λυομέναις	λυομένοις	λύσασιν	λυσάσαις	λύσασιν	λυσαμένοις	λυσαμέναις	λυσαμένοις
	λύοντας	λυούσας	λύοντα	λυομένους	λυομένας	λυομένα	λύσαντας	λυσάσας	λύσαντα	λυσαμένους	λυσαμένας	λυσάμενα

Nos agradaría recibir noticias suyas.
Por favor, envíe sus comentarios sobre este libro
a la dirección que aparece a continuación.
Muchas gracias.

Vida@zondervan.com
www.editorialvida.com

Printed in the USA
CPSIA information can be obtained
at www.ICGtesting.com
LVHW051535210724
785408LV00010B/143

9 780829 766097